KB179155

교실
영어 표현
사전

유초등부터 중고등까지 영어교사들의 바이블

교실영어 표현사전

초판 1쇄 발행 2008년 10월 25일
개정판 11쇄 발행 2024년 12월 23일

지은이 김단해
발행인 유성권

편집장 윤경선
편집 김효선 조아윤 홍보 윤소담 박채원
마케팅 김선우 강성 최성환 박혜민 김현지
제작 장재균 물류 김성훈 강동훈

펴낸곳 ㈜이퍼블릭
출판등록 1970년 7월 28일, 제1-170호
주소 서울시 양천구 목동서로 211 범문빌딩 (07995)
대표전화 02-2653-5131 | 팩스 02-2653-2455
메일 loginbook@epublic.co.kr
포스트 post.naver.com/epubliclogin
홈페이지 www.loginbook.com

이 도서의 국립중앙도서관 출판예정도서목록(CIP)은 서지정보유통지원시스템 홈페이지(http://seoji.nl.go.kr)와
국가자료공동목록시스템(http://www.nl.go.kr/kolisnet)에서 이용하실 수 있습니다. (CIP제어번호: CIP2019042547)

교실영어

영어

표현 사전

유초등부터
중고등까지
영어교사들의
바이블

김단해 지음

Raise your hands.
Put your hands up.
Sit down.
Stand up.
Sit properly.
Sit straight.
Come to the front.
Go back to your seat.
Look at the blackboard.
Attention, please.
Close your eyes.
Please be quiet.
Let's check the attendance.
I'll read it first.
Listen carefully.
Repeat after me.
Read after me.
One more time.
Let's read it all together.
Speak out loud.
Speak up!
Read it out loud and clear.
Do you understand?
Do you have any questions?

I'll ask you some questions.
Please answer the questions.
Can you answer it?
What did you say?
Could you say it again?
I'll give you a handout.
Please pass it to the person behind you.
Write your name on your handout.
Bring it to me.
Open your books to page 12.
Turn to the next page.
Close your books.
Write it on your notebook.
Come and write it on the blackboard.
Underline it.
Please get in pairs.
Do the exercise.
Practice with your partners.
Talk with your neighbors.
Have you finished?
Let's review the last lesson.
What did we do last time?
Let's check the answers.
I'll give you some homework.

로그인

# 개정판을 펴내며

초판이 발행된 지 어느새 10년의 세월이 흘렀다. 그동안 우리나라의 영어교육에는 많은 변화가 있었고, 개인적으로도 수업에 임하는 자세가 많이 달라졌다.《교실영어 표현사전》의 저자로서 매 순간 최선을 다하려고 노력했고, 스스로 엄격하고 무거운 굴레를 씌워 자신을 들들볶았다. 되돌아보니 지나치지 않았나 하는 생각도 들지만 그런 만큼 보람도 컸다. 무엇보다전국의 여러 선생님들로부터 수업에 많은 도움을 받고 있다는 이야기를 들은 것이 가장 뿌듯했다. 또한 이 책이 중국에서 출판되어 5만 부 이상 판매되었다는 기쁜 소식도 들었다. 독자들의 호평에 보답하고 긴 세월이 무색하게 이 책을 꾸준히 찾아 주시는 선생님들께 보답하고자 개정판을 내기로 마음먹었다.

개정판에서는 **첫째, 교실 밖에서 일어나는 대화를 추가했다.** 교실이 아닌 학교 내 여러 장소는 물론이고 학교 밖 체험활동 등에서 사용할 수 있는 다양한 표현을 알차게 담아냈다. **둘째, 필자가 수업하면서 짬짬이 유용하게 사용했던 수수께끼, 명언, 속담을 새로 담았다. 셋째, 시의성이 떨어지는 표현을 수정하고 시대의 변화에 맞추어 청소년 사이에서 새로운 트렌드나이슈로 부각된 내용을 추가했다.**

새 옷으로 갈아입은《교실영어 표현사전》을 조심스레 내놓으며 그동안 사랑해 주신 분들과 앞으로 새로이 이 책을 아껴 주실 분들에게 진심으로 고맙다는 인사를 전한다. 또한 개정판을 세상에 나오게 해 주신 이퍼블릭 유성권 사장님을 비롯해 로그인 출판사 편집부에 감사드린다.

한결같은 버팀목인 나의 부모님, 무조건적인 응원을 아끼지 않는 남편, 그리고 일을 핑계로 제대로 못 놀아 줘도 늘 엄마 바라기인 치호, 소윤이에게 사랑을 담아 이 책을 바친다.

2019년
김단해

머리말

글로벌화의 물결을 타고 사회 전반에서 영어실력을 제대로 갖춘 인재를 요구하고 있지만, 대학을 졸업한 사람들에게조차도 영어로 듣고 말할 수 있는 의사소통 능력을 기대하기란 어렵다. 영어를 일상적으로 듣고 말하는 것이 쉽지 않은 환경에서 현실적으로 학생들이 듣기, 말하기 중심의 음성언어를 익히도록 하는 최상의 방법은 '영어로 진행하는 영어 수업(Teaching English in English: TEE)'일 것이다. 최근 들어 TEE의 중요성이 강조되는 한편 영어교사들의 회화실력도 크게 향상되고 있어서 다행스럽지만, 막상 교사가 활용할 수 있는 교실영어 자료는 그다지 많지 않다. 이에 필자는 영국의 초등학교, 중학교와 대학원을 다니면서 엉어만 통하는 실제 교실에서 터득한 구어 영어 실력과 한국의 중학교 교실에서 영어를 가르친 경험을 바탕으로 본서를 발간하게 되었다. 이 책을 집필함에 있어서 다음과 같은 특징을 살리려고 노력했다.

첫째, 이 책은 영어교육 현장에서 일어날 수 있는 거의 모든 상황을 다루고 있다. 공교육은 물론, 사교육 현장에서 TEE를 경험한 여러 선생님들에게 설문조사를 실시하여 궁금하게 여기는 표현들을 수집하여 반영하였다. 따라서 초 · 중등학교의 공교육 선생님뿐만 아니라 유치원, 학원 등의 다양한 사교육 영어 선생님들 및 예비 교사들 모두에게 큰 힘이 되어 줄 것이다.

둘째, 영어로 수업을 진행함에 있어 가장 필수적이고 실용적인 교실영어 표현을 제공하고자 했다. Part 1에서는 교실과 수업을 운영하면서 사용할 수 있는 표현을, Part 2에서는 4-skills

및 어휘, 문법, 발음을 지도할 때 유용한 표현을 다뤘다. Part 3에는 연습문제, 게임, 예체능 활동, 그룹 활동 등의 다양한 활동을 할 때 필요한 표현을, Part 4에는 교사와 학생 간에 발생하는 상호 의사소통에 필수적인 표현을 수록했다. 그 외에도 학생을 위한 교실영어와 주제별 교실영어를 부록으로 제공하고 있어 교사 혼자만의 TEE 수업이 아니라 학생들도 함께 영어로 말하고 반응하는 쌍방향 커뮤니케이션을 돕고자 했다.

셋째, 쉽고 간결한 영어표현을 엄선하여 실용성을 높였다. TEE의 기본 취지가 교사의 영어실력 뽐내기가 아니므로 화려한 표현과 고급 어휘는 지양하고 교사가 말하기 쉽고 학생도 이해하기 쉬운 표현을 제시했다. 또한 상황이나 학생의 다양한 수준에 따라 사용되는 각각의 표현에 미세한 차이가 있을 수 있으므로 최대한 다양한 대안적 표현을 제시하였다.

영어로 수업을 하는 것이 부담이 되는 것은 사실이다. 그러나 TEE가 선택이 아니라 필수가 되는 날이 머지않았다. 그것이 우리가 학생들의 의사소통 능력을 키워 줄 수 있는 가장 현실적이고 효과적인 방법이기 때문이다. 물론 시행착오도 있고 시간도 오래 걸릴 것이다. 그러나 언어는 습관이다. 수업시간마다 교실영어를 반복해서 사용해 주면 아무리 영어에 취미가 없는 학생이라도 다 알아듣게 된다. 주의할 점은 처음 시작할 때는 일관성을 지켜야 한다는 것이다. 즉, 같은 상황에서는 다양한 유사표현을 여러 가지 제시하기보다는 한 가지 표현을 반복해서 사용하는 것이 효과적이다. 그리고 처음부터 100% 영어로 진행하는 것은 과욕이다.

첫 달에는 20~30%, 다음 달에는 50%, 이렇게 조금씩 늘려 가야 부작용을 줄일 수 있고 교사를 위해서도 학생을 위해서도 좋다.

자, 이제 여러분 차례다. 나의 모든 소중한 경험과 지식을 아낌없이 담은 이 책을 펼치는 순간 이제 여러분도 당당한 Bilingual 영어교사가 될 것이다.

이 책이 발간될 수 있도록 많은 배려를 아끼지 않으신 이퍼블릭 유성권 사장님과 김현정 과장님께 진심 어린 감사를 드린다. 그리고 설문을 통해 귀중한 도움을 주신 선생님들, 상황별로 다양한 표현을 제안해 주신 리뷰어님들, 감수를 해 주신 만수중학교 원어민 선생님 Damien Holmes에게 감사를 전한다. 끝으로 만수중학교 강용재 교장선생님을 비롯한 모든 교직원님과 사랑하는 나의 가족의 따뜻한 관심에 힘입어 이 책이 세상 빛을 볼 수 있었음을 밝힌다. 모두에게 감사드리고 사랑을 전한다.

저자 **김단해**

"먼저 보고 강력하게 추천합니다."

대한민국 대표 영어교사 9인이 말하는 《교실영어 표현사전》

영어교사라면 누구나 갖고픈 독특한 이력으로 영어 원어민의 직관과 한국 교육현장의 현실감각을 모두 갖춘 저자의 《교실영어 표현사전》, 반가운 개정판이 나왔네요. **이 책의 정확한 영어표현이 초중고 학교 현장에서 두루 유용하게 쓰이기에, 현직 선생님뿐 아니라 영어교사를 꿈꾸는 대학생과 임용고시 수험생에게도 강력하게 추천합니다.** 개정판에 추가된 교실 밖 대화와 속담, 수수께끼, 명언이 영어 학습을 풍성하게 해 줄 것입니다. 요즘 학교에서 활발히 운영되고 있는 '전문적 학습공동체' 모임에서 이 책을 함께 공부해 보시면 어떨까 싶어요.

김지은 (인천신현고등학교 교사, 영어지도 경력 15년)

어쩌면 교사보다 영어를 더 잘하는 학생들 앞에서 솔직히 교단에 서면 주눅들 때가 많았던 부끄러운 선생님으로서 **천천히 자신감을 찾을 수 있게 도와준 믿음직한 책**입니다. 다양한 상황에서 응용할 수 있는 구체적인 표현은 영어를 어린 시절부터 접하고 한국의 교육과정을 이해한 저자만의 통찰력을 엿볼 수 있게 합니다. 스승 같은 책을 만날 수 있게 해 주셔서 감사합니다.

이상은 (서울송전초등학교, 영어지도 경력 3년)

지난 10년간, 교무실 책상 위 가장 좋은 자리에 놓아두고 틈날 때마다 참고하던 《교실영어 표현사전》의 개정판 소식이 정말 반갑습니다. 다양한 교실 상황에서 사용될 수 있는 영어표현이 간결하고 일목요연하게 정리되어 있다는 점만으로도 이 책은 충분히 유용합니다. 그런데 이번 개정판에는 **교실 밖 상황에 대한 표현과 수수께끼, 명언, 속담 등이 첨가되어 영어 수업을 더욱 풍부하게 만들어 가는 데 큰 도움이 될 것 같습니다.** 유창한 교실영어를 구사하여 보다 당당한 모습으로 수업을 이끌어 가고 싶은 교사들에게 적극 추천하고 싶습니다.

장선자 (홍은중학교 교사, 영어지도 경력 15년)

이 책 하나면 수업 준비 끝!

요즘은 과정 중심, 활동 중심 수업을 하기 때문에 현실적으로 강의식 수업을 할 때보다 더 다양한 표현을 사용해야만 합니다. 이 책은 **활동 중심 수업에 필요한 다양한 표현이 알차게 구성되어 있어 현장에 있는 교사들이 수업 준비를 할 때 큰 도움이 됩니다.** 어색하고 딱딱한 표현이 아닌 외국 교실에서 사용하는 실제 영어를 이제 우리 학생들도 교실에서 접할 수 있게 도와주는 책입니다.

이명신 (인천세원고등학교 교사, 영어지도 경력 15년)

교실영어를 좀 더 세련되게 쓰고 싶을 때 도움이 되는 책입니다. 아이들이 교실영어에 지속적으로 노출되어 쉽게 영어를 이해하고 받아들일 수 있도록 도와줍니다.

강선정 (울산초등학교 교감, 영어지도 경력 4년 6개월)

《교실영어 표현사전》은 영어 수업 진행에 꼭 필요한 핵심적인 표현이 실제적이고 간결한 영어로 제시되어 있고, **수업 중에 반드시 필요한 핵심 문장과 용어가 상황별로 다양하게 수록되어 있어 꼭 들고 다니는 책**입니다. '이게 맞는 말인가' 궁금했던 것을 쉽게 찾아 볼 수 있어 머릿속에도 잘 정리되네요. 영어 수업에 대한 두려움이 있었지만 이 책으로 부담감을 덜었습니다!

조은영 (용지초등학교 교사, 영어지도 경력 4년)

《교실영어 표현사전》에는 영어 수업 진행에 꼭 필요한 핵심적인 표현들이 실제적이고 간결한 영어로 알차게 담겨 있습니다. 이 책이 **영어 선생님들의 다양한 교실영어 고민을 해결해 주는 든든하고 친절한 친구**가 되리라 기대합니다.

이동욱 (혜화여자고등학교 영어교사, 영어지도 경력 13년)

미국 교실에서 들었던 표현들이 있어서 반가웠어요. **교실 상황에 맞는 실제적이고 다양한 표현이 있어서 입맛대로 골라 쓰는 재미**가 있어요. 필요할 때 곁에 두고 바로바로 사용하는 나의 'Must have item'이에요.

고국영 (삼산초등학교 교사, 영어지도 경력 14년)

다 아는 표현이지만 막상 수업을 하다 보면 적당한 교실영어가 떠오르지 않을 때가 있습니다. 이 책 덕분에 쉽고 빠르게 원하는 표현을 쏙쏙 뽑아 쓸 수 있었습니다. 개정판은 초판에 비해 더욱더 매력적입니다. 초등학교에서 영어를 가르치는 **영어전담교사에게 꼭 추천해 주고 싶은 책**입니다.

이정문 (서울송례초등학교 교사, 영어지도 경력 5년)

이 책의 구성 및 특징

유초등부터 중고등까지
영어교사들의 Bible

유아부터 초등, 중등, 고등학생을 대상으로 하는 영어 수업시간에 일어날 수 있는 거의 모든 상황을 총망라했다. 현직 영어교사들이 설문조사 및 원고 집필에 참여하여 현장감 있고 활용도 높은 표현들을 대거 수록했다.

방대한 표현을 찾기 쉽게
교실영어 백과사전

영어표현 7,000개, 영어대화 100개, 단어 700개 등 영어 수업에 필요한 표현을 방대하게 수록하고 있다. 문장 7,000개를 26개 Unit 〉103개 중주제 〉371개 소주제로 상세히 분류하여, 궁금한 표현을 쉽게 찾아볼 수 있도록 했다.

쓰기 쉽고 학습하기 좋은
실용만점 영어표현집

〈우리말 – 영어 순서의 문장사전 방식〉을 채택하여 원하는 문장을 찾거나 회화연습을 할 때 용이하도록 했다. 화려한 표현이나 고급 어휘는 지양하고 학생들이 이해하기 쉬운 짧고 간결한 표현을 제시하고, 상황과 학생들의 수준에 따라 선별해서 사용할 수 있도록 다양한 대안적 표현까지 수록했다. MP3에는 본문의 영어표현 전체가 녹음되어 있어 듣기 연습과 발음 연습, 말하기 연습을 하는 데 효과적으로 이용할 수 있다.

차례
자세히
보기

부록

가장 많이 쓰는 교실영어 Top 50

1	손을 드세요.	Raise your hands. / Put your hands up.
2	앉으세요. / 일어나세요.	Sit down. / Stand up.
3	똑바로 앉으세요.	Sit properly. / Sit straight.
4	앞으로 나오세요.	Come to the front.
5	자리로 돌아가세요.	Go back to your seat.
6	칠판을 보세요.	Look at the blackboard.
7	주목하세요.	Attention, please.
8	눈을 감으세요.	Close your eyes.
9	조용히 하세요.	Please be quiet.
10	출석을 확인해 봅시다.	Let's check the attendance.
11	내가 먼저 읽어 볼게요.	I'll read it first.
12	잘 들어 보세요.	Listen carefully.
13	나를 따라 말하세요.	Repeat after me.
14	나를 따라 읽으세요.	Read after me.
15	한 번 더.	One more time.
16	다 같이 읽어 봅시다.	Let's read it all together.
17	큰 소리로 말하세요.	Speak out loud. / Speak up!
18	크고 또렷하게 읽어 보세요.	Read it out loud and clear.
19	이해되나요?	Do you understand?
20	질문 있어요?	Do you have any questions?
21	질문을 하겠어요.	I'll ask you some questions.
22	질문에 대답해 보세요.	Please answer the questions.
23	대답해 보겠어요?	Can you answer it?
24	뭐라고 했어요?	What did you say?
25	다시 말해 보겠어요?	Could you say it again?

26	인쇄물을 나누어 주겠어요.	I'll give you a handout.
27	뒤로 넘겨주세요.	Pass it to the person behind you.
28	인쇄물에 이름을 쓰세요.	Write your name on your handout.
29	나에게 가지고 오세요.	Bring it to me.
30	책을 펴서 12쪽을 펼치세요.	Open your books to page 12.
31	다음 쪽으로 넘기세요.	Turn to the next page.
32	책을 덮으세요.	Close your books.
33	공책에 써 보세요.	Write it on your notebook.
34	나와서 칠판에 써 보세요.	Come and write it on the blackboard.
35	밑줄을 그으세요.	Underline it.
36	짝을 지으세요.	Please get in pairs.
37	연습문제를 해 보세요.	Do the exercise.
38	짝과 함께 연습하세요.	Practice with your partners.
39	짝과 이야기해 보세요.	Talk with your neighbors.
40	다 했어요?	Have you finished?
41	지난 수업 복습을 합시다.	Let's review the last lesson.
42	지난 시간에 무엇을 했나요?	What did we do last time?
43	답을 확인해 봅시다.	Let's check the answers.
44	숙제를 내줄 거예요.	I'll give you some homework.
45	숙제하는 것을 잊지 마세요.	Don't forget to do your homework.
46	지금 숙제를 검사할 거예요.	I will check your homework now.
47	영어로 말하세요.	Please speak in English.
48	그것이 영어로 뭐죠?	What is it in English?
49	다음 활동으로 넘어갑시다.	Let's go on to the next activity.
50	오늘은 여기까지입니다.	That's all for today.

교실 및 수업 운영

Part I

Classroom
and
Class
Management

Unit 1
첫 수업
First Lesson

01 인사
Greetings

T Good morning, everyone!

S Good morning!

T Wow, you're now middle school students.
You must be all excited.

S Yes we are.

T Well, me too. We'll be learning English together this
year, and I'm really happy to meet you.

T 안녕하세요, 여러분! | **S** 안녕하세요! | **T** 우아, 여러분은 이제 중학생이네요. 모두 신나죠? | **S** 네. |
T 나도 신나요. 올 한 해 동안 영어를 같이 배울 거예요. 여러분을 만나서 정말 기뻐요.

📕 새 학년 인사 ────────────────

○ 만나서 반가워요.

Glad to meet you.

○ 만나서 반가워요, 여러분.

Nice to meet you, class.

○ 만나서 기뻐요, 여러분.

It's a pleasure to meet you, students. /
I'm pleased to meet you, girls and boys.

○ 여러분 모두를 만나서 정말 기뻐요.

I'm really happy to meet you all.

○ 우리 학교에 온 것을 환영해요.

Welcome to our school.

○ 내 수업에 들어온 것을 환영해요.

Welcome to my class.

○ 여러분을 내 학생으로 맞이해서
너무 기뻐요.

I'm so happy to have you as my students.

○ 우아, 여러분은 이제 중학생이네요.

Wow, you're now middle school students.

○ 여러분이 벌써 3학년이네요.

You're already third-year students.

○ 새 학년이 시작됐어요.
다들 신나죠?

It's the beginning of a new school year.
Are you all excited?

○ 모든 것이 낯설어서 긴장될
거예요.

You must be nervous because everything is
new.

○ 곧 모든 것에 익숙해질 거예요.

You'll soon get used to everything.

○ 올 한 해 나와 함께 멋진 시간을
보내길 바랍니다.

I hope you'll spend a great time with me
this year.

🚩 새 학기 인사

○ 새 학기가 시작됐어요.	It's the beginning of a new term.
○ 다들 활력이 넘치네요.	You're all full of energy.
○ 드디어 방학이 끝났네요.	At last the vacation is over.
○ 잘 지냈어요?	How have you been?
○ 방학 어땠어요?	How was your vacation?
○ 방학 잘 보냈어요?	Did you enjoy your vacation?
○ 방학 동안 무엇을 했나요?	What did you do during the vacation?
○ 여름방학에 대해 이야기 해 줄래요?	Can you tell me about your summer vacation?
○ 멋진 방학을 보냈길 바랍니다.	I hope you had a great vacation.
○ 방학이 너무 짧았죠?	The vacation was too short, wasn't it?
○ 훨씬 더 길었으면 좋겠다고요?	Do you think it should be much longer?
○ 학교에 오고 싶지 않았다고요?	You didn't want to come to school?
○ 내가 보고 싶지 않았어요?	Didn't you miss me?
○ 나는 여러분이 많이 보고 싶었어요.	I missed you a lot.
○ 여러분을 다시 만나서 정말 기뻐요.	It's really good to see you again.

02 소개
Introducing

T   My name is Jeong Soyoon, and I'm your English teacher.
Here, I'll write my name on the board for you.
Can you read it?

S   Jeong Soyoon.

T   Great! This is my name, but you can just call me Ms. Jeong.
Now, it's time for you to introduce yourselves.
Why don't we start with this student here?

S   Hello... I don't know what to say.

T   Just say your name and your age or maybe your hobby.

T 내 이름은 정소윤이고, 여러분의 영어 선생님입니다. 여기, 내 이름을 칠판에 써 줄게요. 읽어 보겠어요? | **S** 정소윤. | **T** 좋아요! 이게 내 이름이에요. 하지만 그냥 정 선생님이라고 불러도 됩니다. 이제 여러분이 자기소개를 할 시간입니다. 여기 이 학생부터 시작해 볼까요? | **S** 안녕하세요… 무슨 말을 해야 할지 모르겠어요. | **T** 그냥 이름과 나이, 또는 취미를 말하면 돼요.

🔖 교사의 자기소개

o 내가 누구일까요?   Can you guess who I am?

o 내 소개를 할게요.   I'll introduce myself.

o 내 소개를 해 볼게요.   Let me introduce myself.

o 내 이름은 김나영입니다.   My name is Kim Nayoung.

o Emma라고 불러도 돼요.   You can call me Emma.

○ Ms. Kim이라고 불러 주세요.	Please call me Ms. Kim.
○ 내 이름을 칠판에 적어 볼게요.	I'll write my name on the board.
○ 여기 내 이름이에요.	Here's my name.
○ 이건 내 영어 이름이에요.	It's my English name.
○ 내가 여러분의 담임 선생님이에요.	I'm your homeroom teacher.
○ 나는 영어를 가르쳐요.	I teach English.
○ 내가 여러분의 새 영어 선생님이에요.	I'm your new English teacher.
○ 내가 올해 여러분에게 영어를 가르치게 될 거예요.	I'll be teaching you English this year.
○ 내가 이번 학기에 여러분의 영어 선생님이에요.	I'm going to be your English teacher this term.
○ 6개월 동안 함께 영어를 공부할 거예요.	We'll study English together for six months.
○ 여러분과 일주일에 세 번씩 수업을 할 거예요.	I have three lessons a week with you.
○ 여러분은 분명히 내 수업을 즐기게 될 거예요.	I'm sure you'll enjoy my class.
○ 여러분이 영어를 즐겁게 배우도록 최선을 다해 도와줄게요.	I'll do my best to help you enjoy learning English.
○ 좋은 선생님이 되도록 노력할게요. 여러분도 좋은 학생이 되도록 노력하길 바랍니다.	I'll try to be a good teacher, and I hope you will try to be good students, too.
○ 나에 대해서 질문 있나요?	Do you have any questions about me?
○ 그 밖에 나에 대해서 알고 싶은 게 있나요?	Are there any other things you want to know about me?
○ 질문이 있으면 언제든지 찾아 오세요.	You can come to me anytime if you have questions.
○ 내 책상은 본 교무실에 있어요.	My desk is in the main staff room.

📑 학생들의 자기소개

○ 여러분이 자기소개를 할 차례예요.   It's time for you to introduce yourselves.

○ 자기소개를 해 주세요.   Please introduce yourself.

○ 여러분에 대해서 말해 주세요.   Please tell me about yourselves.

○ 난 여러분에 대해서 알고 싶은   There are many things I want to know about
점이 많아요.   you.

○ 이번에는 영어로 자기소개를   This time, you have to introduce yourself in
해야 돼요.   English.

○ 다른 수업시간에 벌써 자기소개를   Have you already introduced yourselves in
했나요?   other classes?

○ 친구들에게 자기소개를   Would you like to introduce yourself to your
해 보겠어요?   friends?

○ 누가 먼저 시작해 볼래요?   Who would like to start first?

○ 일어서서 반 친구들에게 이름을   Stand up and say your name to your
말해 주세요.   classmates.

○ 뒤돌아서 친구들에게 얼굴을   Turn around and show your face to your
보여 주세요.   friends.

○ 이제 자기소개를 시작해 보세요.   Now, start introducing yourself.

○ 이름과 나이를 말해 주세요.   Tell us your name and age.

○ 어느 반에 있는지 말해 주세요.   Please tell me which class you're in.

○ 그냥 '안녕!' 한 다음 이름을   Just say, "Hi!" and say your name.
말하세요.

○ 이렇게요. "안녕, 난 김정민이야.   Like this, "Hi, I'm Kim Jeongmin. Nice to
만나서 반가워."   meet you."

○ 취미에 대해서 말해 보는 것은   Why don't you tell us about your hobby?
어떨까요?

○ 친구들에게 어느 초등학교를   You can tell your friends which elementary
다녔는지 말해도 돼요.   school you attended.

o 사는 곳이 어디인지 말해도 됩니다.	You may also say where you live.
o 서연이는 취미도 말해 주었어요. 잘했어요.	Seoyeon told us her hobby, too. Well done.
o 서연이에게 질문 있습니까?	Do you have any questions for Seoyeon?
o 나도 질문이 있어요. 어떤 음식을 제일 좋아하나요?	I have a question too. What's your favorite food?

🔖 자기소개 활동

o 짝에게 여러분의 이름을 말해 주세요.	Tell your name to your neighbor.
o 짝의 이름을 물어보세요.	Ask your partner's name.
o What's your name?이라는 표현을 사용하면 돼요.	You can use the expression "What's your name?"
o 나이를 물어보고 싶을 때는 How old are you?라고 하면 돼요.	When you want to ask someone's age, you can say, "How old are you?"
o 옆 사람에게 몇 반인지 물어 보세요.	Ask your neighbor which class he or she is in.
o 좋아하는 노래와 영화를 말해 보세요.	Tell us your favorite song and movie.
o 짝끼리 자기소개를 해 보세요.	Please introduce yourselves in pairs.
o 조원들에게 자기소개를 하세요.	Tell about yourself to your group members.
o 돌아다니면서 반 친구들에게 자신을 소개해 보세요.	Walk around and introduce yourself to your classmates.
o 짝에게 물어 볼 것이 없어요?	Don't you have anything to ask of your desk mate?
o 반 친구들에게 물어 볼 수 있는 질문이 여기 몇 가지 있어요.	Here are some questions you can ask of your classmates.
o 칠판에 있는 질문들을 묻고 대답해 보세요.	Ask and answer the questions on the board.

○ 서로를 빨리 알게 되는 것이 아주
  중요해요.

**It's very important to get to know each
other quickly.**

○ 이제 서로에 대해서 잘 알겠죠?

Now, do you know well about each other?

03 교과과정 소개
Introducing the Curriculum

T   In my English class, I'll focus on real communication.

S   How many lessons do we have in a week?

T   Good question. We have four lessons a week. Let's have a look at the curriculum in the handout. We'll learn 12 units throughout the year, covering each unit in three weeks.

You'll take four exams this year, and your performance during the lessons will also be assessed.

T 내 영어 수업에서는 실제 의사소통에 초점을 두겠어요. | **S** 한 주에 수업이 몇 번 있어요? | **T** 좋은 질문이에요. 한 주에 네 번 수업을 합니다. 인쇄물에 있는 교과과정을 한번 봅시다. 1년 동안 열두 개의 단원을 배우고, 각 단원은 3주에 걸쳐 학습할 거예요. 올해 네 번 시험을 보고, 수업 중의 수행도 평가될 겁니다.

🔖 수업 소개

○ 영작 수업에 오신 것을 환영합니다.   Welcome to the English Writing class.

○ 이 수업은 회화 수업입니다.   This is a conversation class.

○ 이 수업은 5학년을 위한 영어 수업입니다.   This is an English class for 5th graders.

○ 이 수업은 성인을 위한 영어 수업입니다.   This is an English class for adults.

○ 이 반은 유아를 위한 EFL 반 입니다.   This is an EFL class for infants.

○ 이 강좌는 초보자를 위한 영어 강좌입니다.   This is an English course for beginners.

o 여러분이 듣고 있는 강좌는
　중급자를 위한 문법 강좌입니다.

The course you are taking is a grammar course for intermediate level.

o 내 수업은 실제 의사소통에 초점을
　두겠어요.

My class will focus on actual communication.

🔖 교과과정 ────────────

o 이 인쇄물에 교과과정이 나와 있어요. You'll see the curriculum in this handout.

o 우리 수업은 이 계획을 따를 거예요. Our lessons will follow this schedule.

o 이것이 올해 우리의 계획입니다. This is our plan for this year.

o 이것이 우리가 이번 학기에 배울
　것입니다.

These are what we'll learn this year.

o 책의 목차를 보면서 연간 계획에
　대해 이야기해 봅시다.

Let's talk about our yearly schedule looking at the contents of the book.

o 1년 동안 열두 개의 단원을 배울
　거예요.

We're going to learn 12units throughout the year.

o 3주에 한 단원씩 끝낼 거예요. We'll finish each unit in three weeks.

o 2주마다 한 과씩 나갈 거예요. We'll cover one lesson every two weeks.

o 매 과마다 듣기, 말하기, 읽기,
　쓰기를 배우게 됩니다.

In each lesson, you'll learn listening, speaking, reading, and writing.

o 이 부분은 수업시간에 다루지
　않을 겁니다.

We won't deal with this part in class.

o 10단원은 너무 어려워서 배우지
　않을 거예요.

We won't learn Unit 10 because it's too difficult.

o 한 달에 한 번씩 그룹 발표를 할
　거예요.

We'll have group presentations once a month.

o 시험은 올해 네 번 있어요. You'll take four exams this year.

o 5월에 첫 번째 중간고사가 있어요. Your first mid-term exam falls in May.

○ 기말고사는 11월에 있어요.	The final exam is in November.
○ 방학 동안에는 다음 학기 준비를 위한 과제가 있을 거예요.	During the vacation, you'll have some homework to prepare for the next term.

🚩 세부 수업 계획 ────────────

○ 한 주에 네 번 영어 수업이 있어요.	You have four English classes every week.
○ 각 단원을 여덟 시간 동안 배울 거예요.	We'll learn each unit for eight hours.
○ 첫 시간에는 듣기를 할 거예요.	We'll do listening in the first lesson.
○ 두 번째 시간은 말하기 수업입니다.	The second lesson is a speaking lesson.
○ 세 번째 시간에는 읽기 활동을 할 거예요.	We'll do reading activities during the third period.
○ 말하기 시간에는 원어민 선생님과 함께 공부할 거예요.	You'll study with a native English teacher in speaking classes.
○ 원어민 선생님 수업은 일주일에 한 번 있어요.	You have the native English teacher's class once a week.
○ 한 달에 한 번 쓰기 시간을 가질 거예요.	We'll have a writing session once a month.
○ 내 수업에는 영어만 사용할 거예요.	We'll use only English in my class.
○ 문법 파트는 우리말로 가르칠 거예요.	Grammar parts will be taught in Korean.
○ 여러분은 또한 포트폴리오를 만들어야 합니다.	You'll also have to keep a portfolio.
○ 포트폴리오는 여러분이 수업시간에 하는 모든 활동을 포함합니다.	Portfolios include all the work you do during the class.
○ 포트폴리오는 기말고사 때 평가될 거예요.	Your portfolios will be evaluated for the year-end exam.
○ 수업이 끝나면 항상 쪽지시험을 볼 거예요.	At the end of each class, you'll always take a quiz.

○ 수업 중의 수행도 평가될 겁니다. **Your performance in class will also be assessed.**

○ 이번 학기에 두 개의 수행평가를 보게 됩니다. **You'll take two performance tests this term.**

04 교재 소개
Introducing the Textbooks

T   This is our textbook we're going to use this year.

S   It's so thick.

T   Yes dear, but you'll enjoy studying with it.
Now, write your name on the book so that you don't lose it.

S   Done!

T   Then, shall we have a look at the book?
Quickly, look through all the units and see what's in there.

T 이것이 올해 우리가 사용할 교과서입니다. | **S** 너무 두꺼워요. | **T** 네, 하지만 이 책으로 공부하는 것을 즐기게 될 거예요. 자, 잃어버리지 않도록 책에 이름을 쓰세요. | **S** 다 했어요! | **T** 그러면 책을 한번 살펴볼 까요? 재빨리 모든 단원을 훑어보면서 어떤 내용이 있는지 보세요.

🔖 교재 소개

○ 이것이 우리 교과서입니다.   This is our textbook.

○ 이것들이 여러분에게 필요한 책입니다.   These are the books you need.

○ 한 해 동안 이 책으로 공부할 거예요.   We're going to study with this book throughout the year.

○ 이것이 우리가 이번 학기에 사용할 교재입니다.   This is the book we'll be using for this term.

○ 이 책은 세 권으로 되어 있어요.   This book comes in three volumes.

○ 이 시리즈는 다섯 레벨로 되어 있어요.   This series comes in five levels.

○ 여러분이 시작할 책은 초급입니다.	The book you're going to start with is the beginner level.
○ 이 책은 워크북과 CD가 함께 따라 나옵니다.	This book comes with a workbook and a CD.
○ 이 책에 붙어 있는 CD는 집에서 사용할 수 있습니다.	You can use the CD that comes with the book at home.
○ 숙제를 하려면 이 워크북이 필요해요.	You need this workbook for your homework.
○ 이 책은 문법을 공부할 때 많은 도움이 될 거예요.	This book will help you a lot when you are studying grammar.
○ 제목에서 알 수 있듯이 이것은 회화 책입니다.	As you can see in the title, this is our conversation book.

🚩 교재 내용 ────────────────

○ 책을 한번 훑어볼까요?	Shall we have a look at the book?
○ 책에 어떤 내용이 있는지 봅시다.	Let's see what's in the book.
○ 몇 개의 단원이 있나요?	How many units are there?
○ 각 단원의 제목을 죽 읽어 보세요.	Read through the titles of each unit.
○ 각 단원에는 여덟 개의 파트가 있어요.	Each unit has eight parts.
○ 첫 번째 파트는 듣기입니다.	The first part is listening.
○ 파트 1에는 듣기, 파트 2에는 읽기가 있어요.	It has listening in part 1 and reading in part 2.
○ 파트 3과 4에 말하기와 쓰기 부분이 보이죠?	Can you see the speaking and writing parts in parts 3 and 4?
○ 이 책을 통해 여러분의 듣기, 말하기, 읽기, 쓰기 실력을 모두 향상시킬 수 있을 거예요.	You'll be able to upgrade all your listening, speaking, reading, and writing skills through this book.
○ 각 파트의 끝부분에는 연습문제가 있어요.	At the end of each part, there's an exercise.

o 연습문제의 답은 교재 뒤쪽에 있어요.　The answers to the exercises are at the back of the book.

o 이 책에는 예쁜 그림이 많이 있어요.　This book has lots of pretty pictures.

o 이 책에는 흥미로운 이야기가 많아요.　The book has a lot of interesting stories.

o 이 책은 색깔이 아주 화려하군요.　This book is very colorful.

o 이 부분에는 많은 듣기 활동이 있어요.　You'll find a lot of listening activities in this part.

o 이 책은 토론을 위한 풍부한 표현을 제공해요.　This book provides rich expressions for debating.

📕 교재 준비

o 다음 시간에는 책을 준비하세요.　Please get the books ready for the next class.

o 내일은 이 책이 꼭 있어야 해요.　You must have this book tomorrow.

o 이 수업시간에는 반드시 책이 있어야 합니다.　Make sure you have your books with you for this lesson.

o 화요일마다 이 책을 읽을 거예요.　We'll read this book on Tuesdays.

o 월요일마다 이 책을 가져오세요.　Please bring this book on Mondays.

o 매주 금요일에는 쓰기 교재를 가져와야 합니다.　You have to bring the writing book every Friday.

o 방학이 끝나면 잊지 말고 제 2권을 가져오세요.　Don't forget to bring book 2 after the vacation.

o 이 수업시간에는 영어 공책이 필요해요.　You need an English notebook for this class.

o 다음 시간까지 공책을 준비하세요.　Please prepare your notebooks by the next lesson.

o 항상 작은 영영사전을 가지고 다니세요.　Always bring a small English-to-English dictionary with you.

o 전자사전도 괜찮아요.   Digital dictionaries are fine, too.

o 사전은 학급문고에 준비되어   Dictionaries are ready for you in your
있어요.   classroom library.

o 분실하지 않도록 반드시 책에   Be sure to write your name on the book so
본인의 이름을 쓰세요.   that you don't lose it.

o 책 뒷면에 이름을 쓰세요.   Write your name at the back of your book.

o 이 책을 구하려면 큰 서점에 가야   You'll have to go to a big bookstore to get
할 거예요.   this book.

o 이 책은 아무 서점에서나 구입할   You can buy this book at any bookstore.
수 있어요.

o 이 책은 온라인으로 주문하는 것이   It'll be easier for you to order this book
더 쉬울 거예요.   online.

TIP BOX 영어 교육 관련 약자

- **ESL (English as a Second Language)**
  제2언어로서의 영어 (영어를 공용어로 사용하는 나라에서 영어를 제2언어로 배우는 경우)
  예) 미국에서 이민자들이 영어를 배우는 경우
- **EFL (English as a Foreign Language)**
  외국어로서의 영어 (영어를 공용어로 사용하지 않는 나라에서 영어를 외국어로 배우는 경우)
  예) 한국에서 영어를 배우는 경우
- **ELT (English Language Teaching)**
  영어 교수
- **TESOL (Teaching English to Speakers of Other Languages)**
  영어가 모국어가 아닌 사람들을 대상으로 하는 영어 교수
- **TESL (Teaching English as a Second Language)**
  제2언어로서의 영어 교수
- **TEFL (Teaching English as a Foreign Language)**
  외국어로서의 영어 교수

05 영어 이름 정하기
Making English Names

T	My English name is Rachel.
	What about you? Do you have English names?
S	Yes. My English name is Tim.
T	Wow, that's a nice name. How about you, Naye?
S	I don't have one yet.
T	Don't worry, you'll get one today.
	There's a list of English names in this handout.
	You can choose one you like.

T 내 영어 이름은 Rachel이에요. 여러분은 어때요? 여러분은 영어 이름이 있나요? | **S** 네. 제 영어 이름은 Tim이에요. | **T** 우아, 멋진 이름이네요. 나예는 어때요? | **S** 전 아직 없어요. | **T** 걱정 말아요. 오늘 갖게 될 거예요. 이 인쇄물에 영어 이름 목록이 있어요. 마음에 드는 것을 하나 골라 보세요.

🔖 영어 이름 묻기

○ 여러분은 영어 이름이 있나요?	Have you got an English name?
○ 다들 영어 이름이 있습니까?	Do you all have English names?
○ 누가 영어 이름을 이미 가지고 있나요?	Who already has an English name?
○ 아, 아직 없다고요?	Oh, you don't have one yet?
○ 걱정 마세요. 하나 갖게 될 거예요.	Don't worry, you'll get one.
○ 영어 이름이 뭐예요?	What's your English name?
○ 이름만 말해 주세요.	Just the first name, please.
○ Kim은 성이에요.	Kim is your family name.

○ 내 영어 이름은 Rachel이에요.　　My English name is Rachel.

○ 우리가 서로 친해지면 나를　　When we get to know each other well, you
　 Liz라고 불러도 좋아요.　　can call me Liz.

○ 그거 예쁜 이름이군요.　　That's a pretty name.

○ 누가 그 영어 이름을 지어 주었나요?　Who gave you that English name?

🏴 영어 이름 정하기 ──────────────────

○ 오늘은 모두 영어 이름을　　Let's all make English names today.
　 만들어 봅시다.

○ 알고 있는 영어 이름이 있나요?　Are there any English names you know?

○ 아는 영어 이름을 모두 말해 보세요.　Tell me all the English names you know.

○ 우리에게 어울리는 영어 이름을　Let's think of English names for ourselves.
　 생각해 봅시다.

○ 이 페이지에 인기 있는 영어 이름　There's a list of popular English names on
　 목록이 있어요.　　this page.

○ 여러분에게 어울리는 예쁜 이름이　Let's see if there's a pretty name for you.
　 있는지 봅시다.

○ 1쪽에는 여자 이름, 2쪽에는 남자　You have girls' names on page 1 and boys'
　 이름이 있어요.　　names on page 2.

○ 이름을 하나 골라 보세요.　　Pick a name.

○ 마음에 드는 이름을 하나 골라 보세요.　Choose a name you like.

○ 다들 이름을 골랐나요?　　Have you all chosen your name?

○ 어떤 이름을 골랐어요?　　Which name did you choose?

○ 어떤 걸 골랐어요?　　What's your choice?

○ 멋진 이름을 골랐네요.　　You've chosen a lovely name.

○ 그 이름은 너와 잘 어울리는구나.　That name goes well with you.

o 지호가 이미 David를 골랐어.
  넌 다른 걸 골라 보겠니?

  Jiho has already chosen "David".
  Would you like to pick another one?

o 이 이름에는 어떤 뜻이 있어요.
  그게 뭔지 아는 사람 있나요?

  This name has a meaning.
  Does anybody know what it is?

o Irene이라는 이름은 '평화'를 의미해요. The name Irene means "peace".

o Chris는 Christopher를 줄인 거예요. Chris is short for Christopher.

o 어떤 이름이 Robert를 줄인 걸까요? Which name is short for Robert?

o 이 이름표에 여러분의 영어 이름을 Write your English name on this name tag.
  쓰세요.

o 서로의 이름표가 잘 보이나요? Can you see each other's name tags well?

o 이제 차례대로 자신의 영어 이름을 Now, let's say your English names in turn.
  말해 봅시다.

o 친구의 영어 이름을 외우도록 Try to memorize your friends' English names.
  해 보세요.

o 여러분이 원하면 우리 수업시간에 If you want, you can use your English
  영어 이름을 사용할 수 있어요. names in our class.

o 우리 수업시간에는 영어 이름을 Why don't we use our English names in our
  사용하는 게 어떨까요? class?

o 한글 이름을 사용하고 싶으면 If you want to use your Korean name,
  그렇게 하세요. please do so.

	Girls	Boys		Girls	Boys		Girls	Boys
	Girls	Boys	35	Bella	Josiah	70	Delilah	Nolan
1	Olivia	Liam	36	Hannah	Matthew	71	Serenity	Roman
2	Emma	Noah	37	Stella	Asher	72	Sophie	Jaxson
3	Ava	Elijah	38	Hazel	Ezra	73	Alice	Carson
4	Sophia	Oliver	39	Elena	Lincoln	74	Anna	Easton
5	Isabella	Lucas	40	Everly	John	75	Ivy	Xavier
6	Amelia	Mason	41	Nova	Isaiah	76	Maria	Cameron
7	Mia	Logan	42	Maya	Eli	77	Cora	Theodore
8	Charlotte	Ethan	43	Eleanor	Isaac	78	Kennedy	Ezekiel
9	Harper	Aiden	44	Paisley	Samuel	79	Sarah	Aaron
10	Aria	James	45	Aubrey	Anthony	80	Claire	Bryson
11	Luna	Sebastian	46	Leah	Joseph	81	Isla	Luca
12	Mila	Jackson	47	Emilia	Nathan	82	Emery	Jordan
13	Ella	Carter	48	Addison	Caleb	83	Nevaeh	Austin
14	Evelyn	Benjamin	49	Brooklyn	Adam	84	Valentina	Max
15	Avery	Alexander	50	Skylar	Massaih	85	Madelyn	Jameson
16	Layla	Mateo	51	Eliana	Ryan	86	Brielle	Kayden
17	Abigail	Grayson	52	Zoe	Greyson	87	Autumn	Ayden
18	Scarlett	Michael	53	Alana-Rose	Hudson	88	Piper	Santiago
19	Ellie	Jacob	54	Savannah	Adrian	89	Rylee	Dominic
20	Sofia	Jack	55	Audrey	Joshua	90	Ruby	Theo
21	Emily	Levi	56	Aaliyah	Elias	91	Peyton	Jonathan
22	Chloe	Jayden	57	Willow	Maverick	92	Melody	Cooper
23	Camila	Daniel	58	Kinsley	Colton	93	Quinn	Miles
24	Zoey	Leo	59	Natalie	Hunter	94	Julia	Parker
25	Lily	Wyatt	60	Ariana	Dylan	95	Adeline	Nicholas
26	Madison	Owen	61	Lillian	Christian	96	Aubree	Declan
27	Riley	Luke	62	Lucy	Jeremiah	97	Caroline	Micah
28	Grace	Henry	63	Arya	Thomas	98	Amara	Charlie
29	Penelope	Julian	64	Naomi	Christopher	99	Sadie	Brayden
30	Nora	Gabriel	65	Eva	Landon	100	Leilani	Ian
31	Victoria	William	66	Gabriella	Andrew			
32	Aurora	Jaxon	67	Gianna	Kai			
33	Violet	Muhammad	68	Hailey	Connor			
34	Elizabeth	David	69	Athena	Jace			

출처 https://www.babycenter.com/top-baby-names (2019년 상반기 자료)

06 자리 배치
Arranging Seats

T	Let's arrange the seats now.
	How would you like to be seated?
S	Why don't we sit in numerical order?
T	Do you all think it's a good idea?
S	Yes.
T	Alright then, let's move.

T 이제 자리를 정해야 돼요. 어떻게 앉으면 좋겠어요? | **S** 번호 순서대로 앉는 것은 어떨까요? | **T** 다들 좋은 생각 같아요? | **S** 네. | **T** 좋아요, 그럼 이동합시다.

📑 자리 정하기

o 자리를 배열해 봅시다.	Let's arrange the seats.
o 여기 자리 배열표가 있어요.	Here's the seating plan.
o 가서 자기 자리를 찾으세요.	Go and find your seats.
o 번호 순서대로 앉으세요.	Please sit in numerical order.
o 키 순서대로 앉으세요.	Please sit in order of height.
o 마음에 드는 자리에 앉으세요.	Sit wherever you like.
o 아직 이야기를 나눠 보지 않은 친구와 앉아 보세요.	Try to sit with friends you haven't talked with yet.
o 앞줄부터 앉으세요.	Please be seated from the front row.
o 앞줄의 두 자리는 비워 두세요.	Please leave two seats in the front row.

o 뒤에 앉은 사람들은 앞으로 오세요. Those people sitting at the back, please come to the front.

o 여섯 명씩 조를 이루어 앉아 봅시다. Let's sit in groups of six.

o 여섯 명씩 조를 이루어 함께 앉을 거예요. Groups of six people will sit together.

o 말하기 시간에는 그룹별로 앉을 거예요. You'll sit in groups in speaking classes.

o 제비뽑기로 짝을 정합시다. Let's draw lots to decide your desk mates.

o 새 자리가 마음에 드나요? Do you like your new seats?

o 모두 자기 자리에 만족하나요? Are you all satisfied with your seats?

o 짝이 마음에 안 들면 나한테 개인적으로 오세요. If you don't like your neighbor, please see me personally.

o 매번 이렇게 앉으세요. Sit like this every time.

o 월초마다 자리를 바꿀 거예요. We'll rearrange the seating every beginning of the month.

o 자리를 바꾸면 안 돼요. You must not change your seats.

o 먼저 오는 사람이 좋은 자리를 차지하는 거예요. Early comers get good seats.

o 태도가 불량한 사람은 교탁 앞에 앉게 될 거예요. People with bad behavior will sit in front of the teacher's desk.

o 칠판이 잘 안 보이는 사람 있어요? Is there anyone who can't see the blackboard well?

o 의자나 책상에 문제가 있는 사람은 손을 드세요. If you have a problem with your chair or desk, put your hand up.

o 그 책상은 너무 높지 않나요? Isn't that desk too high for you?

o 앞으로 옮기고 싶어요? Do you want to move to the front?

▶ 책상 배열

○ 자리를 다시 배열해야 돼요.　　　　We have to rearrange the seats.

○ 자리를 그룹별로 배열하세요.　　　 Arrange your seats in groups.

○ 책상을 원형으로 배열하세요.　　　 Arrange the desks in a circle.

○ 원을 만듭시다.　　　　　　　　　 Let's make a circle.

○ 책상을 뒤로 미세요.　　　　　　　 Push your desks to the back.

○ 책상과 의자를 이쪽으로 옮기세요.　 Move your desks and chairs this way.

○ 책상을 벽 쪽으로 미세요.　　　　　Push your desks to the walls.

○ 책상을 다시 원래 있던 위치로　　　 Put your desks back to where they were.
　옮기세요.

○ 책상 줄을 맞추세요.　　　　　　　 Please straighten the desks.

○ 뒤로 약간 가 주겠어요?　　　　　　Could you move back a little?

○ 왜 책상 하나가 남죠?　　　　　　　Why is there a desk left?

○ 오늘은 의자만 필요해요.　　　　　 Today, we need chairs only.

○ 내일은 책상과 의자가 필요　　　　 We don't need desks and chairs tomorrow.
　없어요.

07 교실 규칙 정하기
Making Classroom Rules

T We need some rules for our classroom.

S What rule?

T The rules you have to follow in the classroom.
Let's make the classroom rules all together.
Think about the punishments, too.

S We've finished.

T Now, these are the rules you have made yourselves.
Please do keep to the rules.

T 우리 학급에는 몇 가지 규칙이 필요해요. | **S** 어떤 규칙이요? | **T** 교실에서 여러분이 지켜야 하는 규칙이죠. 다 같이 교실 규칙을 만들어 봅시다. 벌칙도 생각해 보세요. | **S** 다 했어요. | **T** 자, 이것은 여러분 스스로 정한 규칙이에요. 규칙을 꼭 지키세요.

📕 교실 규칙 정하기

○ 우리 교실에는 몇 가지 규칙이 필요해요.

We need some rules for our classroom.

○ 교실 규칙을 정해야 돼요.

We have to make our classroom rules.

○ 규칙을 여러분 스스로 정해 보는 게 어때요?

Why don't you make the rules yourselves?

○ 다 같이 교실 규칙을 만들어 봅시다.

Let's make the classroom rules all together.

○ 이 인쇄물에 여러분이 지켜야 할 모든 규칙이 나와 있어요.

Here are all the rules you have to keep to in this handout.

○ 다 같이 큰 소리로 교실 규칙을 읽어 봅시다.

Let's read the classroom rules all together in a loud voice.

여기 또 하나의 중요한 규칙이 있어요.	Here's another important rule.
게시판에 우리 교실 규칙을 붙여 놓겠어요.	I'll post our classroom rules on the notice board.
교실 규칙은 반드시 따라야 합니다.	You must follow the classroom rules.
이것들은 여러분 스스로 정한 규칙이에요. 규칙을 지켜 주세요.	These are the rules you have made for yourselves. Please keep to the rules.
규칙을 기억해서 절대 어기지 않도록 하세요.	Please remember the rules and never break them.
규칙을 어기면 벌을 받을 수 있어요.	If you break the rules, you might get punished.
벌칙도 정해 봅시다.	Let's decide the punishments, too.
수업시간에 잠자는 학생들에게는 어떤 벌을 줄까요?	How shall we punish the students who sleep during the lesson?

🔖 수업시간의 규칙

첫째, 수업에 늦지 마세요.	First, don't be late for class.
둘째, 항상 교과서를 들고 오세요.	Second, always bring your textbook.
셋째, 내 수업시간에는 다른 과목 공부를 하지 마세요.	Third, do not study other subjects in my class.
종이 울리면 자리에 앉으세요.	Please be seated when the bell rings.
수업이 시작되기 전에 책을 펴 두세요.	Have your books opened before the class starts.
내 수업시간에는 떠들면 안 돼요.	Don't chat in my class.
수업시간에는 절대로 휴대폰을 사용하지 마세요.	Never use cell phones in class.
책상에 엎드리지 마세요.	Don't put your head down on the desk.
수업시간에 돌아다니지 마세요.	Please do not move around during the lesson.

○ 질문이 있으면 손을 드세요.	Raise your hands if you have questions.
○ 다른 사람이 말할 때 끼어들지 마세요.	Don't cut in when another person is talking.
○ 숙제 하는 거 절대 잊지 마세요.	Never forget to do your homework.
○ 모든 준비물을 챙겨서 수업에 들어오세요.	Come to class prepared with all supplies.
○ 교실에서는 영어로만 말해야 합니다.	You should speak only in English in the classroom.
○ 화장실은 쉬는 시간에 가세요.	Go to the bathroom during the break.
○ 화장실에 가고 싶으면 손을 들고 허락을 구하세요.	Raise your hand and ask for permission if you want to go to the bathroom.
○ 수업 중에 물 마시러 나가지 마세요.	Don't go out to drink water during the class.

🚩 기타 규칙 및 벌칙 ─────────────

○ 싸우지 마세요.	Do not fight.
○ 거짓말하지 마세요.	Do not lie.
○ 예의 바른 언어를 사용하세요.	Use polite language.
○ 타인을 존중하세요.	Respect others.
○ 깨끗하고 단정한 복장을 하세요.	Wear clean and tidy clothes.
○ 선생님들이 말씀하실 때는 조용히 하세요.	Be quiet when the teachers talk.
○ 선생님의 지시를 신속하게 따르세요.	Follow the teacher's directions immediately.
○ 복도에서는 조용히 하세요.	Be quiet in the hallway.
○ 복도에서 뛰어다니지 마세요.	Don't run down the corridors.
○ 학교에서 껌 씹지 마세요.	Do not chew gum in school.
○ 바닥에 침 뱉지 마세요.	Don't spit on the floor.

o 쓰레기를 아무 데나 버리지 마세요.   **Don't throw rubbish anywhere.**

o 자기 책상은 항상 깨끗이 하세요.   **Always keep your desks clean.**

o 책상에 낙서하지 마세요.   **Don't scribble on your desks.**

o 교실을 언제나 깨끗이 하세요.   **Always keep the classroom clean.**

o 교실에서는 코트와 모자를
벗으세요.   **Take your coats and hats off in the classroom.**

o 교실을 나갈 때는 불을 끄세요.   **Turn off the lights when you leave the classroom.**

o 규칙을 따르지 않으면 경고를
받을 거예요.   **You'll get a warning if you don't follow the rules.**

o 규칙을 하나씩 어길 때마다 1점씩
감점됩니다.   **You get one point off every time you break a rule.**

o 경고를 세 번 받으면 교실 청소를
해야 할 거예요.   **With three warnings, you'll have to clean the classroom.**

o 어떠한 경우라도 예외는 없어요.   **There are no exceptions whatsoever.**

o 자신의 행동에 책임을 지세요.   **Be responsible for your behavior.**

08 반장 뽑기
Electing a Class President

T Who would like to be the class president?
S I think Chiho can be a good class president.
T Yejun recommended Chiho as the class president.
   Any more candidates?
S Minchae.
T Good. We have five candidates now.
   I think that is enough.
   Let's vote now.
   Write down the name of the candidate you like.

T 반장이 되고 싶은 사람? | **S** 제 생각엔 치호가 좋은 반장이 될 수 있을 것 같아요. | **T** 예준이가 치호를 반장으로 추천했어요. 또 다른 후보가 있나요? | **S** 민채요. | **T** 좋아요. 이제 다섯 명의 후보가 나왔어요. 이정도면 충분하겠어요. 이제 투표를 합시다. 마음에 드는 후보의 이름을 적으세요.

📕 반장의 필요성

○ 반장이 있어야 합니다.   We must have a class president.

○ 반장을 뽑읍시다.   Let's elect a class president.

○ 우리 반의 반장을 뽑도록 하겠어요. We're going to elect a president for our class.

○ 반장은 여러분 반의 모든 학생을 대표합니다.   The class president represents all the students in your class.

○ 책임감이 강한 사람이 필요해요.   We need a person who has a strong sense of responsibility.

○ 부반장은 반장을 도와야 해요.   The vice president has to support the class president.

o 영어 부장이 필요해요.   We need a chief for our English class.

o 영어 부장은 모두의 숙제를 검사
할 거예요.   The chief of English class will check
everyone's homework.

o 영어 부장은 한 학기 동안 나를
도와줘야 합니다.   The chief of English class has to help me
throughout the term.

🏴 후보 정하기 ──────────

o 후보가 몇 명 필요해요.   We need some candidates.

o 반장이 될 만한 학생을 몇 명
추천해 주세요.   Please recommend some students for the
class president.

o 반장이 되고 싶은 사람?   Who would like to be the class president?

o 영어 부장이 되고 싶은 사람은
손을 드세요.   Raise your hand if you want to be the chief
of English class.

o Andrew가 Mike를 반장으로
추천했어요.   Andrew recommended Mike as the class
president.

o 다섯 명의 후보가 나왔어요.   We have five candidates.

o 후보가 아무도 없나요?   Do we have no candidates?

o 그럼 내가 후보를 고르겠어요.   Then, I'll pick the candidates.

o 여러분이 후보를 지명할 수 있어요.   You can nominate the candidates.

o 모든 후보자들은 앞으로 나오세요.   All the candidates, please come to the front.

o 지명된 사람들은 앞으로 나오세요.   Those who are nominated, please come out.

o 선거 전에 간단하게 연설을
해 보세요.   Briefly make a speech before the election.

🏴 투표하기 ──────────

o 투표합시다!   Let's vote!

○ 이제 투표를 할 거예요.	You are now going to vote.
○ 투표용지에 이름을 적으세요.	Write a name on the voting paper.
○ 마음에 드는 후보의 이름을 적으세요.	Write down the name of the candidate you like.
○ 한 명의 후보만 선택해야 합니다.	You have to choose only one candidate.
○ 표를 가장 많이 얻은 사람이 반장이 됩니다.	The one who gets the most votes becomes the class president.
○ 두 번째로 표를 많이 얻은 사람은 부반장이 될 거예요.	The person who gets the second most votes will become the vice president.
○ 투표가 끝났습니다.	The voting is finished.
○ 이제 개표합시다.	Now, let's count the votes.
○ 개표가 모두 끝났습니다.	The ballot counting is all finished.
○ 누가 가장 많은 표를 얻었나요?	Who won the most votes?
○ 우아, 치호가 총 20표를 얻었군요.	Wow, Chiho got 20 votes all together.
○ 표를 가장 많이 얻은 치호가 반장입니다.	Chiho, who got the most votes, is the class president.
○ 우리의 새 영어 부장은 예준입니다.	The new chief of our English class is Yejun.
○ 모두 그를 축하해 줍시다.	Everybody, let's congratulate him.
○ 그에게 큰 박수를 보냅시다.	Let's give him a big hand.
○ 새 반장을 따뜻하게 환영해 줍시다.	Let's give a warm welcome to our new class president.
○ 반 친구들에게 감사의 인사를 하겠어요?	Would you like to say thanks to your classmates?

Unit 2
수업 절차
Lesson Procedures

01 인사 · 간단한 대화
Greetings·Small Talks

T	Did you have a good weekend?
s	Yes, how about you?
T	I had a great weekend with my family. Yoonho, you look rather down today. Is something wrong?
s	No, it's just that I feel sleepy after eating lunch.
T	Haha, that's why.

T 주말 잘 보냈어요? | **S** 네, 선생님은요? | **T** 가족과 멋진 주말을 보냈어요. 윤호야, 오늘은 좀 처져 있는 것 같구나. 무슨 문제 있니? | **S** 아뇨, 점심 먹은 후라 졸려서 그래요. | **T** 하하, 그래서 그렇구나.

🔖 평상시 인사

○ 여러분, 안녕하세요?	Hello, class?
○ 좋은 아침이에요, 여러분.	Good morning, everyone.
○ 잘 지내요?	How are you doing? / How are you getting along? / How are you all? / How's everything? / How are things with you? / What's up?
○ 어떻게 지냈어요?	How have you been?
○ 오늘 기분은 어때요?	How do you feel today? / How are you feeling today?
○ 다 괜찮나요?	Is everything OK?

○ 다들 기분이 좋길 바랍니다.	I hope you are all feeling well.
○ 좋아요.	I'm good. / Great. / I'm fine.
○ 고마워요, 오늘 기분이 정말 좋아요.	Thank you, I feel wonderful today.
○ 더할 나위 없이 좋아요.	Couldn't be better.
○ 모든 게 좋아요.	Things are fine. / Everything is going well.
○ 꽤 괜찮아요.	Pretty good.
○ 특별할 건 없네요.	Nothing special.
○ 그냥 그래요.	Not bad. / So-so.
○ 지금까지는 좋아요.	So far so good.
○ 늘 그렇지요, 뭐.	Same as usual. / Same as always.
○ 좋지 않아요.	Not well. / Not good. / Not very well. / Not so great.

🔖 간단한 대화

○ 주말 잘 보냈어요?	Did you have a good weekend?
○ 다들 주말 잘 보냈기를 바랍니다.	I hope you had a nice weekend.
○ 주말에 대해 이야기해 보겠어요?	Can you tell us about your weekend?
○ 연휴를 어떻게 보냈는지 얘기해 보세요.	Please tell me how you spent your holiday.
○ 모두들 밝고 행복해 보여서 좋네요.	Great to see you all bright and happy.
○ 모두 치쳐 보이네요. 무슨 일 있나요?	You look all exhausted. What's the matter?
○ 새로운 한 주가 시작되는 월요일이에요.	It's Monday, the beginning of a new week.
○ 이번 주의 마지막 수업이네요.	It's the last class of this week.
○ 벌써 한 달이 지났어요.	A month has passed already.

o 정말 좋은 오후예요.　　　　　　　　It's a lovely afternoon.

o 날씨가 정말 좋네요!　　　　　　　　What lovely weather!

o 오늘 아침은 조금 쌀쌀하네요.　　　　It's a little bit chilly this morning.

o 날씨가 추워지고 있어요.　　　　　　It's getting cold.
　 감기 걸리지 않도록 조심하세요.　　　Take care not to catch a cold.

o 오늘 미세먼지 수치가 높아요.　　　　The fine dust level is high today.

o 점심 맛있게 먹었어요?　　　　　　　Did you enjoy your lunch?

o 오늘 점심 메뉴는 뭐였죠?　　　　　 What was on today's lunch menu?

o 어제 소풍 재미있었어요?　　　　　　Did you enjoy the picnic yesterday?

o 오늘 재킷이 예쁘구나, 미나야.　　　　I like your jacket today, Mina.

o 시원아, 이발했니? 멋지구나.　　　　Siwon, did you have your hair cut? You look great.

o 새로운 머리스타일을 했구나.　　　　You have a new hair style.

02 출석 체크
Checking Attendance

T Is everyone here? I see an empty seat.
Let's check the attendance.

T So, Minjun is absent.
Does anybody know why Minjun isn't here?

S He went home because he's sick.

T Oh, that's too bad.

T 다들 왔어요? 빈자리가 보이네요. 출석을 확인해 봅시다. | **T** 그러니까 민준이가 결석이네요. 민준이가 왜 안 왔는지 아는 사람? | **S** 아파서 집에 갔어요. | **T** 저런, 안됐군요.

🔖 출석 부르기

o 모두 왔나요?
Is everyone here?

o 모두 왔는지 한번 봅시다.
Let's see if everyone is here.

o 출석을 확인해 봅시다.
Let's check the attendance.

o 출석부가 어디 있죠?
Where's the register?

o 교무실에서 출석부 좀 가져다주세요.
Please get me the register from the teachers' room.

o 출석을 부르겠어요.
I'm going to call the roll.

o 이름을 부르겠어요.
I'll call your names.

o 알파벳(가나다) 순서로 이름을 부르겠어요.
I'm going to call your names in alphabetical order.

o 이름을 부르면 대답을 하세요.
Please answer when I call your names.

o 이름을 부르면 '왔어요!'라고 대답하세요.
As I read your names, say "Present!"

o 번호를 부르면 '네!'라고 대답하세요.	When I call your number, say "Yes!"
o 자기 이름이 들리면 손을 드세요.	When you hear your name, please raise your hand.
o 이름을 부르면 '여기요!'라고 대답하고 손을 드세요.	When I call your name, please say "Here!" and put your hand up.
o 좋아요, 전원 출석이네요.	Great, everyone is present.
o 아무도 결석한 사람이 없네요.	No one is missing.
o 오늘은 모두 다 왔네요.	Everybody is here today.

🔖 결석자 확인 ──────────────

o 결석한 사람이 있는지 봅시다.	Let's see if anyone is missing.
o 결석한 사람 없나요?	No one is absent?
o 결석한 사람 있나요?	Is there anyone absent?
o 오늘 안 온 사람 있나요?	Is anybody absent today?
o 누가 결석했는지 봅시다.	Let's see who's absent.
o 거기 누가 결석했어요?	Who's absent there?
o 누가 여기 없죠?	Who isn't here?
o 누가 빠졌죠?	Who's missing?
o 두 학생이 안 보이네요.	I don't see two students.
o 이 사람들은 어디 있죠?	Where are these people?
o 빈자리가 두 군데 보이네요.	I see two empty seats.
o 그 빈자리는 뭐죠?	What's that empty seat?
o 정원이가 왜 안 왔는지 아는 사람?	Does anybody know why Jeongwon isn't here?
o 정원이가 어디 있는지 아나요?	Do you know where Jeongwon is?
o 그가 어디 있는지 말해 줄 수 있는 사람?	Can anyone tell me where he is?

o 오늘 그를 본 사람 있어요?	Has anybody seen him today?
o 학교에 결석하지 않도록 하세요.	Try not to miss school.
o 무단으로 수업을 빠지지 마세요.	Don't miss the class without prior notice.
o 수업을 빠져야 한다면 미리 나한테 전화 주세요.	If you have to miss the class, please call me in advance.
o 보건실에 가야 하면, 가기 전에 내게 알려 주세요.	If you need to go to the nurse's office, please let me know before you go.

🚩 지난 시간 결석자 확인 ─────────────

o 누가 지난주에 안 나왔죠?	Who wasn't here last week?
o 누가 지난 수업에 빠졌죠?	Who missed the last lesson?
o 누가 지난 수요일에 없었나요?	Who was away last Wednesday?
o 지난 시간에 왜 안 왔어요?	Why weren't you here last time?
o 지난 시간에 어디 있었어요?	Where were you last time?
o 어제 어디 있었어요?	Where were you yesterday?
o 지난 수업에 왜 빠졌어요?	Why did you miss the last lesson?
o 지난주에 무슨 일 있었어요?	What happened to you last week?
o 휴가 다녀왔어요?	Were you away on vacation?
o 아팠어요?	Have you been ill?
o 아팠다고 들었는데, 이제 괜찮아요?	I heard that you were sick. Are you OK now?
o 이제 나았어요?	Do you feel better now?
o 돌아와서 다행이에요.	I'm glad you're back.
o 다시 수업시간에 돌아와서 기뻐요.	Good to have you back in class again.
o 결석이 너무 많군요.	You've been absent too many times.

03 진도 확인
Checking Where to Start

T	What page are we on?
S	Page 20.
T	Did we finish the activity on page 19 last time?
S	Yes, we did.
T	Hmm... We're slightly behind schedule.
	Let's speed up.

T 몇 페이지 할 차례죠? | **S** 20쪽이요. | **T** 지난번에 19쪽에 있는 활동을 마쳤나요? | **S** 네. 마쳤어요. | **T** 음… 진도가 약간 처졌네요. 속도를 좀 냅시다.

🔖 진도 확인

○ 어디 할 차례죠?	Where are we at? / Where are we up to?
○ 어디에서 그만두었죠?	Where did we leave off?
○ 어디까지 나갔죠?	How far have we gone?
○ 어디서 멈췄어요?	Where did we stop?
○ 지난 시간에 어디까지 했죠?	How far did we get last time?
○ 무엇을 하던 중이었죠?	What were we doing?
○ 오늘은 어디서부터 시작해야 되죠?	Where do we have to start from today?
○ 몇 번 할 차례죠?	Which number are we on?
○ 몇 쪽 할 차례죠?	Which page are we on?
○ 25쪽인가요?	Is it page 25?
○ 20쪽을 할 차례네요.	We're on page 20.

o 지난번에 19쪽을 끝냈으니까 오늘은 20쪽이네요.	We finished page 19 last time, so it is page 20 today.
o 20쪽 두 번째 단락부터 시작합시다.	Let's start from page 20, second paragraph.
o 오늘은 새로운 과를 시작하겠어요.	Today, we're going to start a new lesson.
o 지난 시간에 문법을 조금 배우려다가 말았어요.	We were about to learn some grammar in the last lesson.
o 듣기 부분은 다 끝냈나요?	Did we finish the listening section?
o 내가 오늘 단어 시험을 볼 거라고 말하지 않았나요?	Didn't I say we were going to take a word test today?
o 어디 하는지 모르는 사람?	Who doesn't know where we're at?
o 짝에게 어디 할 차례인지 알려주세요.	Please tell your neighbor where we are at.

📑 진도 맞추기 _____

o 좋아요, 진도가 딱 맞네요.	Good, we're just on schedule.
o 진도가 잘 나가고 있군요.	We're right on track.
o 여러분 반은 진도가 훨씬 빠르군요.	Your class is way ahead of schedule.
o 진도가 약간 뒤처졌어요.	We're slightly behind schedule.
o 진도가 뒤처지고 있어요.	We're falling behind.
o 진도가 아주 빡빡합니다.	We have a very tight schedule.
o 서둘러야겠어요.	We have to hurry.
o 속도를 내야겠어요.	We'd better speed up.
o 늑장 부릴 시간이 없어요.	We have no time to lose.
o 속도를 약간 늦춰야겠군요.	I think we need to slow down a bit.
o 보충수업이 좀 필요해요.	You need some makeup classes.
o 오늘은 자습 시간을 주겠어요.	I'll give you some self-study time today.

04 지난 수업 복습
Reviewing the Last Lesson

T Do you remember what we learned in our previous lesson?

S We learned how to make negative sentences.

T You're right. Anything else?

S We learned some new expressions.

T That's right. Can anybody tell me what they were?
Oh dear... Many of you don't remember what we learned last time.

T 지난 시간에 우리가 뭘 배웠는지 기억해요? | **S** 부정문 만드는 법을 배웠어요. | **T** 맞아요. 다른 건요? | **S** 몇 가지 새로운 표현도 배웠어요. | **T** 맞아요. 그게 뭐였는지 말해 볼 사람? 이런··· 지난번에 배운 내용을 기억하지 못하는 사람이 많네요.

🏴 복습하기

o 오늘 수업을 시작하기 전에 해야 할 것이 있어요. 그게 뭐죠?
There's something we have to do before we start today's lesson. What is it?

o 지난 수업을 복습합시다.
Let's review our last lesson.

o 전 시간 수업을 복습합시다.
Let's go over the previous lesson.

o 지난번에 무엇을 했는지 복습합시다. Let's review what we did last time.

o 다시 한번 복습합시다.
Let's go over it again.

o 다시 한번 훑어봅시다.
Let's run through it again.

o 다시 한번 살펴봅시다.
Let's have a look at it again.

o 빨리 복습해 볼까요?
Shall we review it quickly?

○ 2과를 간단하게 복습하겠어요.	I'd like to review Lesson 2 just briefly.
○ 지난번에 배운 것을 빨리 기억해 봅시다.	Let's quickly remember the things we learned last time.
○ 시작하기 전에 지난주에 배운 것을 복습합시다.	Before we start, let's review what we learned last week.
○ 진도를 나가기 전에 지난 수업 내용을 간단히 복습합시다.	Before we go on, let's have a short review of our previous lesson.
○ 33쪽을 펴고 배운 내용을 복습하세요.	Turn to page 33 and review what we learned.
○ 지난 수업 내용에 대해 몇 가지 질문을 하겠어요.	I'll ask you some questions about our previous lesson.

🚩 배운 내용 질문하기

○ 무엇을 배웠죠?	What did we learn?
○ 지난번에 무엇에 대해 이야기했죠?	What did we talk about last time?
○ 어제 배운 표현들이 뭐였죠?	What were the expressions we learned yesterday?
○ 화요일 수업에서 무엇을 연습했죠?	What did we practice in our Tuesday lesson?
○ 지난번에 무엇을 했는지 기억나요?	Do you remember what we did last time?
○ 지난번에 무엇에 대해 읽었는지 기억나요?	Do you remember what we read about last time?
○ 지난 수업에서 무엇을 배웠는지 말할 수 있는 사람?	Can anyone tell me what we learned in our previous lesson?
○ 지난 수업에서 가장 중요한 게 뭐죠?	What's the most important thing from the last lesson?
○ 지난 수업에서 무엇이 가장 기억에 남아요?	What do you remember the most from our previous lesson?

o 지난 수업에서 꼭 기억해야 할 것이 세 가지 있었어요.	There were three things you must remember from the last lesson.
o 지난 수업 내용을 얼마나 기억하는지 확인해 봅시다.	Let's see how much you can remember from the last lesson.
o 이것들이 우리가 지난번에 배운 표현들이에요. 다들 기억나요?	These are the expressions we learned last time. Do you all remember?
o 기억나는 사람은 손들어 보세요.	Put your hand up if you remember.
o 지난 시간에 이메일 쓰는 법을 배웠어요.	We learned how to write an e-mail in our last lesson.
o 지난번에 배운 노래를 불러 볼까요?	Shall we sing the song we learned last time?
o 지난 시간에 배운 내용에 대해 질문 있나요?	Do you have any questions on what we learned in our previous lesson?
o 지난 수업에서 배운 내용이 이해 안 되는 사람?	Who doesn't understand the things we learned in our last lesson?
o 지난 시간에 정말 열심히 공부했군요.	You studied really hard last time.
o 다들 지난번에 했던 내용을 정말 잘 기억하고 있네요.	You all remember the things we did last time really well.
o 지난번에 배운 내용을 기억하지 못하는 사람이 많네요.	Many of you don't remember what we learned last time.
o 집에서 복습을 전혀 안 했군요?	You didn't review at all at home, did you?

05 숙제 검사
Checking Homework

T You had some homework, right? What was it?

S Writing a poem.

T Right, I remember. Please take out your homework. Sohee, where's your homework?

S Sorry, I forgot to bring it. I left it at home.

T Don't forget to bring your homework next time.

S I won't forget it next time.

T 숙제가 있었죠? 뭐였죠? | **S** 시를 쓰는 거예요. | **T** 맞다, 기억나네요. 숙제를 꺼내세요. 소희, 네 숙제는 어디 있지? | **S** 죄송합니다. 깜빡 잊고 안 가져왔어요. 집에 두고 왔어요. | **T** 다음번에 잊지 말고 숙제 가져오세요. | **S** 다음번에는 잊지 않을게요.

🚩 숙제 내용 확인

○ 숙제가 뭐였죠?   What was the homework?

○ 숙제가 있었나요?   Did we have any homework?

○ 숙제가 있었죠?   You had some homework, right?

○ 숙제로 뭘 하라고 했죠?   What did I tell you to do as homework?

○ 지난 시간의 숙제는 자기소개 쓰기였어요.   The homework from our last lesson was to write about yourselves.

○ 숙제로 연습문제 1을 했어야 해요.   You should have done exercise 1 for your homework.

○ 제출 기한이 너무 촉박했나요?   Was the deadline too soon?

○ 숙제를 할 시간이 더 필요한가요?   Do you need more time for your homework?

🔖 숙제 검사 ────────────────────────

o 숙제를 검사할 시간이에요.　　Time to check homework.

o 숙제 했어요?　　Have you done the homework?

o 숙제 가져왔어요?　　Did you bring your homework?

o 숙제를 꺼내세요.　　Please take out your homework.

o 숙제를 보여 주세요.　　Please show me your homework.

o 지금 숙제 검사를 할 거예요.　　I'm going to check your homework now.

o 여러분이 한 것을 한번 봅시다.　　Let's see what you have done.

o 공책을 펼쳐서 숙제를 보여 주세요.　　Open your notebook and show me your homework.

o 숙제를 검사할 수 있도록 페이지를 넘겨 주세요.　　Flip the pages so that I can check your homework.

o 숙제의 제일 마지막 장을 보여 주세요.　　Please show me the very last page of your homework.

o 숙제에 도장을 찍어 주겠어요.　　I'll stamp on your homework.

o 다른 사람의 숙제를 빌려 오지 마세요.　　Don't borrow other people's homework.

🔖 숙제 제출 ────────────────────────

o 숙제를 제출하세요.　　Please hand in your homework.

o 공책을 제출하세요.　　Please turn in your notebooks.

o 지금 제출하세요.　　Please hand it in now.

o 숙제를 앞으로 전달하세요.　　Pass your homework to the front.

o 내 책상에 숙제를 올려놓으세요.　　Put your homework on my desk.

o 교탁 위에 올려놓으세요.　　Please put it on the teacher's desk.

o 뒤에 앉은 사람들이 숙제를 모두　　People sitting at the back, please gather all

걷어 오세요.

the homework.

o 각 줄의 맨 뒷사람이 숙제를 걷어
오세요.

The last person in each row, please collect
the homework.

o 반장에게 숙제를 제출하세요.

Submit your homework to the class president.

o 반장, 숙제를 걷어서 나에게
가져다주세요.

Class president, please collect the
homework and bring it to me.

o 나 대신 공책을 걷어 줄래요?

Will you collect the notebooks for me?

o 수업 후에 나한테 숙제를 가져오세요.

Bring your homework to me after class.

o 모두 숙제를 제출했나요?

Have you all turned in your homework?

o 학습지를 안 낸 사람은 체크할
거예요.

I'll check the people who haven't turned in
the worksheet.

o 제출하기 전에 표지에 번호와
이름을 썼는지 확인하세요.

Check your numbers and names on the
cover before you hand it in.

o 집에 가기 전에 숙제를 꼭 제출
해야 합니다.

You must submit your homework before
you go home.

o 잊지 말고 제때 숙제를 제출하세요.

Don't forget to turn in your homework on time.

o 지금부터는 숙제를 받지 않겠습니다.

I'm not receiving any homework from this
moment on.

🔖 숙제를 안 가져왔을 때 _____

o 숙제 어디 있어요?

Where's your homework?

o 왜 숙제를 안 했어요?

Why didn't you do your homework?

o 왜 숙제를 못 했나요?

Why were you unable to do your homework?

o 숙제한 게 왜 없는지 말해 보세요.

Tell me why you don't have your homework
with you.

o 내가 오늘까지 숙제를 제출하라고
말했어요, 그렇죠?

I told you to submit your homework by
today, didn't I?

o 숙제 가져오는 거 잊어버린 사람?	Who forgot to bring the homework?
o 숙제 안 가져온 사람들은 내일까지 가져오세요.	Those who didn't bring their homework, please bring it by tomorrow.
o 제시간에 숙제를 안 가져오는 사람들은 5점이 감점될 거예요.	People who don't bring homework on time will lose five points.
o 다음 시간에 다시 숙제를 검사 하겠어요.	I'll check your homework again next time.
o 아직 숙제를 다 못한 사람들은 점심시간 전에 끝내야 해요.	Those who haven't finished their homework yet must finish it before lunch time.
o 오늘까지 나한테 직접 가져오세요.	Bring it to me by the end of today, in person.
o 방과 후에 남아서 숙제를 하세요.	Stay behind after school and do your homework.

📕 숙제 검사 결과 ─────────────

o 숙제 검사를 마쳤어요.	I've finished checking your homework.
o 숙제를 돌려주겠어요.	I'll give your homework back.
o 여기에 숙제를 놓겠어요. 나갈 때 자기 것을 가져가세요.	I'll leave your homework here. Take yours when you go out.
o 모두 제때 숙제를 제출했어요.	Everyone has turned in homework on time.
o 여러분 모두 숙제를 아주 잘했어요.	You all did a good job on your homework.
o 몇몇 숙제는 정말 뛰어났어요.	Some of your homework was really great.
o 여러분의 숙제에 감명 받았어요.	I'm impressed with your homework.
o 혼자서 이 숙제를 다 했나요?	Did you do this homework all by yourself?

06 학습 내용 안내
Introducing Today's Lesson

T	What's the title of today's lesson?
S	Greeting.
T	I can't hear you. Please read the title all together.
S	Greeting.
T	Thank you. The title of today's lesson is "Greeting". Can you guess what we're going to learn today through the title?

T 오늘 수업의 제목이 뭐죠? | **S** 인사하기요. | **T** 잘 안 들려요. 다 같이 제목을 읽어 보세요. | **S** 인사하기. | **T** 고마워요. 오늘 수업의 제목은 '인사하기'입니다. 제목을 통해 오늘 배울 내용을 짐작할 수 있나요?

📕 제목 확인

○ 오늘 수업의 제목이 뭔가요?	What's the title of today's lesson?
○ 제목을 불러 주세요.	Give me the title, please.
○ 제목을 읽어 보겠어요?	Could you please read the title?
○ 다 같이 제목을 읽어 봅시다.	Let's all read the title together.
○ 3과의 제목을 확인해 봅시다.	Let's check the title of Lesson 3.
○ 3과의 제목을 읽어 주세요.	Please read out the title of Lesson 3.
○ 오늘 수업의 제목은 '인사하기'입니다.	The title of today's lesson is "Greeting".
○ 제목을 칠판에 쓸게요.	I'll write the title on the blackboard.
○ 이 제목이 무슨 뜻인지 아는 사람?	Who knows what the title means?

○ 제목이 무엇을 말해 주나요?	What does the title tell you?
○ 제목은 이번 과에서 학습할 내용을 말해 줍니다.	The title tells us what we're going to learn in this lesson.
○ 제목을 통해 오늘 배울 내용을 짐작할 수 있나요?	Can you guess what we're going to learn today through the title?
○ 다음 과의 제목을 한번 볼까요?	Shall we have a look at the title of the next lesson?

🔖 학습 내용 소개 ───────────────

○ 여기 우리가 오늘 할 내용이에요.	Here's what we'll do today.
○ 여기 우리가 오늘 배우게 될 것들이에요.	Here are the things we'll be learning today.
○ 이것이 오늘 우리가 할 내용이에요.	This is what we're going to do today.
○ 오늘 할 내용을 한번 봅시다.	Let's have a look at what we're going to do today.
○ 2과를 공부할 거예요.	We are going to study Lesson 2.
○ 오늘은 2과를 끝낼 거예요.	We'll finish off Lesson 2 today.
○ 지난 시간에 했던 것을 계속할 거예요.	We'll continue what we did last time.
○ 오늘은 게임을 할 거예요.	We'll play a game today.
○ 읽기와 쓰기를 할 거예요.	We'll be doing some reading and writing.
○ 신문 기사를 가지고 공부할 거예요.	You'll be working on a newspaper article.
○ 시를 쓰는 방법을 배울 거예요.	We are going to learn how to write a poem.
○ 이메일 쓰는 법을 가르쳐 줄 거예요.	I'll teach you how to write an e-mail.
○ 오늘은 짧은 동영상을 보여줄 거예요.	I'm going to show you a short video today.

🔖 학습 목표 제시

○ 이것들이 오늘 수업의 목표예요. These are the goals for today's lesson.

○ 오늘 수업의 목표는 다음과 같습니다. The goals for today's lesson are as follows.

○ 이번 시간의 목표가 칠판에 쓰여 있어요. The goals for this lesson are written on the board.

○ 11쪽에 학습 목표가 나와 있어요. You can see the lesson goals on page 11.

○ 목표를 아는 것은 아주 중요해요. It's very important to know the goals.

○ 학습 목표는 우리에게 나아가야 할 방향을 알려 줍니다. Lesson goals tell us where to be headed.

○ 이번 시간에는 다섯 개의 목표가 있어요. There are five goals for this lesson.

○ 이러한 목표들은 오늘 수업의 가장 중요한 핵심이에요. These goals are the most important point of today's lesson.

○ 다 같이 수업 목표를 하나씩 읽어 봅시다. Let's all read the lesson goals one by one.

○ 다 같이 큰 소리로 목표를 읽어 보세요. Please read the goals all together with a loud voice.

○ 첫째, 의문문을 만들 수 있다. First, we are able to make questions.

○ 둘째, How can I find~?라는 표현을 사용할 수 있다. Second, we are able to use the expression, "How can I find~?".

○ 다시, 오늘 수업의 목표는 뭐죠? Again, what are the goals for today's lesson?

○ 모두 이 목표들을 명심하세요. Everybody, please keep these goals in mind.

○ 모든 목표를 꼭 달성합시다. Let's make sure that we achieve all the goals.

○ 수업이 끝날 때쯤이면 이 모든 것을 할 수 있을 거예요. We'll be able to do all these at the end of the lesson.

07 본 수업 들어가기
Getting the Lesson Started

T   Now, let's get on with the main lesson.
Is everybody ready to start the lesson?

S   Yes, Ms. Kim.

T   OK. Let's start by reading the text.
Open your books to page 25.

T 자, 본 수업을 시작합시다. 모두 수업 시작할 준비가 되어 있나요? | **S** 네, 선생님. | **T** 좋아요. 본문을 읽는 것으로 시작해 봅시다. 25쪽을 펴세요.

🏴 워밍업

○ 본 수업을 시작하기 전에 워밍업을 해 볼까요?
Shall we warm up before we begin our main lesson?

○ 시작하기 전에 짝과 이 주제에 대해 얘기해 봤으면 해요.
Before we start, I'd like you to talk about this topic with your neighbors.

○ 시작하기 전에 노래 한 곡 듣는 게 좋을 것 같아요.
It would be better if we listened to a song before starting off.

○ 시작하기 전에 어제 배운 팝송을 불러 보는 게 어때요?
How about singing the pop song we learned yesterday before we start?

○ 아직 준비가 안 되어 있는 것 같네요. 너무 이른 아침이어서 그런 것 같군요.
You don't seem to be ready yet. I guess it's too early in the morning.

○ 시작하기 전에 스트레칭을 좀 합시다.
Let's do some stretching before we start.

○ 기지개를 켜면서 하품을 해 봅시다.
Let's yawn with a stretch.

○ 브레인스토밍을 해 볼까요?
Shall we do some brainstorming?

○ 이 주제에 대해서 무엇을 알고 있나요?	What do you know about this topic?
○ 여러분의 배경지식을 점검해 보겠어요.	I'm going to check your background knowledge.
○ 교재를 보기 전에 재미있는 동영상을 봅시다.	Let's watch an exciting video before we look at the book.
○ 관련된 영상을 유튜브에서 찾았어요. 같이 봅시다.	I found a related video on YouTube. Let's watch it together.
○ 어휘 지도를 만들어 봅시다.	Let's make a word map.
○ 이 주제와 관련해서 여러분이 알고 있는 모든 단어를 큰 소리로 말해 보세요.	Shout out all the words you know that are related to this topic.
○ 본문을 읽기 전에 어휘를 공부 해 봅시다.	Let's study some vocabulary before we read the text.
○ 먼저, 이번 과에 나온 새로운 단어를 보도록 하죠.	First, we'll have a look at the new words in this lesson.
○ 수업을 시작하기 전에 여러분이 몇 가지를 생각해 봤으면 해요.	I want you to think about some things before we start the lesson.
○ 제목 밑에 있는 그림은 무엇을 말해 주나요?	What does the picture below the title tell you?
○ 이 주제와 관련된 짧은 이야기를 해 줄게요.	I'll tell you a short story related to this topic.
○ 짧은 이야기로 시작해 보겠어요.	I'd like to start with a short story.
○ 이건 어제 TV에서 들은 이야기예요.	This is a story I heard on TV yesterday.

🚩 본 수업 시작 _____

○ 자, 오늘 수업을 시작해 봅시다.	Now, let's start today's lesson.
○ 오늘 수업을 시작해 볼까요?	Shall we begin today's lesson?

o 수업을 시작합시다.	Let's get on with the lesson.
o 본론으로 들어갈 시간이에요.	Time to get to the point.
o 독해 시간입니다. 맞죠?	It's reading time. Am I right?
o 목표를 알았으니 시작합시다.	Now we know our goals, let's get started.
o 복습을 끝냈으니 오늘 수업으로 넘어갑시다.	Now we have finished reviewing, let's go on to today's lesson.
o 모두 수업을 시작할 준비가 되었나요?	Is everybody ready to start the lesson?
o 본 활동으로 넘어갈 준비가 되었나요?	Are you ready to move on to the main activity?
o 이제 시작할 준비가 된 것 같네요.	I think we are ready to start now.
o 이제 시작해 볼까요?	Shall we start now?
o 좋아요, 이제 시작해도 되나요?	Alright, can we start now?
o 오늘은 2과를 할 차례 맞죠?	We're on Lesson 2 today, right?
o 본문을 읽는 것으로 시작합시다.	Let's start by reading the text.

08 형성평가
Formative Tests

T   It's time for a quiz!

S   No...

T   Don't worry.
     It's easy if you have listened to the lesson carefully.

S   But still...

T   I won't grade the scores. Is it fair enough?

S   Alright.

T   Get ready now.
     All you need is a piece of paper and a pencil on
     your desk.

T 쪽지시험 시간이에요! | **S** 싫어요… | **T** 걱정하지 마세요. 수업을 잘 들었으면 쉬워요. | **S** 그래도요… | **T** 성적을 매기지는 않을 거예요. 그러면 됐죠? | **S** 네. | **T** 이제 준비하세요. 책상에는 종이와 연필만 있으면 돼요.

🔖 형성평가 안내

○ 각 과가 끝나면 뭘 할 거라고 했죠?   What did I say we'll do at the end of each lesson?

○ 간단한 시험을 볼 거예요.   We'll have a simple test.

○ 각 과가 끝나면 항상 간단한 시험을 볼 거예요.   We'll always have a short test at the end of each lesson.

○ 수업 내용을 얼마나 이해했는지 확인하는 쪽지시험이에요.   It's a quiz to check how much you have understood the lesson.

○ 시험이지만 걱정할 필요는 없어요.   Though it's a test, there's no need to worry.

o 수업을 잘 들었으면 쉬워요. It's easy if you have listened to the lesson carefully.

o 내 수업을 얼마나 잘 들었는지 보겠어요. I'll see how well you have listened to my lesson.

o 점수를 매기지는 않을 거예요. I won't grade the scores.

o 점수가 매겨질 거예요. The scores will be graded.

o 한 문제에 1점씩입니다. It's one point for each question.

🚩 쪽지시험 볼 준비

o 쪽지시험 시간이에요! Quiz time! / It's time for a quiz!

o 쪽지시험을 봅시다. Let's take a quiz.

o 간단한 듣기 시험을 볼 거예요. We're going to have a short listening test.

o 책상을 치우세요. Please clear your desks.

o 종이 한 장을 준비하세요. Get a piece of paper ready.

o 책상에는 종이와 연필만 있으면 돼요. All you need is a piece of paper and a pencil on the desk.

o 시험지를 나눠 줄 거예요. I'll hand out the test papers.

o 한 장씩 가지고 나머지는 뒤로 전달하세요. Please take a sheet and pass the rest to the back.

o 모두 문제지를 받았어요? Have you all got the exercise sheets?

o 쪽지시험을 볼 준비가 됐나요? Are you ready for the quiz? / Are you ready to take the quiz?

🚩 문제 풀고 답 맞추기

o 인쇄물에 있는 문제들을 풀어 보세요. Answer the questions on the handout.

o 오늘 배운 내용을 떠올리면서 문제를 풀어 보세요.

Try to remember what you have learned today and answer the questions.

o 최선을 다해 풀어 보세요.

Try your best to answer the quiz.

o 잘 듣고 정답을 골라 보세요.

Listen carefully and choose the right answers.

o 답을 종이에 쓰세요.

Write down the answers on the paper.

o 빈칸에 정답을 써야 돼요.

You have to fill in the blanks with the right answer.

o 부정행위 하지 말고 똑바로 앉으세요.

Don't cheat, and sit straight.

o 쪽지시험을 볼 때는 이야기 금지.

No talking during the quiz.

o 짝의 답을 보면 안 돼요.

You shouldn't be looking at your neighbor's answers.

o 친구의 답지를 보지 마세요.

Don't look at your friend's answer sheet.

o 답을 불러 줄게요.

I'll call out the answers.

o 답은 11쪽에서 확인하세요.

Check the answers on page 11.

o 화면을 보고 답을 확인하세요.

Look at the screen to check the answers.

o 책을 꺼내서 답을 찾아보세요.

Take out your books and find the answers.

o 짝과 답안지를 바꿔서 채점하세요.

Exchange your answer sheet with your seatmate and mark it.

09 마무리
Consolidation

T	It's nearly time to finish. Let's wrap up.
S	Don't we have to finish this?
T	That's enough. Please finish it off at home.
	Let's review today's lesson.
	Look at the screen.
	These are the things we have learned today.

T 거의 끝날 시간이네요. 마무리합시다. | **S** 이거 끝내야 하지 않나요? | **T** 그 정도면 충분해요. 집에서 완성하세요. 오늘 수업을 복습해 봅시다. 화면을 보세요. 이것들이 오늘 우리가 배운 내용입니다.

📑 수업 정리

○ 끝날 때가 거의 되었네요.	It's nearly time to finish.
○ 수업이 끝날 때가 거의 되었네요.	It's nearly the end of the class.
○ 이제 그만해야 할 때가 거의 됐어요.	It's almost time to stop now.
○ 곧 종이 칠거예요. 수업을 마칩시다.	The bell will ring soon. Let's finish the lesson.
○ 여러분, 지금 하고 있는 활동을 멈추세요.	Everybody, please stop what you're doing now.
○ 그만하면 충분합니다.	That's enough.
○ 마무리합시다.	Let's wrap up.
○ 마무리할 시간이에요.	It's time to wrap up.
○ 이제 마무리를 해 볼까요?	Shall we wrap up now?
○ 요약해 봅시다.	Let's sum up.

o 오늘 수업을 요약할 수 있는 사람?	Who can summarize today's lesson?
o 오늘 수업 내용을 복습합시다.	Let's review today's lesson.
o 오늘 무엇을 배웠죠?	What did we learn today?
o 이번 수업에서는 인터뷰하는 법을 배웠어요.	We have learned how to interview people in this lesson.
o 이것들이 오늘 우리가 배운 내용이에요.	These are the things we have learned today.
o 오늘 배운 내용은 정말 중요해요.	What you have learned today is really important.
o 오늘 수업에서 이해 안 되는 것 있나요?	Is there anything that you don't understand from today's lesson?
o 우리가 오늘 목표를 달성했나요?	Did we accomplish our goals?
o 이제 4과를 마쳤어요.	We have now finished Lesson 4.
o 드디어 4단원이 끝났네요.	At last Unit 4 is over.

🔖 숙제 내기

o 오늘은 숙제가 있어요.	You have homework today.
o 오늘은 숙제가 없어요.	There's no homework for today.
o 이것이 오늘 숙제입니다.	This is your homework for today.
o 마치기 전에 여러분에게 내 줄 숙제가 있어요.	Before we finish, I have some homework for you.
o 이번에는 아무 숙제도 내 주지 않겠어요.	I'm not going to give you any homework this time.
o 본문을 다섯 번 읽으세요.	Read the text five times.
o 집에서 이 부분을 해석해 오세요.	Translate this part at home.
o 이 구절을 세 번 쓰세요.	Write the passage three times.
o 공책에 본문을 두 번 베껴 오세요.	Copy the text twice in your notebook.

o 집에서 작문을 완성해 오세요.   Please finish off the writing at home.

o CD를 세 번 이상 들으세요.   Listen to the CD more than three times.

o 숙제는 이 단어들을 외우는 거예요. Your homework is to memorize these words.

o 숙제로 이 대화를 외워 오세요.   As for homework, memorize this dialogue.

o 숙제는 22쪽의 표를 완성하는   Your homework is to finish the table on
    거예요.   page 22.

o 자신의 역할을 집에서 연습해 오세요. Practice your roles at home.

o 나머지는 집에서 해 오세요.   Please do the rest at home.

o 숙제하는 것을 잊으면 안 돼요.   Don't forget to do your homework.

▓ 숙제 제출 방법 및 기한 _____

o 나한테 이메일로 보내 주세요.   E-mail it to me.

o 이 이메일 주소로 숙제를 보내 주세요. Send your homework to this e-mail address.

o 숙제는 학급 홈페이지에 올려   Please upload your homework on our class
    주세요.   homepage.

o 숙제는 컴퓨터가 아니라 연필로   Do your homework with a pencil, not with
    하세요.   the computer.

o 이것은 주말 동안 해 오세요.   Do this over the weekend.

o 내일 숙제를 제출하세요.   Please turn in your homework tomorrow.

o 다음 시간에 숙제를 제출하세요.   Please hand in your homework in the next
    class.

o 다음에 만날 때 숙제를 제출하세요. Submit your homework next time we meet.

o 다음 시간에 숙제를 검사할 거예요. I'm going to check your homework in our
    next lesson.

o 다음 시간에 잊지 말고 숙제를   Don't forget to bring your homework in for
    가져오세요.   our next class.

o 다음 시간 전에 이 학습지를   Please complete the worksheet before the

완성하세요. next class.

○ 다음 시간까지 반드시 이 표현들을 Until next time, be sure to practice the
연습해 오세요. expressions.

○ 다음 주 화요일까지 숙제를 해야 You have to do your homework by next
합니다. Tuesday.

○ 기한은 3월 30일입니다. The deadline is March 30th.

○ 기한은 다음 주 수요일입니다. It's due next Wednesday.

TIP BOX 숙제 관련 표현

숙제	homework / assignment
숙제를 하다	do one's homework
숙제를 내주다	assign homework / give homework
숙제를 검사하다	check homework
제출하다	submit / hand in / turn in
제출 기한	due date / deadline
베끼다	copy
외우다	memorize
완성하다	complete
해석하다	translate
작문하다	compose
연습하다	practice
연습문제를 풀다	do the exercises
복습하다	review
예습하다	preview

10 다음 수업 예고
Previewing the Next Lesson

T   When is our next lesson?

S   This Thursday.

T   That's right.

    Do you know what we're going to do that day?

S   No idea.

T   We'll make a role play with the text we have learned today.

    Please decide which role you would like to act out and practice the lines.

T 다음 수업이 언제죠? | **S** 이번 주 목요일이요. | **T** 맞아요. 그날 무엇을 할지 알아요? | **S** 모르겠어요. | **T** 오늘 배운 본문으로 역할극을 만들 거예요. 어떤 역할을 하고 싶은지 결정해서 대사를 연습해 보세요.

🔖 다음 시간 준비물

○ 다음 시간에는 준비물이 필요해요.   We need some supplies next time.

○ 다음 수업에는 준비물을 가져와야 해요.   You have to bring some supplies for the next lesson.

○ 다음 시간의 준비물을 칠판에 적었어요.   I have written the supplies for the next class on the blackboard.

○ 이것들이 다음 시간에 필요한 것이에요.   These are what you are going to need next time.

○ 준비물 목록을 공책에 적으세요.   Please write down the list of supplies in your notebook.

○ 다음 시간에 사진 가져오는 거 잊지 마세요.	Please don't forget to bring some photos for the next class.
○ 카드를 만들 건데, 무엇이 필요 할까요?	We're going to make cards, so what do we need?
○ 가위, 풀 그리고 색종이를 준비 하세요.	Please have scissors, glue, and some colored paper ready.
○ 다시, 가져와야 할 게 뭐였죠?	Again, what were the things you have to bring?
○ 준비물 가져오는 거 잊지 마세요.	Don't forget to bring the supplies.
○ 준비물이 없으면 아무것도 할 수 없어요.	You can't do anything without the supplies.
○ 학교 앞 문방구에서 구입할 수 있어요.	You can buy them at the stationery store in front of the school.
○ 이미 집에 있으면 그걸 가져와도 돼요.	If you already have it at home, you can bring it.
○ 없으면 친구에게 빌리세요.	If you don't have it, borrow it from your friend.
○ 집에 가자마자 준비물을 챙기세요.	Pack your supplies as soon as you get home.
○ 자기 전에 준비물을 가방에 넣으세요.	Please put your supplies in your bag before going to bed.

🔖 다음 차시 예고

○ 다음 수업은 월요일에 있죠?	Our next lesson is on Monday, right?
○ 다음 시간에 무엇을 할지 아세요?	Do you know what we're going to do in the next class?
○ 다음번에 할 내용을 예습해 봅시다.	Let's preview what we're going to do next time.
○ 여기에 다음 시간에 할 것들이 있어요.	Here are the things we'll do in the next lesson.
○ 다음 시간에는 5과를 할 거예요.	We'll do Lesson 5 in our next class.

○ 다음번에는 9쪽을 할 거예요. We are going to go on to page 9 next time.

○ 다음번에는 여기서부터 시작할게요. We'll start from here next time.

○ 나머지는 다음 시간에 끝냅시다. Let's finish the rest of this in our next class.

○ 오늘 하던 것을 이어서 할 거예요. We'll continue with what we were doing today.

○ 다음 시간에는 이번 장을 계속 We are going to continue working on this
하겠어요. chapter in our next lesson.

○ 다음 수업은 듣기 시간이군요. Our next lesson is a listening session.

○ 다음번에는 어학실에서 만납시다. Let's meet in the lab next time.

○ 다음 수업 때는 원어민 선생님이 The native English teacher will join us in
우리와 함께할 거예요. our next class.

○ 목요일에는 본문 내용으로 On Thursday, we'll make a role play with
역할극을 만들 거예요. the text.

○ 다음번에는 초대장 만드는 것을 Next time, we'll learn to make an invitation
배울 거예요. card.

○ 다음 시간에는 애완동물에 대해 In our next lesson, we'll talk about pets.
이야기할 거예요.

○ 다음 시간에는 강당에서 영화를 We'll be watching a movie in the hall
볼 거예요. next time.

○ 체육행사 때문에 다음 시간에는 We don't have the English class next time
영어 수업이 없어요. because of the sports event.

🔖 예습할 내용 ──────────────────────

○ 다음 수업 내용을 예습해 오세요. Please preview the next lesson.

○ 집에서 4~6쪽을 예습해 오세요. Please preview pages 4 to 6 at home.

○ 다음 수업에 들어오기 전에 4과를 Have a quick look at Lesson 4 before you
훑어보세요. come to the next class.

○ 수업에 들어오기 전에 집에서 본문을 읽어 오면 좋겠어요.

I'd like you to read the text at home before coming to the class.

○ 미리 기사를 읽어 오면 참 좋겠어요.

It would be wonderful if you read the article beforehand.

○ 미리 본문을 읽어 오면 도움이 많이 될 거예요.

It'll be very helpful if you read the text in advance.

○ 다음 시간 준비 잘해 오세요.

Please be well prepared for the next lesson.

TIP BOX 과목 명칭

국어	language art	물리	physics
국사	Korean history	지구과학	earth science
문학	literature	영어	English
정치	politics	일본어	Japanese
경제	economics	중국어	Chinese
사회	social studies	한문	Chinese characters
세계사	world history	음악	music
지리	geography	미술	art
윤리	ethics	체육	physical education (= P. E.)
철학	philosophy	컴퓨터	computer
심리학	psychology	전산	computer science
도덕	moral education	농업	agriculture
수학	math (= mathematics)	상업	commerce
과학	science	공업	industry
생물	biology	기술	technology
화학	chemistry	가정	home economics

11 수업 마치고 인사하기
Closing and Saying Good-bye

T	Was that the bell?
S	Yeah!
T	All right then, let's finish here.
	Did you have fun today?
S	Yes! It was fun.
T	Glad to hear that. See you next time.

T 방금 종소리였어요? | **S** 네! | **T** 좋아요 그럼, 여기서 마칩시다. 오늘 즐거웠어요? | **S** 네! 재밌었어요.
| **T** 그렇다니 다행이네요. 다음 시간에 봐요.

🔖 수업 마치기

○ 끝날 시간이네요.	It's time to finish.
○ 시간이 다 되었네요.	We've run out of time.
○ 시간이 빨리 가는 것 같군요.	Time seems to fly.
○ 여기서 끝냅시다.	Let's finish here.
○ 오늘은 여기까지예요.	That's all for today.
○ 오늘 수업은 여기까지예요.	That's all for today's lesson.
○ 오늘은 그만하죠.	Let's call it a day.
○ 여기서 그만할까 해요.	I think I should stop here.
○ 이제 그만할까요?	Shall we stop now?
○ 오늘은 충분히 했다고 생각해요.	I think we have done enough today.
○ 오늘 잘했어요.	You did a good job today.

○ 오늘 재미있었나요?	Did you have fun today?
○ 수업 즐거웠어요?	Did you enjoy the lesson?
○ 수업이 흥미로웠나요?	Was the lesson interesting?
○ 이 수업이 도움이 되었길 바랍니다.	I hope you found this lesson useful.

🔖 수업 마치는 종 ─────────────

○ 종이 울리네요.	There's the bell.
○ 이제 종이 울리네요.	The bell is ringing now. / Here goes the bell now.
○ 종이 방금 울렸어요.	The bell just rang.
○ 방금 종소리였어요?	Was that the bell?
○ 기다려요, 아직 종이 울리지 않았어요.	Wait, the bell hasn't rung yet.
○ 종이 곧 울릴 거예요.	The bell is going to ring at any moment.
○ 종이 울리기까지 2분 정도 남았네요.	We have about two minutes before the bell rings.
○ 5분 후에 종이 울릴 거예요.	The bell will ring in 5 minutes.

🔖 헤어지는 인사 ─────────────

○ 안녕!	Goodbye!
○ 또 봐요.	See you again.
○ 다음에 봐요.	See you next time.
○ 금요일에 봐요.	See you on Friday.
○ 다음 주에 다시 만나요.	We'll meet again next week.
○ 다음 시간에 다시 만납시다.	Let's meet again next time.

○ 방학이 끝나고 다시 봐요.	I'll see you again after the vacation.
○ 점심 맛있게 먹어요.	Enjoy your lunch.
○ 좋은 하루 보내세요.	Have a nice day.
○ 좋은 주말 보내세요.	Have a great weekend.
○ 휴일 즐겁게 보내세요.	Enjoy your holiday.
○ 건강 조심하세요.	Take care.
○ 다음 시간까지 건강하세요.	Until next time, take care.
○ 자, 이제 헤어질 시간이 되었어요.	Now, it's time to say good-bye.
○ 다음 시간 기대할게요.	I'll look forward to our next lesson.
○ 여러분이 보고 싶을 거예요.	I'm going to miss you.

TIP BOX 학생 및 교직원 관련 단어

학생

1학년생	first grader
2학년생	second grader
3학년생	third grader
4학년생	fourth grader
5학년생	fifth grader
6학년생	sixth grader
대학교 1학년생	freshman
대학교 2학년생	sophomore
대학교 3학년생	junior
대학교 4학년생	senior
유치원생	kindergartener
초등학생	elementary school student
중학생	middle school student
고등학생	high school student
대학생	college student
신입생	freshman

졸업생	graduate
졸업생 대표	graduate representative
남자 동창	alumnus / alumni (복수)
여자 동창	alumna / alumnae (복수)
반 친구	classmate
반장	class president
회장	class captain class captain
부반장, 부회장	vice president
서기	class secretary
영어부장	chief of English class
주장	captain
학급 도우미	classroom helper
주번 학생	students on weekly duty
학생회	student council
학생회 간부	student council staff
학생 대표	student president

교직원

교직원	school staff
교사	teacher
담임	homeroom teacher
교장	principal
교감	vice principal / assistant principal
부장 교사	head teacher
학생지도부장	dean of students
상담 교사	school counselor
보건 교사	health teacher / nurse
기간제교사	long-term substitute teacher
유치원 교사	kindergarten teacher / nursery school teacher / preschool teacher
보조	assistant
과학 보조	science paraprofessional / lab assistant
급식 보조	meal assistant
영양사	dietitian
조리사	cook
학교 경비원	school guard
교내 순찰원	school police

Unit 3
수업 운영
Managing the Lesson

01 책 준비하기
Getting Books Ready

T	Now, take out your books.
	Where's your book, Taejun?
S	It's in my cabinet.
T	Well then, go and fetch it.
S	OK.
T	Please have your books ready before I come in.

T 이제 책을 꺼내세요. 태준, 네 책은 어디 있니? | **S** 사물함에 있어요. | **T** 그럼 가서 가져와야지. | **S** 네. | **T** 제발 내가 들어오기 전에 책을 준비해 두세요.

📑 책 꺼내기

○ 교과서 꺼내세요!	Textbooks out, please!
○ 책 꺼내세요.	Get your books out. / Please take out your books.
○ 다들 책 꺼내!	Everyone, books out!
○ 책 준비하세요.	Get your books ready.
○ 교과서를 준비하세요.	Have your textbooks ready.
○ 책상에 교과서를 꺼내 놓으세요.	Take your textbooks out on the desk.
○ 사물함에서 책 꺼내세요.	Please take out your book from your cabinet.
○ 교과서만 꺼내세요.	Just the textbooks, please.
○ 만화책은 치우세요.	Please put away your comic book.
○ 이제 책이 준비되었나요?	Do you have your books ready now?

- 이제 독해 책이 필요합니다.　　You need your reading book now.

- 이제 워크북은 덮고 문법책을　　Close your workbook now and open your
  펴요.　　grammar book.

- 이제 교과서를 한번 볼까요?　　Shall we have a look at the textbook now?

🔖 책을 안 가져왔을 때 ────────────

- 책이 어디에 있죠?　　Where is your book?

- 책을 안 가져온 사람?　　Who hasn't brought the book?

- 책을 잃어버렸나요?　　Have you lost your book?

- 책 가져오는 걸 잊어버렸나요?　　Did you forget to bring your book?

- 어째서 매번 책이 없어요?　　How come you never have your book with
  you?

- 오늘 영어 수업이 없다고　　You thought you didn't have an English
  생각했군요?　　class today?

- 내일은 책을 꼭 가져오세요.　　Make sure you bring your book tomorrow.

- 다음번엔 잊지 말고 책을 가져　　Don't forget to bring your book next time.
  오세요.

- 짝과 같이 볼래요?　　Could you share it with your desk mate?

- 책을 안 가져온 사람은 짝과　　Those who haven't got their books, share it
  같이 보세요.　　with your neighbors.

- 책을 안 가져왔으면 친구한테서　　If you haven't brought your book, please
  빌려 오세요.　　borrow one from your friends.

- 오늘은 이 여분의 책을 빌려줄게요.　I can lend you this spare book for today.

- 수업시간에는 책을 항상 준비하고　　You must always have your book ready for
  있어야 해요.　　class.

02 페이지 및 위치 찾기
Finding Pages and Locations

T Open your books to page 15 and find the third paragraph.

S Where?

T The third paragraph.
It's in the middle. Just below the picture.
Have you found it?

S Yes.

T Now, find the word "myth" in that paragraph.

T 15쪽을 펴서 세 번째 문단을 찾으세요. | **S** 어디요? | **T** 세 번째 문단. 가운데에 있어요. 그림 바로 밑에 요. 찾았어요? | **S** 네. | **T** 이제 그 문단에 있는 단어 myth를 찾으세요.

📕 페이지 찾기

○ 20쪽을 보세요.   Look at page 20.

○ 20쪽으로 넘기세요.   Turn to page 20.

○ 20쪽으로 가 보세요.   Please go to page 20.

○ 15쪽을 펴세요.   Open your books to page 15.

○ 책을 꺼내서 15쪽을 펴세요.   Take out your book and open it at page 15.

○ 20쪽과 21쪽을 한번 봅시다.   Let's have a look at pages 20 and 21.

○ 5과는 몇 쪽에서 시작하죠?   On which page does Lesson 5 start?

○ 30쪽에 있어요.   It's on page 30.

○ 30쪽을 찾았나요?   Did you find page 30?

모두 30쪽을 보고 있나요?	Is everyone looking at page 30?
다음 쪽.	Next page.
다음 쪽으로 넘기세요.	Please turn to the next page.
다음 쪽으로 넘어갑시다.	Let's move on to the next page.
두 쪽 건너뛰고 15쪽으로 가세요.	Skip two pages and go to page 15.
55쪽까지 쭉 넘기세요.	Flip over to page 55.
100쪽은 책의 거의 끝부분에 있어요.	Page 100 is nearly at the end of the book.
30쪽으로 되돌아가세요.	Turn back to page 30.
30쪽으로 되돌아갑시다.	Let's go back to page 30.
30쪽으로 돌아오세요.	Please come back to page 30.
원래 하던 쪽으로 돌아갑시다.	Let's go back to where we were.
책의 시작 부분에 있어요.	It's in the beginning of the book.
책의 중간 부분에 있어요.	It's in the middle of the book.
책의 중간쯤 될 거예요.	It'll be about midway in the book.
책의 끝부분에 있어요.	It's in the last bit of the book.
10쪽이나 11쪽 어딘가에 있을 거예요.	It'll be somewhere around page 10 or 11.
가장 앞부분의 컬러 페이지를 보세요.	Look at the colored pages at the very front part.

🔖 상하 위치 찾기

윗부분에 있어요.	It's at the top.
이 페이지 맨 위에 있어요.	It's at the very top of this page.
중간에 있어요.	It's in the middle.
12쪽의 중간에 있어요.	It's in the middle of page 12.

o 아래에 있어요.   It's at the bottom.

o 페이지 아래에 있어요.   It's at the bottom of the page.

o 사진 바로 윗줄이에요.   It's the line just above the picture.

o 그림 바로 밑에 있어요.   It's just below the picture.

o 그림의 중앙에 있어요.   It's in the center of the picture.

o 그곳을 찾았나요?   Have you found the place?

o 아래에 있는 그림을 보세요.   Look at the picture at the bottom.

o 그림 밑에 있는 표를 보세요.   Look at the table underneath the picture.

o 페이지 중간에 Where로 시작하는 문장이 보이나요?   Can you see the sentence starting with "Where" in the middle of the page?

🔖 좌우 위치 찾기

o 왼쪽에 있어요.   It's on the left.

o 오른쪽에 있어요.   It's on the right-hand side.

o 좌측 상단에 있어요.   It's on the upper left-hand side.

o 우측 하단에 있어요.   It's on the lower right-hand side.

o 우측 상단 코너에 있어요.   It's in the upper right corner.

o 좌측 하단 코너에 있어요.   It's in the bottom left corner.

o 그림의 왼쪽에 있어요.   It's to the left of the picture.

o 그림 바로 옆에 있어요.   It's right next to the picture.

o 두 그림 사이에 있어요.   It's between the two pictures.

o 가운데에 있는 그림 중에서 두 번째 그림이에요.   It's the second picture from the pictures in the middle.

📑 줄·문단 찾기

○ 다섯째 줄을 찾아보세요.	Find line 5.
○ 13쪽 다섯째 줄입니다.	We are on line 5 on page 13.
○ 위에서 세 줄 내려오세요.	Come down three lines from the top.
○ 위에서 세 줄 아래예요.	It's three lines from the top.
○ 밑에서 다섯째 줄이에요.	It's the 5th line from the bottom.
○ 밑에서 다섯 줄 위예요.	It's five lines up from the bottom.
○ 위로 다섯 줄 올라가세요.	Go up five lines.
○ 거기서 세 줄 아래로 내려가세요.	Go down three lines from there.
○ 그림에서 세 줄 아래.	Three lines down from the picture.
○ 셋째 줄에서 두 번째 단어를 찾아보세요.	Find the second word from line 3.
○ 셋째 줄 마지막에서 세 번째 단어입니다.	It's third from the last word in line 3.
○ 두 번째 단락을 찾으세요.	Find the second paragraph.
○ They로 시작하는 마지막 단락을 보세요.	Look at the last paragraph which starts with "They".
○ A번에서 두 번째 예문을 보세요.	Look at the second example in A.
○ Mike의 두 번째 대사를 찾아보세요.	Find Mike's second line.

TIP BOX 문장 및 글의 구성 요소

글자	letter	절	clause
단어	word	문장	sentence
구	phrase	문단, 단락	paragraph

03 인쇄물 나누어 주기
Distributing Handouts

T	I'll give you a handout.
	Take one and pass back the rest.
S	I haven't got one.
T	Are there any copies left over at the back?
S	Here. I have five left.
T	Please pass one to Jimin.
	Now, everybody fill in the handout.

T 인쇄물을 줄 거예요. 한 장씩 갖고 나머지는 뒤로 돌리세요. | **S** 저는 못 받았어요. | **T** 뒤에 남는 것이 있나요? | **S** 여기요. 다섯 장 남았어요. | **T** 지민이에게 한 장 전달해 주세요. 이제 모두 인쇄물을 작성하세요.

🔖 인쇄물 나누어 주기

○ 인쇄물을 나누어 줄게요. I'll pass out the handouts.

○ 두 장의 인쇄물을 주겠어요. I'll give you two handouts.

○ 세 장을 나누어 줄 테니, I'll give out three handouts, so make sure
  다 받았는지 확인하세요. you have them all.

○ 여러분 줄은 몇 명인가요? How many are there in your row?

○ 여기 있어요. Here it is. / Here you are. / There you are.

○ 이 인쇄물을 돌리세요. Pass around these handouts, please.

○ 한 장 가지세요. Take one, please.

○ 한 사람 앞에 한 장씩입니다. It's one each.

○ 한 장씩 갖고 돌리세요. Take one and pass them on.

○ 시험지를 뒤로 돌리세요.	Pass back the papers.
○ 제일 뒤로 보내 주세요.	Please pass it to the very back.
○ 한 장씩 갖고 나머지는 뒤로 돌리세요.	Take one and pass back the rest.
○ 나가면서 인쇄물을 한 장씩 가져가세요.	Take a handout as you go out.
○ 마음대로 가져가세요.	Help yourself.
○ 교무실에서 인쇄물 좀 가져다 주세요.	Please bring me the handouts from the staff room.
○ 이 인쇄물을 나누어 줄래요?	Could you please pass out these handouts?
○ 친구들에게 이것을 좀 나누어 주겠어요?	Would you like to distribute these to your friends?
○ 잃어버리지 마세요.	Don't lose it.
○ 안전하게 보관하세요.	Please keep it safe.
○ 인쇄물은 파일에 넣어 두세요.	Keep the handout in your file.
○ 다음 주에 사용할 거니까 잃어 버리지 마세요.	We're going to use it for the next week, so don't lose it.
○ 다음 시간에 이 인쇄물을 가져 오세요.	Please bring this handout for the next class.
○ 인쇄물을 받으면 이름과 번호를 쓰세요.	Write your name and number when you receive the handout.
○ 이 인쇄물에 부모님의 서명을 받고 다시 가져오세요.	Have your parents sign this handout and bring it back.

📕 인쇄물이 모자랄 때 ────────────

○ 인쇄물이 모자라나요?	Are we short of handouts?
○ 두 번째 것을 못 받았나요?	Didn't you get the second one?

○ 세 번째 것을 못 받은 사람은 손을 들어 보세요.	Raise your hand if you didn't get the third one.
○ 여기 뒤에 세 장이 더 필요해요.	We need three more here at the back.
○ 누가 실수로 두 장을 가져갔나요?	Did anyone get two by mistake?
○ 혹시 두 장 가지고 있는지 확인해 보세요.	Please check if you have two sheets.
○ 인쇄물이 부족하네요.	I'm short of handouts.
○ 남은 것이 없네요.	I don't have any more left.
○ 미안해요, 인쇄물이 다 떨어졌어요.	Sorry, we've run out of the handouts.
○ 모두에게 돌아갈 정도로 충분하지 않네요.	I don't have enough for everyone.
○ 몇 부를 더 복사해야겠어요.	I'll have to make some more copies.
○ 얼마나 더 필요한가요?	How many more do you need?
○ 오늘만 짝과 같이 볼래요?	Could you share it with your seatmate for today?
○ 미안하지만, 짝과 같이 봐야겠네요.	Sorry, but you'll have to share it with your partner.
○ 수업이 끝나면 여분을 가져다줄게요.	I'll bring extra copies after the class.
○ 수업 끝나고 나한테 오세요. 내 책상 위에 있어요.	Please come to me after the class. I have some on my desk.

🔖 인쇄물이 남을 때

○ 남은 것은 내게 주세요.	Please give me the rest.
○ 남은 것을 다 모아 주겠어요?	Can you collect all the extra ones for me?
○ 남은 것은 앞으로 전달하세요.	Please pass the remainder to the front.
○ 남은 것은 앞으로 가져오세요.	Please bring the leftover copies to the front.
○ 거기 뒤에 남은 것이 있나요?	Do you have some left back there?

○ 뒤에 남은 것이 좀 있네요.	There's some left at the back.
○ 그것을 Mike에게 전달해 주세요.	Please pass it to Mike.
○ 여기 여분이 있어요.	Here are some extra copies.
○ 몇 개 남았나요?	How many do you have left?

🔖 인쇄물 소유 여부 확인

○ 모두 한 부씩 가지고 있나요?	Do you all have a copy?
○ 못 받은 사람?	Who hasn't got one?
○ 인쇄물 못 받은 사람 있어요?	Is there anyone who hasn't got a handout?
○ 인쇄물 없는 사람 있어요?	Is there anyone without a copy?
○ 총 몇 장인지 세어 보세요.	Count all the pages.
○ 몇 쪽이 없어요?	Which page don't you have?
○ 세 장 다 있는지 확인하세요.	Please check if you have all three handouts.
○ 두 사람 앞에 한 장씩이에요.	It's one for every two people.
○ 두 학생이 한 장을 같이 보세요.	Two students share one sheet.
○ 모두들 과거시제에 관한 인쇄물을 받았나요?	Did you all receive the handout on the past tense?
○ 지난번에 준 인쇄물을 안 가져온 사람?	Who hasn't brought the handout I gave you last time?
○ 인쇄물을 안 가져온 사람은 짝과 같이 보세요.	Those who haven't brought their handout, please share with your neighbors.

🔖 인쇄물 상태 점검

○ 먼저 Who?로 시작하는 인쇄물을 봅시다.	First, let's have a look at the handout starting with "Who?"

○ 글씨가 선명하게 보이나요?   Can you see the print clearly?

○ 여기 글자가 안 보이는군요.   I can't see the letters here.

○ 글자가 좀 흐리네요.   The letters are a bit faint.

○ 인쇄 상태가 흐리네요.   The print is unclear.

○ 안 보이는 글자 있어요?   Are there any letters that you can't see?

○ 양면에 다 인쇄되었는지 확인하세요.   Please check the print on both sides.

○ 두 번째 줄에 빠진 단어가 있네요.   There's a word missing in line 2.

○ 2번의 the를 지우세요.   Erase "the" in number 2.

○ went와 school 사이에 to를 써 주세요.   Please write "to" in between "went" and "school".

○ 미안해요, 내가 학습지를 잘못 주었네요.   Sorry, I gave you the wrong worksheet.

○ 나에게 다시 돌려주세요.   Please give them back to me.

○ 확인이 끝나면 가방에 넣으세요.   Put them in your bag when you have finished checking.

TIP BOX 인쇄물 관련 단어

인쇄물	handout	앞으로 전달하다	pass forward
학습지	worksheet	앞으로 보내다	pass to the front
시험지	test paper	전달하다	pass
답안지	answer sheet	수거하다	collect
나누어 주다	pass out / distribute / give out / hand out	제출하다	submit / hand in / turn in
돌리다	pass around	여분	leftover copy / extra copy / remainder
뒤로 돌리다	pass back	인쇄 상태	print

04

칠판 활용
Using Blackboards

T I'll write the questions on the blackboard.
Look carefully.
Oh, dear. We've run out of blue chalk.

S I'll go and fetch some.

T Thank you so much.
Meanwhile, I want someone to come out and write the answers on the board.
Who hasn't been out to the blackboard yet?
Seoyeon? Please come up to the blackboard.

T 질문을 칠판에 쓰겠어요. 잘 보세요. 이런, 파란색 분필을 다 써 버렸네요. | **S** 제가 가서 가져올게요. |
T 정말 고마워요. 그동안 누가 나와서 칠판에 답을 써 봅시다. 아직 칠판 앞에 안 나와 본 사람? 서연? 칠판 앞으로 나오세요.

🔖 교사의 판서

○ 칠판을 보세요.　　　　　　　　　　Look at the board.

○ 칠판에 쓸 테니 잘 보세요.　　　　　I'll write it on the blackboard, so watch carefully.

○ 오늘은 칠판에 필기할 것이 많아요.　I have much to write on the blackboard today.

○ 내 글씨가 잘 보이나요?　　　　　　Can you see my writing clearly?

○ 뒤에 잘 보이나요?　　　　　　　　Can you see it back there?

○ 뒷줄에 앉은 사람들, 판서 내용이　　People in the back row, can you see the 보이나요?　　　　　　　　　　　　writing on the board?

○ 필기할 시간을 따로 주겠어요.	I'll give you time to copy this down.
○ 칠판을 보고 아직 필기하지는 마세요.	Look at the blackboard and don't copy yet.
○ 설명을 듣는 것이 더 중요해요.	Listening to my explanation is more important.
○ 안 지울 거니까 쉬는 시간에 필기하세요.	I won't rub it off, so please copy it during the break.
○ 판서 내용을 필기하세요.	Copy them down from the blackboard.
○ 이건 중요하니까 빨간 분필로 쓸게요.	I'll write it with red chalk because this is important.
○ 분필이 떨어졌네요.	We've run out of chalk.
○ 빨간색 분필이 없네요.	There's no red chalk.
○ 분필 하나 가져다주세요.	Please get me a piece of chalk.
○ 교무실에서 분필 좀 가져다 줄래요?	Could you fetch some chalk from the staff room?
○ 나 대신 가서 분필 좀 찾아봐 주세요.	Please go and look for some chalk for me.
○ 칠판에 플래시카드를 붙여 보겠어요.	I'll stick the flash cards on the blackboard.

🔖 학생의 판서

○ 칠판 앞으로 나와 주세요.	Please come up to the blackboard.
○ 칠판 앞으로 나오겠어요?	Will you come to the blackboard?
○ 칠판 앞으로 가세요.	Go up to the blackboard.
○ 나와서 칠판에 쓰세요.	Come out and write it on the blackboard.
○ 칠판에 써 보겠어요?	Could you write it on the blackboard?
○ 누가 여기 나와서 칠판에 답을 써 볼래요?	Who would like to come up here and write the answer on the board?
○ 아직 칠판 앞에 나와 본 적 없는 사람?	Who hasn't been up to the blackboard yet?

○ 칠판에 그 문장을 써 보세요.	Please write the sentence on the board.
○ 어서요, 분필을 집으세요.	Go on, pick up the chalk.
○ 분필은 여기 있어요.	The chalk is here.
○ 여기 이 색을 사용하세요.	Use this color here.
○ 넌 오른쪽에 쓰고, 넌 왼쪽에 써라.	You write it on the right side and you, on the left side.
○ 너무 아래쪽에 쓰지 마세요.	Please don't write it too low.
○ 너무 작게 쓰지 마세요.	Don't write it too small.
○ 글씨를 참 잘 쓰는군요.	You have nice handwriting.
○ 칠판을 내려 줄게요.	Let me lower the board for you.

📑 칠판 지우기 ─────────────

○ 지워 주세요.	Please wipe it out.
○ 칠판을 지워 주세요.	Please clean the blackboard.
○ 모두 다 지워 주세요.	Rub off everything, please.
○ 이쪽 좀 지워 줄래요?	Could you please clean this side?
○ 이제 이것은 지워도 되나요?	Can I wipe this off now?
○ 그건 아직 지우지 마세요.	Don't erase it yet.
○ 이쪽은 아직 지우지 마세요.	Please don't rub out this side yet.
○ 칠판지우개를 털어 주세요.	Please clean the board eraser.
○ 칠판지우개 좀 가져다줄래요?	Could you get me the board duster?
○ 내가 칠판을 지우는 동안 인쇄물을 읽으세요.	Read the handouts while I wipe the blackboard.
○ 칠판이 너무 지저분하네요.	The blackboard is too dirty.

05 학습 활동 중 안내
Guiding Students During Activities

T Let me show you how to play the game.
Watch me carefully.
Now, do you know how to play it?

S Yes. Let's start quickly.

T Alright, but let's decide the turns first.
Who would like to go first?

S Me! I want to go first.

T 게임 하는 방법을 보여 줄게요. 잘 보세요. 이제 어떻게 하는지 알겠죠? | **S** 네. 빨리 시작해요. | **T** 좋아요. 하지만 먼저 차례를 정합시다. 누가 먼저 할래요? | **S** 저요! 제가 먼저 하고 싶어요.

🚩 시범 보이기

○ 먼저 나를 보세요.	Watch me first.
○ 내가 하는 것을 보세요.	Watch me doing it.
○ 먼저 내 시범을 보세요.	Look at my demonstration first.
○ 먼저 내가 보여 줄게요.	I'll show you first.
○ 어떻게 하는지 보여 줄게요.	I'm going to show you how to do it.
○ 어떻게 된 건지 보여 줄게요.	Let me show you how it's done.
○ 이렇게 하는 거예요.	This is how you do it.
○ 이렇게 해 보세요.	Do it like this.
○ 이런 식으로 하려고 노력해 보세요.	Try to do it this way.
○ 이렇게요, 그렇게 하지 말고.	Like this, not like that.

○ 나를 따라 해 보세요.	Copy me.
○ 내가 하는 것을 따라 하세요.	Follow what I'm doing.
○ 이제 내가 하는 것을 해 보세요.	Now, do what I'm doing.
○ 내가 하는 방식과 똑같이 해 보세요.	Do exactly the same way as I'm doing it.
○ 나를 보세요. 내가 지금 뭘 하고 있죠?	Look at me. What am I doing now?
○ 내 발음을 잘 들어 보세요.	Listen carefully to my pronunciation.
○ 내 손을 아주 자세히 보세요.	Look at my hand very closely.
○ 이것이 어떻게 움직이는지 잘 보세요.	Look carefully how it moves.

🔖 순서 정하기

○ 순서를 정해 봅시다.	Let's decide the turns.
○ 번호순으로 합시다.	Let's do it in numerical order.
○ 누가 먼저 하겠어요?	Who would like to go first?
○ 네가 먼저 해 보겠니?	Would you like to go first?
○ 다음은 누구죠?	Who's next?
○ 다음은 누가 할까요?	Who will go next?
○ 이제 누구 차례죠?	Whose turn is it now?
○ 내 차례군요.	It's my turn.
○ 네 차례 아니니?	Isn't it your turn?
○ 네가 첫 번째니?	Are you the first?
○ 너는 마지막이야.	You are the last.
○ 기다려, 아직 네 차례가 아니야.	Wait, it's not your turn yet.
○ 다음은 어느 그룹이죠?	Which group is next?

o 다음 그룹은 준비하세요.	Next group, please get ready.
o 돌아가면서 해야 돼요.	You have to take turns.
o 자기 차례를 기억하세요.	Remember your turn.
o 자기 차례를 잊지 마세요.	Don't forget your turns.
o 한 번에 한 명씩 하세요.	One at a time.
o 한 명씩 차례대로 하세요.	One after another.
o 남자들이 먼저 하고, 그다음에 여자들이 하세요.	Boys first and then the girls.
o 누가 남았죠?	Who's left?
o 누가 아직 안 했죠?	Who hasn't had a go yet?

🔖 진행 상황 체크 ───────────────

o 어떻게 되어 가나요?	How is it going?
o 어떻게 하고 있어요?	How are you managing it?
o 잘되고 있어요?	Is it going fine?
o 잘하고 있어요?	Are you doing OK?
o 다 잘되고 있어요?	Is everything OK?
o 여긴 모든 게 잘되나요?	Is everything going fine here?
o 잘하고 있네요.	You're doing just fine.
o 다 했어요?	Are you finished?
o 벌써 다 했어요?	Have you finished already?
o 거의 다 했나요?	Are you nearly done?
o 지금쯤은 마지막 문제를 하고 있어야 해요.	You should be working on the last question by now.
o 문제가 있나요?	Are you having any trouble?

o 왜 아무것도 안 하고 있나요? Why aren't you doing anything?

o 왜 아직 아무것도 안 했어요? Why haven't you done anything yet?

o 지금 당장 시작하세요. Get started right now.

o 여러분이 하는 동안 나는 I'll walk around while you work.
  돌아다닐 거예요.

o 조금 있다가 그리로 갈게요. I'll be with you in a minute.

TIP BOX 학교 명칭

어린이집	daycare center
유치원	kindergarten / nursery school / preschool
초등학교	elementary school / primary school
중학교	middle school
고등학교	high school
단과대학	college
전문대학교(2년제 대학교)	junior college
대학교	university / college
대학원	graduate school / postgraduate school
사립학교	private school
공립학교	public school
자립형 사립고	autonomous private high school
특수목적고	special-purpose high school
외국어고	foreign language high school
과학고	science high school
국제학교	international school
특성화고교	specialized vocational high school
대안학교	alternative school
명문고	elite high school
학원	cram school / private institute

06 시간 관리
Time Management

T   What time is it now?

S   It's 11:30.

T   What time do we finish?

S   15 more minutes to go.

T   Uh oh. We don't have much time.
Let's move on to the next activity.
I'll give you five minutes for this activity.
Time's nearly up. Speed up!

T 지금 몇 시죠? | **S** 11시 30분이요. | **T** 몇 시에 끝나죠? | **S** 15분 남았어요. | **T** 이런. 시간이 별로 없네요. 다음 활동으로 넘어갑시다. 이번 활동에는 5분을 주겠어요. 시간이 거의 다 되었어요. 속도를 내세요!

🔖 시간 확인

○ 몇 시죠?   What's the time?

○ 지금 몇 시죠?   What time is it now?

○ 언제 시작하죠?   When do we start?

○ 이제 시작해야 할 시간입니다.   It's about time to start now.

○ 거의 시작할 시간이에요.   It's almost time to begin.

○ 몇 시에 끝나죠?   What time do we finish?

○ 지금 끝날 시간인가요?   Is it time to finish now?

○ 몇 분 남았죠?   How many minutes do we have left?

○ 시간이 다 되었어요.   Time's up.

○ 시간이 다 되어 가는군요.	We're running out of time.
○ 시간이 모자라는군요.	We're short of time.
○ 오늘은 5분 일찍 끝낼게요.	We'll finish five minutes earlier today.

🔖 시간 할당 ────────────────

○ 10분을 주겠어요.	I'll give you ten minutes.
○ 이 활동에는 10분을 주겠어요.	You have ten minutes for this activity.
○ 이 과제를 완성하는 데 10분을 주겠어요.	You'll have ten minutes to complete this task.
○ 이 활동에는 충분한 시간이에요.	That's enough time for this activity.
○ 시간 안에 끝내세요.	Finish it in time.
○ 시간 제한을 지켜 주세요.	Please stick to the time limit.
○ 시간을 좀 더 줄까요?	Do you want some more time?
○ 시간이 더 필요한 사람?	Who needs more time?
○ 3분 더 주겠어요.	I'll give you three more minutes.
○ 10분 후에 끝내야 합니다.	You have to finish it in 10 minutes.
○ 3분 이상은 못 줍니다.	I can't give you more than three minutes.

🔖 속도 관리 ────────────────

○ 서두르지 마세요.	Don't rush.
○ 시간은 충분해요.	You have plenty of time.
○ 천천히 하세요.	Take your time.
○ 잠깐만요.	Just a minute, please.
○ 조금 기다리세요.	Hang on a moment.

o 시간을 체크하세요.	Please check your time.
o 서두르세요.	Hurry up.
o 속도를 내세요.	Speed up.
o 시간이 충분하지 않아요.	You don't have enough time.
o 서두르세요, 지체할 시간이 없어요.	Hurry, we have no time to lose.
o 3분 남았습니다. 정리하세요.	Three minutes left. Wrap up.
o 5분밖에 안 남았어요.	You only have five more minutes.
o 아직 5분 남았어요.	There are still five minutes to go.
o 아직 몇 분 남았어요.	We still have a couple of minutes left.
o 시간이 별로 없네요.	We don't have much time.

🔖 다음 활동으로 넘어가기 _____

o 이건 여기서 그만할 거예요.	We'll stop doing it here.
o 이건 여기서 그만둡시다.	Let's leave it here.
o 이 게임을 끝낼 시간이에요.	It's time to finish this game.
o 이제 다른 것을 해 볼까요?	Shall we do something different now?
o 이제 뭔가 새로운 것을 해 봅시다.	Let's do something new now.
o 넘어갑시다.	Let's move on.
o 다음 활동으로 넘어갑시다.	Let's go to the next activity.
o 이제 다음 단계로 넘어가야 해요.	Now, we have to go on to the next stage.
o 다음으로 넘어갈 준비가 되었나요?	Are you ready to move on?
o 다음엔 뭐죠?	What's next?
o 새로운 활동을 할 시간이에요.	It's time for a new activity.
o 시간이 있을 때 같이 해 보겠어요.	We'll do it together when we have time.

📕 휴식 시간 주기 ─────────────

○ 쉬는 시간이에요.   It's break time.

○ 휴식 시간이에요.   Time for a break.

○ 휴식 시간을 가집시다.   Let's have a recess.

○ 이제 휴식이 필요해요.   We need to have a break now.

○ 여기서 잠깐 멈출까요?   Shall we stop here for a while?

○ 여기서 잠시 쉬어 갑시다.   Let's take a break here.

○ 지금 휴식 시간을 가지는 게 어때요? Why don't we have a break time now?

○ 10분간 휴식 시간을 가집시다.   Let's have a ten-minute break.

○ 10분 동안 휴식을 취하겠어요.   We're going to take a recess for 10 minutes.

○ 10분 후에 다시 시작합시다.   Let's start again in 10 minutes.

○ 15분 후에 다시 시작하겠어요.   We'll get started again in 15 minutes.

○ 화장실에 가고 싶으면 가세요.   Go to the bathroom if you want.

○ 5분 후에 교실로 돌아오세요.   Come back to the classroom after 5 minutes.

○ 시작 시간에 늦지 마세요.   Don't be late for the starting time.

TIP BOX 학교 시간 관련 단어

시간표	timetable
하루 일과	daily routine
~교시	~ period (예: 1교시 first period)
점심시간	lunch time / lunch break
쉬는 시간	break time / break / recess(미국)
자유시간	free time
자율학습 시간	self-study time
아침 조회	morning meeting / morning assembly
조례 및 종례	homeroom meeting

07 조용히 시키기
Telling Students to Be Quiet

T	Eyes on me! Please be quiet.
	We won't start until everyone is quiet.
	John, how many times did I tell you to be quiet?
S	I was just asking Sarah if she could lend me a pencil.
T	Did you have to borrow it now? Couldn't you just wait?
S	Sorry. I'll be quiet now.

T 나를 보세요! 조용히 좀 하세요. 모두 조용히 할 때까지 시작하지 않겠어요. John, 내가 몇 번이나 조용히 하라고 했죠? | **S** Sarah에게 연필을 빌려줄 수 있는지 묻고 있었어요. | **T** 지금 빌려야 했어요? 좀 기다릴 수는 없었어요? | **S** 죄송합니다. 이제 조용히 할게요.

🚩 주의 집중시키기

○ 여러분, 이제 주목하세요.	Everyone, attention now.
○ 모두 주목하세요.	Your attention, please.
○ 집중하세요.	Pay attention, please.
○ 주목해 줄래요?	Can I have your attention?
○ 집중하세요! 이건 중요해요.	Concentrate! This is important.
○ 나를 보세요.	Look at me. / Eyes on me.
○ 앞을 보세요.	Look to the front. / Eyes to the front. / Face the front.
○ 이쪽을 보세요.	Look this way.

여기를 보세요.	Look here. / Look over here.
왼쪽을 보세요.	Look to the left.
오른쪽을 보세요.	Look to your right.
칠판을 보세요.	Look at the board.
뒤쪽을 보세요.	Face the rear.
뒤를 보지 마세요.	Don't look back.
동작 그만!	Freeze!
움직이지 마세요.	Don't move.
아무도 움직이지 마세요.	Nobody move.
거기 가만히 있어요.	Stay where you are.
똑바로 앉으세요.	Sit straight.
가만히 앉아 있어요.	Sit still please.
똑바로 앉아서 움직이지 마세요.	Sit up straight and don't move.
박수를 세 번 치세요.	Clap three times.
머리 위에 손을 얹으세요.	Hands on your head.
하던 것을 멈추세요.	Stop what you were doing.
거기서 멈추고 자리로 돌아오세요.	Stop where you are and come back to your seats.
그건 지금 내버려 두세요.	Leave that alone now.
다른 학생들을 방해하지 마세요.	Don't interrupt other students.

🔖 조용히 하라고 말하기 ―――――――――――――

조용히!	Quiet, please!
조용히 하세요.	Please be quiet.
침묵을 지키세요.	Keep silent, please.

○ 쉿! 속삭이지 마세요.   Shh! Don't whisper.

○ 너무 시끄럽군요.   You are too noisy.

○ 말하지 마세요.   Don't talk.

○ 그만 말하세요.   Stop talking.

○ 입 다물어 주세요.   Please shut your mouth.

○ 잡담 그만하세요.   You'd better stop chatting.

○ 이제 한 마디도 하지 마세요.   Don't say a word now.

○ 더 이상 한 마디도 하지 마세요.   Not another word, please.

○ 내 얘기 아직 안 끝났어요.   I'm not finished yet.

○ 나 좀 얘기합시다.   Let me talk, please.

○ 내 얘기 좀 끝냅시다.   Let me finish talking, please.

○ 이제 조용히 해 주면 좋겠어요.   I want you to be quiet now.

○ 내가 말할 때는 조용히 하세요.   Please be quiet when I'm talking.

○ 그만 말하고 나를 보세요.   Stop talking and look at me.

○ 여러분이 그렇게 떠들면 내가
  얘기할 수가 없어요.   I can't talk with you talking like that.

○ 여러분이 조용히 할 때까지
  기다리겠어요.   I'll be waiting for you to be quiet.

○ 모두 조용히 할 때까지 시작하지
  않겠어요.   We won't start until everyone is quiet.

○ 시작 좀 하게 그만 얘기하세요.   Stop talking so that we can start.

○ 공부하는 시간이지 잡담하는
  시간이 아니에요.   It's study time, not chatting time.

○ 얘기하지 마세요. 아직 안 끝났어요.   Don't chat. We have not finished yet.

📑 떠드는 학생 지적하기 _____

o 왜 얘기하고 있어요?	Why are you talking?
o 왜 아직도 말하고 있어요?	Why are you still talking?
o 누가 아직도 잡담을 하고 있네요.	Somebody is still chatting.
o 누가 떠드는 소리가 들려요.	I can hear someone making a noise.
o 그걸 지금 말해야 하나요?	Do you have to say it now?
o 뭐가 그렇게 중요하죠?	What's so important?
o 그게 내 수업보다 더 중요해요?	Is it more important than my lesson?
o 거기, 뭐가 그렇게 웃겨요?	Over there, what's so funny?
o 왜 계속 웃었는지 말해 보세요.	Tell me why you were continuously laughing.
o 뒤에 앉은 사람들, 왜 그렇게 시끄러워요?	People at the back, why are you so noisy?
o 우리가 수업 중인 걸 누가 잊었나요?	Has somebody forgotten that we're in the middle of a lesson?
o 나와서 얘기하세요. 나도 들어 보게요.	Come out and talk. Let me hear it, too.
o 여러분이 얘기하는 것을 내가 모른다고 생각하지 마세요.	Don't think I don't know you're chatting.
o 떠드는 사람은 나중에 나와서 연습문제를 풀어야 할 거예요.	Noisy people will have to come out and do the exercise later on.

08 이동하기 · 줄 서기
Moving · Queuing

T	Let's go to the library.
	We need to move in a line. Please get in line.
S	Jake just cut in line.
T	Jake, no! You should never cut in line.
	Go to the very end of the line.
	Now, move quickly and try not to make any noise
	as you move.

T 도서관에 갑시다. 한 줄로 이동해야 해요. 줄을 서세요. | **S** Jake가 방금 새치기했어요. | **T** Jake, 안 돼! 새치기하면 절대 안 돼요. 줄 맨 뒤로 가세요. 자, 신속하게 이동하고 움직이면서 소리를 내지 않도록 하세요.

🔖 이동하기

○ 지금 이동할 거예요.	We're moving now.
○ 나를 따라오세요.	Follow me.
○ 이동하는 동안 조용히 하세요.	Keep quiet while you move.
○ 이동하면서 소리 내지 않도록 하세요.	Try not to make any noise as you move.
○ 복도에서는 아무도 말하지 않습니다.	Nobody speaks in the corridor.
○ 한 줄로 줄 맞춰서 이동하세요.	Move in a straight line.
○ 뛰지 말고 천천히 걸으세요.	Don't run, walk slowly.
○ 계단을 오르내릴 때 주의하세요.	Be careful when you go up and down the stairs.
○ 반장은 출석부를 가지고 오세요.	Class president, please bring the register.

○ 교실을 나갈 때는 문과 창문을 잠그세요.	Lock the doors and windows when you leave your classroom.
○ 그쪽이 아니라 이쪽이에요.	It's this way, not that way.
○ 계단을 올라가서 오른쪽으로 첫 번째 교실이에요.	Go up the stairs and it's the first classroom on the right.
○ 복도를 따라가면 왼쪽에 표지가 보일 거예요.	Go straight down the corridor and you'll see the sign on your left.
○ 운동장으로 나갈까요?	Shall we go out to the playground?
○ 이제 여기서 나가야 해요.	We have to get out of here now.
○ 이제 교실로 돌아갑시다.	Let's go back to the classroom now.
○ 모두 다 지금 영어교실로 가세요!	Everybody, to the English classroom now!
○ 다들 조용히 도서관으로 이동하세요.	Everybody, silently move to the library.
○ 5층 멀티미디어실로 신속하게 이동합시다.	Let's quickly move to the multimedia room on the 5th floor.
○ 다음 수업은 어학실에서 할 테니 수업 시작하기 전에 가 있으세요.	We're going to do the next lesson in the lab, so be there before the class starts.

🔖 줄 서기 ─────────────────────

○ 줄 서세요.	Line up.
○ 줄을 서세요.	Get into a queue.
○ 한 줄로 서세요.	Stand in a line.
○ 두 줄로 서세요.	Stand in two lines.
○ 두 줄을 만드세요.	Make two lines.
○ 난 다섯 줄을 원해요.	I want five lines.
○ 그룹별로 줄 서세요.	Line up in groups.
○ 번호순으로 줄 서세요.	Please line up in numerical order.
○ 줄 뒤쪽에 끼세요.	Join the back of the queue.

o 줄 맨 뒤로 가세요.　　　　　　　Go to the very end of the line.

o 줄을 똑바로 맞추세요.　　　　　Straighten the line, please.

o 난 똑바른 줄을 원해요.　　　　 I want a straight line.

o 한 사람씩 차례대로 하세요.　　 One after another, please.

o 새치기하지 마세요.　　　　　　Don't cut in.

o 새치기하려고 하지 마세요.　　　Don't try to jump in line.

o 절대로 새치기하지 마세요.　　　You should never cut in line.

o 줄을 서서 기다려야 해요.　　　 We have to wait in a line.

o 줄을 서서 이동할 거예요.　　　 We are going to move in a line.

o 한 줄로 서서 버스에 탈거예요.　 We're going to board the bus in a line.

o 줄 서기 전에는 시작하지 않겠어요. I'm not going to start before you line up.

o 줄을 다 서야만 식사가 제공됩니다. Lunch will be served when you finish lining up.

o 어느 그룹이 줄을 잘 서나
　볼 거예요.

I'll see which group is the best at standing
in line.

Unit 4
멀티미디어 활용
Using Multimedia

01 멀티미디어실 · 컴퓨터실 이용
Using the Multimedia Room · Computer Room

T	We're going to use computers for today's lesson. Everybody, please sit in front of a computer.
S	Shall we turn on the computer?
T	Yes, go ahead. Wait till your computers boot up.
S	It's done.
T	Now, double-click the rainbow icon. Click the start button and wait.

T 오늘 수업에는 컴퓨터를 사용할 거예요. 모두 컴퓨터 앞에 앉으세요. | **S** 컴퓨터를 켤까요? | **T** 그래요, 켜세요. 컴퓨터가 부팅이 될 때까지 기다리세요. | **S** 됐어요. | **T** 이제 무지개 아이콘을 두 번 클릭하세요. 시작 버튼을 클릭하고 기다리세요.

멀티미디어실 · 컴퓨터실 이용

o 컴퓨터를 사용할 일이 있으면 멀티미디어실에 갈 거예요.
When we need to use the computers, we'll go to the multimedia room.

o 멀티미디어실은 5층 복도 끝에 있어요.
The multimedia room is on the 5th floor, at the end of the corridor.

o 컴퓨터 선생님께 멀티미디어실 열쇠를 달라고 하세요.
Ask the computer teacher for the key to the multimedia room.

o 종이 치기 전에 컴퓨터실에서 준비하고 있어야 해요.
You have to be ready in the computer room before the bell rings.

o 멀티미디어실에 올 때는 잊지 말고 교실 문을 잠그세요.
Don't forget to lock the classroom when you are coming to the multimedia room.

o 컴퓨터실을 나갈 때는 불을 끄세요. Please turn the lights off when you leave the computer room.

반장은 나갈 때 모든 컴퓨터가 꺼져 있는지 확인해야 돼요.	The class president should check if all the computers are off when leaving.
멀티미디어실을 이용할 때 따라야 할 규칙이 있어요.	There are some rules to follow when using the multimedia room.
벽에 컴퓨터실 규칙이 붙어 있어요.	Computer room rules are posted on the wall.
규칙을 지켜 주세요.	Please follow the rules.
멀티미디어실에는 절대로 음료를 가져오지 마세요.	Never bring drinks to the multimedia room.

📑 컴퓨터 사용 ──────────────

오늘 수업에는 컴퓨터를 사용할 거예요.	We're going to use computers for today's lesson.
모두 컴퓨터 앞에 앉으세요.	Everybody, please sit in front of a computer.
오늘은 짝과 컴퓨터를 같이 사용하세요.	Please share a computer with your partner for today.
그 컴퓨터는 고장이에요. 다른 것을 찾아보세요.	That computer is out of order. Find another one.
전원을 켜세요.	Turn on the power.
컴퓨터를 켜세요.	Turn on the computer.
컴퓨터를 끄세요.	Turn off the computer.
부팅이 되는 동안 잠시 기다리세요.	Wait a minute while it boots up.
컴퓨터가 부팅됐나요?	Has your computer finished booting up?
부팅이 안 되는 컴퓨터 있나요?	Has anyone's computer failed booting?
화면에 뭐가 보이죠?	What do you see on the screen?
학교 로고가 보이나요?	Do you see the school logo?
마우스를 클릭하세요.	Click the mouse.
마우스 오른쪽 버튼을 클릭하세요.	Click the right mouse button.

○ CD를 넣으세요.	Insert the CD.
○ 바탕화면에 책 모양 아이콘이 보이나요?	Can you see a book-shaped icon in the background?
○ 그 아이콘을 두 번 클릭하세요.	Double-click that icon.
○ 첫 페이지에서 '시작'을 누르세요.	Click "start" on the first page.
○ '열기/닫기' 버튼을 누르세요.	Press the "open/close" button.
○ 엔터키를 치세요.	Hit the enter key.
○ 헤드셋을 끼세요.	Put your headsets on.
○ 프로그램을 시작한 뒤 기다리세요.	Start the program and wait.

🚩 컴퓨터 사용 시 주의사항 ──────────

○ 컴퓨터를 조심해서 다루세요.	Be careful with the computers.
○ 이 컴퓨터들은 아주 비싸니까 조심해서 다루세요.	These computers are really expensive, so please take care.
○ 개인적인 용도로 김퓨터를 사용하지 마세요.	Don't use the computers for personal use.
○ 컴퓨터에 개인 자료를 저장하지 마세요.	Don't save personal data on the computer.
○ 아무것도 삭제하지 마세요.	Don't delete anything.
○ 내가 지시하지 않는 한 어떠한 프로그램도 다운받지 마세요.	Don't download any programs unless I tell you to.
○ 메신저로 채팅하지 마세요.	Don't chat through the messenger.
○ 수업시간에는 게임을 하면 안 돼요.	You must not play games during the class.
○ 모니터 끄는 것을 잊지 마세요.	Don't forget to turn off the monitor.
○ 키보드를 그렇게 세게 누르지 마세요.	Don't press the keyboard so hard.
○ 스크린을 만지면 안돼요.	You should not touch the screen.

02 인터넷 활용
Using the Internet

T	Please connect to the Internet now.
	Open your favorite web portal or web search engine.
S	Is Naver OK, too?
T	That's perfectly OK.
	Now, find a site that introduces Korean traditions.
	Type in "Korean traditions" in the search box.
S	There are so many results.
T	I know. Follow the links and try to find the best site.

T 이제 인터넷에 접속하세요. 여러분이 가장 좋아하는 포털 사이트나 웹 검색 엔진을 열어 보세요. | **S** 네이버도 괜찮아요? | **T** 아주 좋아요. 이제 한국의 전통을 소개하는 사이트를 찾아보세요. 검색창에 Korean traditions를 쳐 보세요. | **S** 결과가 아주 많아요. | **T** 알아요. 링크를 따라가서 가장 좋은 사이트를 찾아보세요.

📑 인터넷 접속 및 검색

○ 인터넷 아이콘이 보이나요?	Can you see the Internet icon?
○ 인터넷을 시작해 보세요.	Start the Internet.
○ 인터넷에 접속하세요.	Access the Internet. / Connect to the Internet.
○ 화면에서 익스플로러 아이콘을 두 번 클릭하세요.	Double-click the explorer icon on the screen.
○ 인터넷 연결에 문제가 있는 사람?	Who's having trouble getting onto the Internet?

○ 이제 학교 홈페이지에 로그인하세요.	Now, log in to the school homepage.
○ 링크를 따라가세요.	Follow the link.
○ 링크를 클릭하세요.	Click on the link.
○ 웹서핑을 해 봅시다.	Let's do some web surfing.
○ 우리가 필요한 정보를 찾아봅시다.	Let's find the information we need.
○ 그 웹사이트 주소를 알고 있어요?	Do you know the website address?
○ 주소창에 주소를 치세요.	Type in the address in the address bar.
○ Shakespeare를 검색해 보세요.	Please search "Shakespeare".
○ 검색창에 Shakespeare를 치세요.	Type "Shakespeare" in the search field.
○ 한국의 전통을 소개하는 사이트를 찾아보세요.	Find a site that introduces Korean traditions.
○ 인터넷에서 이 영화에 관한 정보를 찾아보세요.	Search for information about this movie on the Internet.
○ 검색 결과가 어떻죠?	What are the results?
○ 몇 개의 검색 결과가 나왔나요?	How many results did you get?
○ 그 사이트의 URL은 어떻게 되나요?	What is the URL of that site?
○ 그 사이트를 즐겨찾기에 추가하세요.	Please add the site to your bookmark.
○ 우리 수업과 관련 없는 웹사이트는 열지 마세요.	Don't open websites that have nothing to do with our lesson.

📑 인터넷을 이용한 활동

○ 여러분 모두 인터넷을 매우 자주 이용할 거예요.	I guess you all use the Internet very often.
○ 주로 어떤 사이트에 가나요?	Which sites do you usually go to?
○ 나는 네이버를 자주 방문해요.	I visit Naver often.
○ Facebook을 이용하나요?	Do you use Facebook?

○ 이 사이트는 유용한 정보를 많이 제공하죠.	This site provides lots of useful information.
○ 인터넷으로 주로 무엇을 하나요?	What do you usually do with the Internet?
○ 게임, 쇼핑, 공부, 정보 검색, 이메일 쓰기 등 인터넷으로 정말 많은 것을 할 수 있어요.	We can play games, do shopping, study, search information, write e-mails, and so much more with the Internet.
○ 블로그도 인기 있는 활동이죠.	Blogging is another popular activity.
○ 블로그는 사진을 올리고 일기를 쓸 때 아주 유용해요.	Blogs are very useful when posting photos and writing diaries.
○ 온라인 게임은 너무 많이 하면 해로울 수 있어요.	Too much online games can harm you.
○ 하루에 한 시간이면 충분해요.	One hour a day is enough.
○ 우리 반 홈페이지를 만들 거예요.	I'm going to make our class homepage.
○ 학급 홈페이지에 숙제를 올리세요.	Please post your homework on our class homepage.
○ 우리 반 밴드에 질문을 올릴 수도 있어요.	You can also post questions on our class Band.
○ 여러분의 사진을 우리 밴드에 업로드 하세요.	Please upload your pictures on our Band.
○ 오늘 여러분이 배운 것에 대해 게시판에 쓰세요.	Write about the things you have learned today on the board.
○ 자료실에서 연습문제 파일을 다운받으세요.	Please download the exercise file from the resource room.
○ 여러분의 과제물을 나한테 이메일로 보내세요.	Please e-mail your work to me.
○ 영어권 나라에서 사용되는 인터넷 언어에 대해 배워 봅시다.	Let's learn about Internet languages used in English speaking countries.
○ 미국의 이모티콘을 한번 봅시다.	Let's have a look at emoticons in the USA.
○ 우리가 사용하는 이모티콘과 어떻게 다른가요?	How are they different from the emoticons we use?

🔖 네티켓

- 인터넷을 이용할 때는 따라야 할 예의가 있어요.

  When using the Internet, there is some etiquette to follow.

- 인터넷 에티켓은 네티켓이라고 합니다.

  Internet etiquette is called netiquette.

- 네티켓은 여러분이 인터넷을 이용할 때 따라야 하는 일단의 규칙이에요.

  Netiquette is a set of rules you have to follow when you use the Internet.

- 왜 네티켓이 필요한가요?

  Why do we need netiquette?

- 인터넷을 사용할 때 필요한 예의를 생각해 보세요.

  Think of the etiquette we need when we are on the Internet.

- 이 인쇄물에 여러분이 반드시 따라야 할 열 가지 네티켓이 나와 있어요.

  In this handout, you'll see ten netiquette rules you must follow.

TIP BOX 네티켓 TOP 10

1. Use polite language. ································· 공손한 언어를 사용한다.
2. Respect others. ····································· 타인을 존중한다.
3. Keep messages short and clear. ············ 메시지는 간결하고 명료하게 한다.
4. Think again before posting. ················· 글을 올리기 전에 한 번 더 생각한다.
5. Keep personal information safe. ············ 개인 정보를 안전하게 관리한다.
6. Respect copyright. ······························· 저작권을 존중한다.
7. Be aware of cyberbullying. ·················· 사이버 왕따를 조심한다.
8. Be careful when using humor. ··············· 유머를 할 때 조심한다.
9. Do not write in CAPITALS. ··················· 대문자로 쓰지 않는다.
10. Be careful with attachments. ··············· 첨부파일을 조심한다.

03 전자 기기 활용
Utilizing Electronic Devices

T Let's watch a movie.

S What is the movie about?

T It's about animals in danger.
   It lasts for about 15 minutes.
   Let me play it now.

S The volume is too low.
   We can't hear at the back.

T Oh, sorry. I'll adjust the volume for you.
   How's that? Is it loud enough now?

T 영화를 한 편 봅시다. | **S** 무슨 영화예요? | **T** 위험에 처한 동물들에 관한 거예요. 15분 정도 상영됩니다.
이제 틀어 줄게요. | **S** 볼륨이 너무 작아요. 뒤에는 안 들려요. | **T** 이런, 미안해요. 볼륨을 조절해 줄게요.
어때요? 이제 충분히 커요?

🔖 전원 켜기 및 끄기

○ 전원이 어디 있죠?	Where's the power?
○ 전원이 켜져 있나요?	Is the power on?
○ 전원을 켜 주세요.	Please turn on the power.
○ 전원 버튼을 누르세요.	Push the power button.
○ ON 버튼을 두 번 눌러 주세요.	Please press the ON button twice.
○ 스위치를 켜세요.	Turn the switch on. / Switch it on.
○ 스위치 켜는 것을 깜빡했네요.	I forgot to switch it on.
○ TV 전원을 켜는 걸 깜빡했네요.	I forgot to turn on the power of the TV.

○ 꺼 주세요.	Please turn it off.
○ 스위치를 꺼 주세요.	Turn the switch off. / Switch it off.
○ 이제 다 했으니 전원을 꺼야 해요.	Now that we've finished, we have to turn off the power.
○ 전선 조심하세요.	Mind the cable.
○ 플러그가 꽂혀 있어요?	Is it plugged in?
○ 플러그를 꽂아 주겠어요?	Would you like to plug it in?
○ 플러그 뽑는 것을 잊지 마세요.	Don't forget to pull the plug out.
○ 모니터 플러그를 뽑아 주세요.	Please unplug the monitor.
○ 화면 스위치는 칠판 오른쪽에 있어요.	The switch for the screen is on the righthand side of the blackboard.

🔖 볼륨 확인 ────────────────

○ 모두들 소리가 들리나요?	Can you all hear the sound?
○ 소리가 뚜렷하게 들리나요?	Can you hear the sound clearly?
○ 소리 잘 들려요?	Is the sound clear?
○ 뒤에 소리 잘 들려요?	Can you hear well at the back?
○ 볼륨 괜찮아요?	Is the volume all right?
○ 소리가 안 들린다고요?	You can't hear the sound?
○ 소리가 충분히 큰가요?	Is it loud enough?
○ 너무 시끄러운가요?	Is it too loud?
○ 소리가 너무 작은가요?	Is it too quiet?
○ 소리가 너무 크네요.	The sound is too loud.
○ 소리가 좀 너무 작네요.	The sound is a bit too small.
○ 볼륨을 조정해 볼게요.	Let me adjust the volume.

o 볼륨을 키워 볼게요.	Let me turn up the volume.
o 볼륨을 낮춰 주세요.	Please turn down the volume.
o 볼륨이 딱 좋군요.	The volume is just fine.
o 이제 됐군요.	It's done now.

🔖 CD 사용 및 오디오 재생 ────────────

o CD를 넣으세요.	Please put in the CD.
o CD를 빼 주세요.	Please eject the CD.
o CD를 틀어 줄게요.	I'll play the CD for you.
o 10번 트랙을 재생해 주세요.	Play track 10 please.
o 이 트랙은 건너뜁시다.	Let's skip this track.
o CD에 있는 노래를 틀어 봅시다.	Let's play the song on the CD.
o 미안, 내가 CD를 잘못 가져왔네요.	Sorry, I brought the wrong CD.
o Jin, 가서 내 책상에 있는 CD를 가져오세요.	Jin, please go and fetch the CD on my desk.
o CD로 노래를 들어 볼래요?	Do you want to listen to the song on the CD?
o 다시 들어 보고 싶나요?	Do you want to listen to it again?
o 3번 트랙에 있어요.	It's on track 3.
o 앞으로 가야겠군요.	Maybe I should go forward.
o 뒤로 돌아가야 하나요?	Do I need to go backward?
o 뒤로 돌아갈 때는 이 버튼을 눌러요.	Press this button to go back.
o 끝내고 싶으면 '정지' 버튼을 누르세요.	Press the "stop" button to finish.
o 여기 이 빨간 버튼을 누르면 녹음이 시작될 거예요.	Press this red button here and it'll start recording.
o CD에 긁힘이 없도록 하세요.	I don't want any scratches on the CD.

- 오디오 파일은 USB에 들어 있어요. **The audio file is on the USB stick.**

🔖 DVD 사용 및 비디오 보기 ──────────

- DVD를 틀어 줄게요. **I'll play the DVD.**
- DVD를 넣어 볼게요. **Let me put in the DVD.**
- 동영상을 볼 거예요. **We're going to watch a video clip.**
- 영화를 한 편 볼까요? **Shall we watch a movie?**
- 재미있는 만화를 보는 게 어때요? **How about watching an exciting animation?**
- 이 DVD에서 굉장히 재미있는 영상을 찾았어요. **I found a very interesting video on this DVD.**
- 파일을 재생할게요. **I'll play the file.**
- 내가 비디오를 조작하는 동안 조용히 하세요. **Please be quiet while I operate the video.**
- 화면이 잘 보이지 않으면 뒤로 약간 가 보세요. **Move back a little if you can't see the screen well.**
- 이 비디오는 어떤 영화의 한 장면이에요. **This video is a scene from a movie.**
- 이 영화는 15분간 상영돼요. **This movie lasts for 15 minutes.**
- 자막은 영어로 되어 있어요. **The subtitles are in English.**
- 이 영화는 자막이 없어요. **This movie doesn't have subtitles.**
- 자막을 보지 않도록 노력해 보세요. **Try not to look at the subtitles.**
- 자막 위에 종이 띠를 붙여 놓았어요. **I have put a strip of paper over the subtitles.**
- 이제 띠를 제거할 테니 얼마나 잘 이해했는지 확인하세요. **Now, I'll remove the strip. Check how well you've understood.**
- 영화 재미있게 봤어요? **Did you enjoy the movie?**
- 다시 보고 싶어요? **Would you like to watch it again?**

○ 다시 틀어 줄까요?	Do you want me to play it again?
○ 뒤로 돌려서 다시 틀어 줄게요.	I'll go back and play it again.
○ 이 부분은 건너뜁시다.	Let's skip this part.
○ 여기서 잠깐 멈출게요. 다음에 어떤 일이 일어날지 생각해 보세요.	I'll pause here. Try to think what will happen next.
○ 비디오를 보면서 표현을 연습해 봅시다.	Let's practice the expressions with the video.

🔖 OHP 사용

○ OHP를 준비해 주세요.	Please set up the OHP.
○ 스크린을 내리세요.	Pull down the screen.
○ 스크린을 내려야겠네요.	Maybe I should roll down the screen.
○ 리모컨으로 스크린을 조절해 주세요.	Please adjust the screen with the remote control.
○ 모두 스크린을 보세요.	Everyone, look at the screen.
○ 모두 볼 수 있도록 이것을 OHP에 올려놓겠어요.	I'll put it on the OHP so that everyone can see it.
○ 초점이 안 맞나요?	Is it out of focus?
○ 초점을 맞춰 볼게요.	Let me adjust the focus.
○ 더 선명하게 해야 하나요?	Does it need to be sharper?
○ 화면이 기울었어요?	Is the screen tilted?
○ OHP 필름을 똑바로 해 줄 수 있어요?	Could you straighten up the transparency film?
○ OHP 필름을 거꾸로 돌려 주세요.	Turn the transparency film upside down.
○ 필름 방향이 거꾸로 된 것 같네요.	The film seems to be the wrong way round.
○ 불을 꺼 주세요.	Please turn the lights off.

○ 커튼을 닫아 주세요.	**Please draw the curtains.**
○ 렌즈를 만지지 마세요.	**Don't touch the lens.**
○ 너무 밝으니까 불빛을 들여다보지 마세요.	**Don't look into the lamp because it's too bright.**

04 기술적 문제 해결
Dealing with Technical Problems

T   Oh, there's no sound.
     Something seems to be wrong with this computer.
     Was it like this in other classes, too?

S   No, it worked fine in the morning.

T   Hmm... Is there anyone who's good at computers?

S   Maybe it might work if you restart the computer.

T   Good idea. Let's try that.

T 앗, 소리가 안 들리네요. 이 컴퓨터에 뭔가 이상이 있나 봐요. 다른 수업시간에도 이랬어요? | **S** 아뇨. 오늘 아침에는 잘 됐어요. **T** 음… 컴퓨터 잘하는 사람 있어요? | **S** 컴퓨터를 다시 시작하면 될지도 몰라요. | **T** 좋은 생각이에요. 그렇게 해 봅시다.

📕 문제가 생겼을 때

○ 고장 났네요.   It's out of order.

○ 고장 난 것 같아요.   I think it's broken.

○ 화질이 좀 이상하네요.   The picture is a bit strange.

○ 이상하네요. 소리가 전혀 안 들려요.   Strange. There's no sound.

○ 잡음이 너무 많군요.   There's too much noise.

○ 연결 상태가 나빠요.   We've got a bad connection.

○ 문제가 있는 것 같군요.   There seems to be a problem.

○ 뭔가 잘못됐네요.   Something's gone wrong.

○ 전원이 안 켜지네요.   The power is not coming on.

○ 전화가 안 켜져요.   My phone won't turn on.

○ 스피커에 문제가 있네요.　　　　　We've got some problems with the speakers.

○ DVD에 뭔가 이상이 있는 것 　　　There seems to be something wrong with
　같아요.　　　　　　　　　　　　the DVD.

○ CD 플레이어가 제대로 작동되지 　The CD player isn't working properly.
　않네요.

○ 방금 확인을 했는데 왜 이럴까요?　I've checked just a minute ago. What's
　　　　　　　　　　　　　　　　wrong with this?

○ 전에도 똑같은 문제가 있었나요?　Did you have the same problem before?

○ 다른 시간에는 인터넷이 되었나요?　Did the Internet work in other classes?

○ 모니터에 화면이 안 나와요.　　　There is no image on the monitor.

○ 누구 컴퓨터가 소리가 안 나요?　Whose computer doesn't have any sound?

○ 컴퓨터가 부팅이 안 되네요.　　　The computer is not booting up.

○ 누구 컴퓨터가 작동이 잘 안 되나요?　Who's computer is not working well?

○ 컴퓨터에 문제가 있으면 손을 　　If you have a problem with your computer,
　드세요.　　　　　　　　　　　　put your hand up.

🔖 문제 해결하기

○ 전선을 확인해 보세요.　　　　　　Please check the cable.

○ 전원이 켜져 있는지 확인해 보세요.　Check if the power is on.

○ 컴퓨터가 TV에 연결되어 있나요?　Is the computer connected to the TV?

○ 컴퓨터를 다시 시작해야 할 것 　　Maybe I should start the computer again.
　같아요.

○ 화면을 조절해 볼게요.　　　　　　Let me adjust the screen.

○ 컴퓨터 잘하는 사람 있어요?　　　Is there anyone who's good at computers?

○ 이게 어떻게 작동하는지 누구 　　　Does anybody know how this works?
　알아요?

○ 이거 어떻게 고치는지 아는 사람?　Who knows how to fix this?

- 내가 고칠 수 있는지 한번 봅시다.   Let's see if I can fix it.

- 가서 컴퓨터 선생님을 불러 오세요.   Please go fetch the computer teacher.

- 이 문제를 해결하도록 도와주세요.   Please help me solve this problem.

- AS를 불러야 할 것 같아요.   Maybe I should call the service center.

- 이것을 고치는 동안 조용히 해 주세요.   Please be quiet while I get this fixed.

- 미안하지만, 내가 문제를 확인하는 동안 책을 읽으세요.   Sorry, please read the book while I check the problem.

- 오늘은 이걸 못 고칠 것 같아요.   I don't think we can fix it today.

- 이 활동은 컴퓨터를 고친 후 다음에 하도록 해요.   Let's do this activity next time after we fix the computer.

TIP BOX 다른 나라의 이모티콘

Smiling & Laughing (미소 & 웃음)

:)	smiley	미소
:-)	smiling	미소
:->	smiling	미소
:-))	very happy	매우 행복
:-D	laughing	웃음
|-)	hee hee	히히
;-)	winking	윙크
;)	winking	윙크

Unhappy & Sad (불행 & 슬픔)

:-(	frowning	찌푸림
:-<	really sad	정말 슬픔
:-c	really unhappy	정말 불행함
:'-(	crying	울고 있음
:_(	crying	울고 있음
:[	really down	축 처짐

Angry (화남)

>:-<	angry	화남
:-||	angry	화남
:-@	screaming	비명 지름
:-V	shouting	소리 지름

Surprised (놀람)

:@	surprised	놀람
:Q	surprised	놀람
:-o	surprised	놀람
:O	shocked	놀람
8-O	Oh my god!	세상에!

Teasing (놀림)

'-)	just kidding	농담이야
X-p	joking	농담이야
>;-)	devilish wink	사악한 윙크
:-P	tongue sticking out	메롱
:P	tongue sticking out	메롱

Communication (의사소통)

:I	hmmm...	흠…
:-#	my lips are sealed	입을 봉했음
:-X	my lips are sealed	입을 봉했음
:()	can't stop talking	얘기를 멈출 수 없음
:-&	tongue-tied	말문이 막힘

Hugs & Kisses (포옹과 키스)

: *	kiss	키스
:-x	kiss	키스
[]	hug	포옹
<3	heart, love	하트, 사랑
(( )):**	hugs and kisses	포옹과 키스

Unit 5

교실 환경 조성
Managing the
Classroom Environment

01 온도 · 환기
Temperature · Ventilation

T　It's terribly cold in here. Aren't you cold?
S　It's freezing.
T　Is the heater on? Dave, please check the heater.
S　It's working.
T　Then, could you please turn the heater up?

T 이 안은 정말 춥네요. 안 추워요? | **S** 얼어 죽겠어요. | **T** 히터가 켜져 있나요? Dave, 히터를 확인해 보세요. | **S** 작동하고 있어요. | **T** 그럼 히터 온도를 높여 줄래요?

📕 추울 때

o 이 안은 정말 춥네요.　　　　　It's terribly cold in here.

o 이 안은 꽤 쌀쌀하네요.　　　　It's quite chilly in here.

o 오늘 왜 이렇게 춥죠?　　　　　Why is it so cold today?

o 오늘 너무 춥네요.　　　　　　It's freezing today.

o 얼어 죽겠어요.　　　　　　　I'm freezing to death.

o 히터를 좀 켜 주겠어요?　　　　Can you turn the heater on please?

o 히터가 고장 났어요?　　　　　Is the heater broken?

o 히터를 점검해 주세요.　　　　Please check the heater.

o 제대로 작동하고 있어요?　　　Is it working properly?

o 히터 온도가 몇 도죠?　　　　What's the temperature on the heater?

o 히터 온도를 높여 주세요.　　Please turn the heater up.

o 히터 온도를 낮춰 주세요.　　Please turn the heater down.

○ 이제 따뜻해졌나요?	Is it warmer now?
○ 이제 온도가 적당한가요?	Is the temperature OK now?
○ 창문을 닫아 주세요.	Please shut the windows.
○ 찬바람이 들어오지 않게 문과 창문을 닫아 주세요.	Close the doors and windows so that the cold wind can't get in.

🔖 더울 때

○ 너무 더워요.	It's too hot.
○ 이 안은 정말 덥고 습하네요.	It's really hot and humid in here.
○ 조금 덥지 않아요?	Isn't it a bit hot?
○ 더우면 창문을 여세요.	Open the windows if it's hot.
○ 선풍기를 켜세요.	Please turn on the fan.
○ 선풍기를 회전시켜 주세요.	Please rotate the fans.
○ 선풍기를 끄세요.	Please turn off the fan.
○ 에어컨을 켜는 게 좋겠어요.	We'd better turn on the air conditioner.
○ 에어컨을 켰어요.	I've turned on the air conditioner.
○ 온도를 19도에 맞추세요.	Adjust the temperature to 19 degrees.
○ 조금 있으면 시원해질 거예요.	It'll get cool in a minute.

🔖 환기

○ 이 안은 공기가 너무 탁하네요.	It's too stuffy in here.
○ 산소가 부족해요.	We're short of oxygen.
○ 신선한 공기가 필요해요.	We need some fresh air.
○ 신선한 공기 좀 쐽시다.	Let's have some fresh air.

o 신선한 공기가 순환되도록 합시다.　Let fresh air circulate.

o 시원한 공기가 들어오게 합시다.　Let's have some cool air in.

o 문을 약간 열어 놓읍시다.　Let's leave the door open a bit.

o 창문 좀 열어 주겠어요?　Would you open the window?

o 창문을 활짝 열어 주세요.　Please open the windows wide.

o 창가에 앉은 사람들은 창문 좀
　열어 줄래요?　People sitting next to the window,
could you please open it?

o 교실을 청소할 때는 창문을
　열어야 돼요.　You have to open the windows when you
clean the classroom.

o 점심식사 후에는 꼭 환기를
　시켜 주세요.　Remember to refresh the air after lunch.

o 에어컨을 끄고 환기를 시킵시다.　Stop the air conditioner and let some fresh
air in.

o 공기 청정기를 좀 켜주세요.　Please turn the air purifier on.

o 오늘 미세먼지 수치가 너무 높아요.　The fine dust level is too high today.

TIP BOX 온도 · 환기 관련 단어

온도	temperature	선풍기	fan
온도계	thermometer	환기	ventilation
섭씨	centigrade / Celsius	환기하다	ventilate / refresh the air
화씨	Fahrenheit	환기장치	ventilator
습도	humidity	공기 청정기	air purifier
에어컨	air conditioner	미세먼지	fine dust
히터	heater	초미세먼지	ultra fine dust

02 조명 · 소음
Lighting Noise

T	Look at the screen now.
S	We can't see the screen well.
T	Oh, it's too bright in here. Please turn the lights off.
S	Shall we draw the curtains, too?
T	That'll be helpful, too. Thank you.

T 이제 화면을 보세요. | **S** 화면이 잘 안 보여요. | **T** 아, 이 안이 너무 밝군요. 불을 꺼 주세요. | **S** 커튼도 칠까요? | **T** 그것도 도움이 되겠네요. 고마워요.

🔖 조명

○ 너무 밝아요.	It's too bright.
○ 화면이 잘 안 보여요.	We can't see the screen well.
○ 불을 꺼 주세요.	Lights out, please.
○ 불을 꺼 줄래요?	Could you turn the lights off?
○ 모든 불을 다 꺼 주세요.	Turn out all the lights, please.
○ 앞쪽의 불을 꺼 주세요.	Please turn off the front lights.
○ 뒤쪽 불은 켜 두기를 바라나요?	Do you want me to leave the lights on at the back?
○ 칠판 조명만 빼고 모든 불을 다 끄세요.	Turn off all the lights except for the blackboard lights.
○ 충분히 밝네요.	It's bright enough.
○ 불을 켤 필요가 없어요.	We don't need to turn the lights on.

o 너무 어두워서 잘 안 보이나요?　　Is it too dark to see?

o 불을 켤까요?　　Shall I turn the lights on?

o 불을 켜 주세요.　　Please turn the lights on.

o 불을 다시 켜 주세요.　　Put the lights back on, please.

o 커튼을 치세요.　　Draw the curtains.

o 커튼을 닫으세요.　　Close the curtains.

o 커튼을 걷으세요.　　Open the curtains.

o 블라인드를 내리세요.　　Pull down the blind.

o 블라인드를 위로 올리세요.　　Pull up the blind.

📑 소음

o 이 소리는 뭐죠?　　What's this sound?

o 그 소리 멈추세요.　　Stop that sound.

o 그 소리 좀 내지 마세요.　　Please don't make that noise.

o 그 소리 좀 그만 내세요.　　Please stop making that sound.

o 밖이 너무 시끄럽네요.　　It's too noisy outside.

o 저 교실에는 무슨 일일까요?　　What's going on in that classroom?

o 문 좀 닫아 주세요.
　너무 시끄럽군요.　　Please shut the door. It's too noisy.

o 책상 좀 두드리지 마세요.　　Please don't tap the desk.

o 발로 바닥을 구르지 마세요.　　Please don't stamp your feet on the floor.

o 펜으로 딸깍거리는 소리 내지
　마세요.　　Don't make that clicking sound with your pen.

o 에어컨에서 너무 시끄러운 소리가
　나네요.　　The air conditioner is making too much noise.

03 교실 청소
Cleaning the Classroom

T	Whose turn is it to clean the classroom this week?
S	It's Group 4.
T	Let's get started now. Put up your chairs on your desks before you sweep the floor.
	Mina, I told you not to scribble on the blackboard.
S	What do we do when we're done?
T	When you have finished, come to me.

T 이번 주 교실 청소는 누구 차례죠? | **S** 4분단이요. | **T** 이제 시작합시다. 바닥을 쓸기 전에 의자를 책상 위에 올리세요. 미나, 칠판에 낙서하지 말라고 했어요. | **S** 다 하면 어떻게 해요? | **T** 끝나면 나한테 오세요.

🏴 자리 정돈

○ 책상이 어지럽네요.	Your desk is messy.
○ 책상 위에 이게 다 뭐죠?	What's all this on your desk?
○ 왜 책상 위에 책을 전부 쌓아 두는 거죠?	Why do you pile up all your books on your desk?
○ 수업을 시작하기 전에 치웁시다.	Let's tidy up before we start the lesson.
○ 책상을 정돈하세요.	Please tidy your desks.
○ 책상을 정리하세요.	Clear your desks.
○ 책상을 깨끗이 하세요.	Clean up your desks.
○ 물건을 다 치우세요.	Put your things away.
○ 다른 것은 다 서랍에 넣으세요.	Put everything else in your drawers.

o 책, 연필, 지우개 말고는 책상 위에 아무것도 올려놓지 마세요.	Nothing should be on your desks except your books, pencils, and erasers.
o 책상 줄을 맞추세요.	Straighten up your desks.
o 자기 자리 주변의 쓰레기를 주우세요.	Pick up the waste around your seats.

🔖 청소하기

o 청소 시간이에요.	It's cleaning time.
o 교실을 청소합시다.	Let's clean the classroom.
o 이 먼지 좀 봐요.	Look at this dust.
o 교실이 너무 지저분하네요.	The classroom is too dirty.
o 교실에서 냄새가 너무 많이 나는군요.	The classroom smells too much.
o 빗자루로 바닥을 쓸어요.	Sweep the floor with a broom.
o 빗자루는 청소함에 있어요.	Brooms are in the closet.
o 바닥을 쓸고 나면 걸레질을 하세요.	After you have swept the floor, please mop it.
o 대걸레로 바닥을 닦으세요.	Wipe the floor with a mop.
o 먼저, 가서 대걸레를 빨아 오세요.	Please go and wash the mop first.
o 걸레로 닦으세요.	Wipe it with a dust cloth.
o 칠판 먼지를 털어 내세요.	Please dust off the blackboard.
o 가서 칠판지우개를 털어 오세요.	Please go and dust off the blackboard eraser.
o 저기 더러운 곳이 보이나요?	Can you see that dirty area there?
o 여기는 아직도 얼룩이 보이네요.	I can still see the stain here.
o 저쪽에 있는 쓰레기를 주워 줄래요?	Could you pick up the trash over there?
o 쓰레기통이 가득 찼어요.	The bin is full.
o 쓰레기통을 비우세요.	Please empty the bin.

화분에 물을 주세요.	Please water the plants.
벽에 있는 낙서를 모두 지우세요.	Erase all the scribbles on the wall.
바닥에 붙어 있는 껌을 떼어 내세요.	Get the gum off the floor.
입구에 있는 진흙을 털어 내세요.	Please dust off the mud at the entrance.
책상 줄을 맞추세요.	Please straighten the desks.
의자를 책상 밑으로 밀어 넣으세요.	Push your chairs in your desks.
와, 이제 정말 깨끗해졌네요.	Wow, it's really clean now.

■ 청소 담당 구역 _____

여기는 누구 담당 구역이죠?	Whose area is this?
복도 담당이 누구죠?	Who's in charge of the corridor?
이번 주 칠판 청소는 누구 차례죠?	Whose turn is it to clean the blackboard this week?
이번 주 교실 청소는 4분단 차례예요.	It's Group 4's turn to clean the classroom this week.
넌 왜 아무것도 안 하고 있니?	Why aren't you doing anything?
누가 할 일 없이 돌아다니고 있죠?	Who's wandering around?
맡은 구역을 다 했으면 다른 사람들이 교실 청소 하는 것을 도와주세요.	If you have finished your area, please help the others clean the classroom.
반장은 교실 청소를 안 하는 사람들의 이름을 칠판에 적으세요.	Class president, write the names of those who aren't cleaning the classroom on the board.

■ 청소 시 주의사항 _____

| 창문 여는 거 잊지 마세요. | Don't forget to open the windows. |

○ 청소를 시작하기 전에 책걸상을 뒤로 미세요.	Push the desks and chairs to the back before you start cleaning.
○ 바닥을 쓸기 전에 의자를 책상 위에 올리세요.	Put up your chairs on your desks before you sweep the floor.
○ 물걸레를 사용할 때는 물기를 완전히 빼세요.	Get rid of water completely when using damp dusters.
○ 빤 걸레는 창가에 두고 말리세요.	Dry the washed dusters beside the window.
○ 분리수거 규칙을 반드시 지키세요.	Do follow the recycling rules, please.
○ 청소 시간에 칠판에 낙서하지 마세요.	Don't scribble on the blackboard during the cleaning time.
○ 끝나면 청소함 정리하는 거 잊지 마세요.	Don't forget to tidy the closet after you have finished.
○ 나갈 때는 불을 끄고 문을 잠그세요.	Turn the lights off and lock the door when you leave.
○ 청소를 다 하면 나한테 오세요.	When you're done with the cleaning, come to me.
○ 청소 시간에 도망가는 사람은 벌을 받을 거예요.	People who run away during the cleaning time will get a punishment.

청소 도구	cleaning utensils
빗자루	broom
쓰레받기	dustpan
걸레	duster / cleaning cloth / dust cloth
마른 걸레	dry cloth / dry duster
젖은 걸레	damp cloth / wet duster / damp duster
대걸레	mop
먼지떨이	duster
양동이	bucket
쓰레기	garbage / waste / trash
쓰레기통	bin / waste bin / dust bin / trash can
재활용 쓰레기	recyclable waste
분리수거	recycling
캔	can
빈 병	empty bottle
플라스틱 병	plastic bottle
비닐봉투	plastic bag
쓰레기봉투	waste bag / garbage bag / trash bag
세제	detergent / cleaner
수세미	sponge
식기세척기	dishwasher
진공청소기	vacuum cleaner
먼지	dust
얼룩	stain
쓸다	sweep
닦다	wipe
대걸레로 닦다	mop
먼지를 털다	dust off
문질러 없애다	rub out
똑바르게 하다	straighten

기능별 Part II

Teaching
English
Skills

지도

Unit 1
말하기 지도
Teaching Speaking

01 말하기 실력
Speaking Skills

T	Minjun, would you like to speak?
S	Alright.
T	I can't hear you. Could you speak louder?
	Don't be shy and be brave.
S	But, what if I make mistakes?
T	Don't worry. It's OK to make errors.

T 민준아, 네가 말해 보겠니? | **S** 네. | **T** 잘 안 들려. 좀 더 크게 말해 줄래? 부끄러워하지 말고 용감하게 해 봐. | **S** 하지만 실수하면 어떡해요? | **T** 걱정하지 마. 실수해도 괜찮아.

말하기 실력 향상 방법

o 부끄러워하지 마세요.	Please don't be shy.
o 두려워하지 마세요.	Don't be afraid.
o 용감해지세요.	Be brave.
o 자신감이 매우 중요해요.	Self-confidence is very important.
o 틀려도 좋아요.	It's OK to make mistakes.
o 큰 소리로 말하세요.	Please speak with a loud voice.
o 똑똑히 말하는 것을 연습하세요.	Practice speaking clearly.
o 가능한 한 말을 많이 하도록 노력하세요.	Try to speak as much as possible.
o CD를 듣고 따라 하는 연습을 하세요.	Practice listening and repeating with the CD.
o 연습해야 완벽해진다는 것을 기억해 두세요.	You should remember that practice makes perfect.

- 문법이 틀려도 괜찮아요.　　　It's OK if the grammar is wrong.

- 문법적인 실수에 대해서는　　　Don't worry about grammatical errors.
  걱정하지 마세요.

- 발음이 유창하지 않아도 걱정할　　You don't have to worry if your
  필요 없어요.　　　　　　　　　pronunciation is not good enough.

- 한 단어로 대답하지만 마세요.　　Don't just answer in one word.

- 완전한 문장으로 대답하세요.　　Answer in a complete sentence.

- 항상 완전한 문장으로 대답하려고　Always try to answer in a full sentence.
  노력하세요.

- 예를 들면, Winter. 대신　　　　For example, you should answer
  It's winter.라고 대답하는 거예요.　"It's winter." instead of "Winter."

- 다른 사람들이 말할 때 잘 들어　　Listen carefully when other people speak.
  보세요.

- 말을 할 때는 자신의 감정을 표현　　Try to express your emotions when you
  하도록 노력해 보세요.　　　　　speak.

- 수업시간에는 영어로만 말하는　　It's better to talk only in English during the
  것이 더 바람직해요.　　　　　class.

- 원어민 선생님께 가서 말을　　　Go and talk to the native English teacher.
  걸어 보세요.

- 원어민 선생님과 많은 대화를　　Talk a lot with the native English teacher.
  나누어 보세요.

🚩 말하기 연습 ─────────────────────────

- 안 들려요.　　　　　　　　　I can't hear you.

- 크게 말해 주세요.　　　　　　Please speak loudly.

- 더 크게 말해 줄래요?　　　　　Could you speak louder?

- 더 분명하게 말해 줄래요?　　　Will you speak more clearly?

o John의 대답이 뒤에도 들리나요?	Can you hear John's answer at the back?
o 내가 너무 빨리 말하나요?	Am I speaking too fast?
o 더 천천히 말해 주세요.	Please speak more slowly.
o 다시 말해 줄래요?	Can you say it again?
o 다시. 뭐라고 말했어요?	Again. What did you say?
o 미안해요, 못 알아들었어요.	Sorry, I didn't get that.
o 하고 싶은 말이 뭐예요?	What is it that you want to say?
o 다 같이 말해 보세요.	Say it all together.
o 모두 다 함께!	Everybody, all together!
o 이렇게 말해 보세요.	Say it like this.
o 나를 따라 말해 보세요.	Repeat after me.
o 여러분이 말하는 것을 도와줄게요.	I'll help you say it.
o 완전한 문장으로 하세요.	In a complete sentence, please.
o 주어와 동사는 어디 있어요?	Where are your subject and verb?
o 말할 때 발음에 유의하세요.	Watch your pronunciation when you speak.
o 이런 경우에는 뭐라고 말하나요?	What do you say in this case?
o '미안해요'를 영어로 어떻게 말하죠?	How do you say "미안해요" in English?
o 먼저, 아는 단어를 생각해 보세요.	First, think of a word that you know.
o 그럴 땐 이렇게 말하는 것이 더 좋아요.	In that case, it's better to say it like this.
o 다르게 말하는 방식이 있나요?	Is there any other way of saying it?
o 원어민 선생님이 방금 뭐라고 하셨죠?	What did the native English teacher just say?
o 이것은 말할 때의 버릇인가요?	Is this your habit when you talk?
o 말할 때의 제스처가 마음에 들어요.	I like your gesture when you speak.
o 말할 때의 얼굴 표정이 마음에 들어요.	I like your facial expression when you talk.

○ 말을 잘하네요.	You are a good speaker.
○ 영어를 정말 잘하는군요.	You speak English really well.
○ 정말 유창하네요.	You are very fluent.
○ 발음도 정확해요.	Your pronunciation is clear, too.

▣ 문형 연습

○ 교과서의 대화를 봅시다.	Let's look at the dialogue in our textbook.
○ 대화를 연습합시다.	Let's practice the dialogue.
○ 이 문형 연습을 보세요.	Have a look at this pattern drill.
○ 칠판에 적힌 문형 연습을 보고 대화를 연습하세요.	Look at the pattern drill on the board and practice the dialogue.
○ 내가 먼저 읽을게요. 잘 들어 보세요.	I'll read it first. Please listen carefully.
○ CD를 따라 말해 보세요.	Speak after the CD.
○ 짝끼리 연습하세요.	Practice in pairs.
○ 문형을 암기하세요.	Memorize the patterns.
○ 외울 때까지 계속 연습하세요.	Keep practicing until you memorize it.
○ 외워서 알 때까지 반복할 거예요.	We're going to repeat it until you know it by heart.
○ 이 표현들을 각각 열 번씩 반복 하세요.	Please repeat these expressions 10 times each.
○ 먼저, 앞줄만 해 보세요. 준비되었나요?	First, front rows only. Are you ready?
○ 이제 3, 4분단이 함께 하세요.	Now, third and fourth groups together.
○ 마지막으로, 모두 다!	For the last time, the whole class!
○ 이제 이 문장들의 주어를 바꿀 거예요.	Now, we'll change the subjects in these sentences.

○ He 대신에 We를 넣으세요.   Put in "We" in the place of "He".

○ 모든 동사를 과거시제로 바꾸세요.   Change all the verbs into the past tense.

○ 문형을 사용해서 비슷한 문장을 만드세요.   Use the pattern to make similar sentences.

📕 자유 대화

○ 자유롭게 이야기해 보세요.   Please talk freely.

○ 자유 대화 시간을 갖도록 하겠어요.   We're going to have a free conversation time.

○ 자유롭게 대화하면서 서로에 대해 알아보세요.   Get to know each other through free conversation.

○ 어떤 주제라도 돼요.   Any topic will do.

○ 어떤 주제든 상관없어요.   It doesn't matter what kind of topic it is.

○ 뭐든지 이야기해도 돼요.   You can talk about anything.

○ 짝끼리 대화하세요.   Talk in pairs.

○ 이 목록에서 주제를 하나 고르세요.   Choose a topic from this list.

○ 주제를 하나 골라 그것에 대해 짝과 이야기해 보세요.   Pick a topic and talk about it with your neighbor.

○ 오늘 대화의 주제는 건강이에요.   Today's conversation topic is health.

○ 오늘은 흡연에 대해 이야기해 볼까요?   Shall we talk about smoking today?

○ 조원들과 함께 지난 방학에 대해 이야기해 보세요.   Talk about the last vacation with your group members.

○ 오늘의 주제에 대해 좀 더 이야기 하길 바랍니다.   I'd like you to talk more about today's topic.

○ 우리말은 쓰지 말고 영어로만 말하세요.   Don't speak in Korean, speak in English only.

○ 이 인쇄물에 유용한 단어와 표현들이 있어요.

There are some useful words and expressions in this handout.

○ 대화할 때 오늘 배운 표현들을 활용하세요.

Use the expressions we have learned today when you talk.

○ 여러분에게 필요할 수도 있는 단어들을 써 줄게요.

I'll write down some words you might need.

○ 영어 단어를 모르면 나한테 물어 보세요.

If you don't know the English words, please ask me.

○ 이 질문들을 사용해서 대화를 만들어 보세요.

Use these questions to make a conversation.

○ 무엇에 대해 말해야 할지 모르 겠으면 이 질문 목록을 보세요.

If you don't know what to talk about, please have a look at this question list.

○ 여기 이 그룹은 어떤 얘기들을 나눴나요?

This group here, what did you talk about?

○ 지훈이, 민수가 뭐라고 했는지 말해 보세요.

Jihun, tell me what Minsu said.

TIP BOX '주제'와 관련된 단어

theme	주제, 화제, 테마 (topic보다는 좀 더 광범위한 주제)
topic	주제, 화제 (theme보다는 좀 더 구체적인 주제)
main point	요점
main idea	요지, 중심 생각 (화자의 중심 생각)
topic sentence	주제문 (main idea가 잘 드러나 있는 문장)
supporting details	근거 (main idea를 지지해 줄 수 있는 세부적 내용)

02 인터뷰
Interviewing

T We need two people for this interview.
One is the interviewer, and the other is the interviewee.
The interviewer is a reporter, and the interviewee is a famous soccer player.

S I want to be the soccer player.

T OK. Kate is the reporter, and Peter is the soccer player.
Would you two like to come out?
Here, use this microphone.

T 이 인터뷰에는 두 사람이 필요해요. 한 명은 인터뷰하는 사람이고, 다른 한 명은 인터뷰 대상자예요. 인터뷰하는 사람은 기자고, 인터뷰 대상자는 유명한 축구선수예요. | **S** 제가 축구선수를 하고 싶어요. | **T** 좋아요. Kate가 기자고, Peter가 축구선수입니다. 두 사람은 앞으로 나오겠어요? 여기, 이 마이크를 사용하세요.

🔖 인터뷰 활동 준비 ────────────

○ 오늘은 인터뷰를 할 거예요.　　We are going to do an interview today.

○ 인터뷰니까 짝 활동이 되겠죠?　Since it's an interview, it must be pair work, right?

○ 이 인터뷰에는 두 사람이 필요해요.　We need two people for this interview.

○ 한 명은 인터뷰하는 사람이고,
다른 한 명은 인터뷰 대상자예요.　One person is the interviewer, and the other is the interviewee.

○ 인터뷰하는 사람은 질문을 하는
사람이에요.　The interviewer is the person who asks questions.

○ 인터뷰 대상자는 질문에 대답을 합니다.	The interviewee must answers the questions.
○ 서로 인사하고 각자의 역할을 정하세요.	Say hello to each other and decide your roles.
○ 이건 인터뷰하는 사람을 위한 마이크예요.	This is a microphone for the interviewer.
○ A는 기자이고, B는 유명한 축구 선수예요.	A is a reporter, and B is a famous soccer player.
○ 기자들은 모두 손을 들어 보세요.	All the reporters, raise your hands, please.
○ 이번에는 축구선수들, 일어서 보세요.	Now all the soccer players, stand up.
○ 기자는 배우를 인터뷰합니다.	The reporter interviews the actor.
○ 이 인터뷰 기사를 한번 보세요.	Have a look at this interview article.
○ 이 기사에서 기자가 던진 질문에 모두 밑줄을 그어 보세요.	Underline all the questions the journalist asked in this article.

🔖 인터뷰 활동

○ 인터뷰에 필요한 표현들이 인쇄물에 있어요.	You have some expressions for the interview in your handouts.
○ 이 표현들을 이용해서 질문을 만들어 보세요.	Please use these expressions to make questions.
○ 이제 짝을 인터뷰하기 시작하세요.	Now, start interviewing your partners.
○ 짝을 인터뷰하면서 이 표를 완성 하세요.	Complete this table while interviewing your partner.
○ 여러분이 기자들이니까, 이제 나를 인터뷰해 보길 바랍니다.	You are the reporters, and I'd like you to start interviewing me now.
○ 누가 먼저 나를 인터뷰할 건가요?	Who's going to interview me first?

- 질문하려면 손을 드세요. 그러면 내가 하나씩 대답할게요.

  Put your hands up to ask questions, and I'll answer one by one.

- 여배우를 인터뷰할 때 어떤 질문을 할 수 있을까요?

  What kind of questions can we ask when interviewing an actress?

- 먼저, 물어볼 질문들을 적으세요.

  First of all, write down the questions you are going to ask.

- 책에 있는 표현들을 이용해서 인터뷰 질문을 만드세요.

  Make interview questions using the expressions in the book.

- 대답할 때 필요한 표현들은 칠판에 있어요.

  Expressions for answering the questions are on the board.

- 여기, 이 마이크를 사용하세요.

  Here, use this microphone.

- Jake에게 마이크를 전달하세요.

  Please pass the microphone to Jake.

- 질문에 대답하세요.

  Please answer the question.

- 답변이 너무 짧아요. 좀 더 말해 보세요.

  Your answers are too short. Please say a bit more.

- 멋진 답변이네요.

  That was a smart answer.

- 다음 인터뷰 대상자는 누구인가요?

  Who's the next interviewee?

03 토론
Discussion

T	Discussion time.
	Look at today's topic on the board.
S	Air pollution!
T	Yes, talk about the things you can do to stop air pollution.
S	Is it a group discussion?
T	That's right.
	Get into your groups and begin the discussion.
	I'll write down some useful expressions on the board.

T 토론 시간이에요. 칠판에 있는 오늘의 주제를 보세요. | **S** 대기오염! | **T** 네, 대기오염을 막기 위해 여러분이 할 수 있는 것들에 대해 이야기해 보세요. | **S** 그룹 토론인가요? | **T** 맞아요. 각자의 그룹에 들어가서 토론을 시작하세요. 칠판에 유용한 표현 몇 가지를 써 주겠어요.

🔖 토론 준비

○ 오늘은 토론 시간을 가져 봅시다. Let's have some discussion time today.

○ 지금 토론을 할 거예요. We'll have a discussion now.

○ 토론하는 방법을 배울 거예요. We'll learn how to debate.

○ 토론 프로그램을 본 적 있나요? Have you ever seen a discussion program?

○ 하나의 주제에 대해 자신의 의견을 말하는 거예요. It's expressing your opinion about a topic.

○ 여러분이 주제를 정해 보세요. I want you to decide the topic.

o 목록에서 주제를 하나 고를 수 있어요. You can choose a topic from the list.

o 오늘의 주제는 대기오염이에요.　Today's topic is air pollution.

o 이 주제에 대해 어떻게 생각하세요? What do you think about this topic?

o 흡연에 대한 여러분의 의견은
　어떤가요?　　　　　　　　　What's your opinion on smoking?

o 이번에는 찬반토론을 해 볼까요?　Shall we have a pro/con debate this time?

o 여기 토론을 위한 유용한
　표현들이 있어요.　　　　　　Here are some useful expressions for a
　　　　　　　　　　　　　　discussion.

o 지난번에 배운 토론을 위한
　표현들을 사용하면 돼요.　　　You can use the expressions for discussion
　　　　　　　　　　　　　　we learned last time.

🚩 토론 진행 _____

o 토론을 시작하세요.　　　　　Please begin the discussion.

o 토론을 시작합시다.　　　　　Let's start the debate.

o 그룹 토론을 시작해 볼까요?　Why don't we start the group discussion?

o 각 그룹마다 사회자를 뽑으세요.　Please choose a chairman in each group.

o 사회자는 토론을 진행시키세요.　The chairman, please start the discussion.

o 찬성하는 사람들은 이쪽으로,　People who agree gather here, and people
　반대하는 사람들은 저쪽으로　who disagree gather over there.
　모이세요.

o 여러분 입장은 뭐죠?　　　　What's your position?

o A조가 먼저 시작할까요?　　　Will Group A start first?

o B조, 반박을 해 보겠어요?　　Group B, would you like to answer back?

o 반대하는 사람들의 의견을　　Let's listen to the people who disagree.
　들어 봅시다.

o 상대 그룹의 말을 들으면서　　Take a note of the other group's words
　메모해 보세요.　　　　　　　while you listen.

돌아가면서 말하세요.	Take turns when speaking.
말할 때는 시간제한을 엄수하세요.	Stick to your time limit when you speak.
여기서 잠시 끼어들어야겠군요.	I'll have to interrupt for a bit here.
합의점을 찾았나요?	Do we have an agreement?
그래서 결론이 뭐죠?	So, what's the conclusion?
사회자, 토론의 결론을 내려 주세요.	Chairman, please conclude the discussion.

🚩 의견 말하기 ──────────────

자신의 의견을 말하기 시작하세요.	Start expressing your opinions.
자신의 의견을 말하고 왜 그렇게 생각하는지 말해 주세요.	Say your opinion and tell us why you think like that.
반대하는 이유가 뭐죠?	Why do you disagree?
왜 그렇게 생각하죠?	Why do you think so?
그렇게 얘기하는 이유를 다른 사람들에게 말할 수 있어야 해요.	You have to be able to tell others why you are saying so.
의견에는 이유가 있어야 해요.	You must have a reason for your opinion.
토론할 때는 상대방을 존중해야 해요.	You have to respect others when you are debating.
손을 들고 사회자가 말하라고 하면 얘기를 시작하세요.	Put your hands up and start talking when the chairman tells you to do so.
저 친구가 말을 끝내게 해 주세요. 아직 얘기하고 있잖아요.	Let her finish, she's still talking.
다른 사람이 말할 때 끼어드는 것은 예의에 어긋나요.	It's impolite to cut in when another person is talking.
자신의 의견을 명확하게 표현해야 돼요.	You should express your opinion clearly.
하고 싶은 말이 이것인가요?	Is this what you want to say?

o 이 상황에서는 무슨 말을 할 수 　　　What can you say in this situation?
　있을까요?

o 핵심을 요약해 주세요. 　　　　　　Please summarize your points.

o 그것은 아주 중요한 점이에요. 　　　That's a very important point.

o 다른 의견 있나요? 　　　　　　　Are there any other opinions?

o 더 다른 의견 있나요? 　　　　　　Do you have any further opinions?

o 거기에 덧붙일 말이 있나요? 　　　Would you like to add something to that?

04 역할극
Role Play

T We need three people for this role play.
So, please get into groups of three.
Now, decide the roles among your group members.
This group here, who's going to play dad?

S I'm dad and Mike is the son. Kate is the shopkeeper.

T That's great. Now practice your lines.
I'll see which group does the best.

T 이 역할극에는 세 명이 필요해요. 그러니까 세 명씩 그룹을 지어 보세요. 이제 조원들끼리 역할을 정하세요. 여기 이 그룹은 누가 아빠 역할을 할 건가요? | **S** 제가 아빠고, Mike가 아들이에요. Kate는 점원이구요. | **T** 좋아요. 이제 대사를 연습하세요. 어떤 그룹이 가장 잘하는지 보겠어요.

🔖 역할극 준비

○ 역할극 시간입니다.   Time for some role-playing.

○ 역할극을 해 봅시다.   Let's do some role play.

○ 이제 역할극을 할 거예요.   We're going to do a role play now.

○ 재미있을 것 같지 않나요?   Don't you think it's going to be fun?

○ 우리 모두 연기자가 되는 거예요.   We're all going to be actors and actresses.

○ 이 대화로 역할극을 만들어 봅시다.   Let's make a role play with this dialogue.

○ 세 명이 한 조가 돼서 역할극을 만드세요.   Make a role play in groups of three.

○ 이야기에 맞게 역할극을 만드세요.   Please make a role play that suits the story.

○ 이 그림들을 가지고 역할극을 만들 거예요.   We'll make a role play with these pictures.

o 짝끼리 이 역할극을 연습해 봅시다. **Let's practice this role play in pairs.**

o 이 대화를 연기해 봅시다. **Let's act out this conversation.**

o 14쪽에 있는 역할극을 연기해 **Shall we act out the role play on page 14?**
볼까요?

o 여러분이 먼저 시작하는 게 어때요? **Why don't you start first?**

🔖 역할 정하기 ─────────────────────

o 이 역할극에는 세 명이 필요해요. **We need three people for this role play.**

o 이 역할극에는 어떤 등장인물들이 **Who are the characters for this role play?**
있죠?

o 역할을 정해 봅시다. **Let's decide the roles.**

o 조원들끼리 역할을 정하세요. **Decide the roles among your group members.**

o 대사가 짧은 역할을 두고 싸우는 **Are you fighting over the role with short**
건가요? **lines?**

o 나중에 역할을 서로 바꿀 거예요. **We'll change the roles later on.**

o 내가 역할을 지정해 주겠어요. **I'll assign your roles.**

o 어떤 역할을 하고 싶나요? **Which role do you want to play?**

o 누가 아빠 역할을 하고 싶어요? **Who wants to play dad?**

o 너는 White 씨가 되는 거야. **You will be Mr. White.**

o 여러분은 민재고, 나는 지호예요. **You're Minjae and I'm Jiho.**

o 오른쪽에 있는 사람은 A를, **The person on the right does A, and the**
왼쪽에 있는 사람은 B를 하세요. **person on the left does B.**

o 모두 역할을 하나씩 맡았나요? **Does everyone have a part?**

o 자기가 맡은 역할의 이름을 불러 **Call out the name of your role.**
보세요.

o 자신의 역할이 마음에 드나요? **Do you like your role?**

📑 역할 연습 _____

○ 이제 연습해 봅시다.	Let's practice now.
○ 이제 시연을 해 봅시다.	Let's rehearse now.
○ 연습할 시간을 많이 주겠어요.	I'll give you plenty of time to practice.
○ 연습할 시간이 더 필요한가요?	Do you need more time to practice?
○ 자기 대사를 기억하려고 노력하세요.	Try to remember your lines.
○ 가능하면 자기 대사를 외우세요.	Memorize your lines if it's possible.
○ 자기 대사를 쪽지에 적으세요.	Jot down your lines on a piece of paper.
○ 원하면 대사를 약간 바꿀 수 있어요.	You can slightly change the lines if you want to.
○ 대본을 보지 말고 연습하세요.	Practice without looking at the script.
○ 책을 너무 자주 보지 않도록 노력하세요.	Try not to look at the book too often.
○ 감정 연습도 필요해요.	You need to practice the feelings as well.
○ 소품을 이용할 수도 있어요.	You may use props.
○ 필요한 게 있으면 이 상자에서 소품을 찾아보세요.	Please look for the props in this box if you need any.

📑 연기하기 _____

○ 앞으로 나오세요.	Come out to the front.
○ 무대로 나오세요.	Please come to the stage.
○ 무대 중앙으로 오세요.	Come to the center of the stage.
○ 앞에 나와서 역할극을 해 보세요.	Please come out to the front and act out your role play.
○ 대사를 그냥 읽지 말고 자연스럽게 말하세요.	Don't just read the lines, speak naturally.

o 친구한테 얘기하는 것처럼 말해 보세요.	Try to speak as if you were talking to your friend.
o 연기할 때는 그 인물의 입장이 되어 보세요.	Put yourself into the character's shoes when you are acting.
o 진짜 늑대가 된 것처럼 해 보세요.	Pretend you are a real wolf.
o 진짜 할머니처럼 연기해 보세요.	Try to act like a real grandma.
o 제스처를 사용하세요.	Use gestures.
o 제스처도 해 보세요.	Do gestures as well.
o 나를 봐요. 이렇게요.	Look at me. Like this.
o 좀 더 현실감 있게 들리도록 해 보세요.	Try to sound more real.
o 대사를 잊어버려도 당황하지 마세요.	Don't panic even if you have forgotten your lines.
o 대사를 잊어버리면 즉흥적으로 만들어 내세요.	If you have forgotten your line, just make one up.
o 이 역할은 기뻐해야 하는데, 니는 슬픈 것 같구나.	This role should be happy, but you sound sad.
o 이런, 너무 부자연스러워요.	Oh, that's too unnatural.
o 와, 정말 진짜 같네요.	Wow, that sounds so real.
o 네 목소리는 너무 작구나.	Your voice is too quiet.
o 관객이 네 목소리를 못 들어.	The audience can't hear you.
o 무대에 있을 때는 앞을 보세요.	Face the front when you're on the stage.
o 관객에게 뒷모습을 보이면 안 돼요.	Never show your back to the audience.

05 발표
Presentation

T I'd like you to present your work.
Which group will go first?

S Our group!

T Cool! You have five minutes to prepare your presentaion.
You may look at your notes during the presentation.
But, avoid looking at them too often.

T 여러분이 작업한 것을 발표해 보길 바랍니다. 어느 조가 먼저 할까요? | **S** 저희 조요! | **T** 멋지군요! 발표 준비할 시간을 5분 줄게요. 발표하는 동안 메모를 봐도 돼요. 하지만 너무 자주 보는 것은 피하세요.

📕 발표 시키기

○ 발표 시간을 갖도록 하겠어요. | We're going to have a presentation time.

○ 여러분이 쓴 글에 대한 발표를 준비하세요. | Please prepare a presentation on your essay.

○ 한 조에서 한 명씩 발표할 거예요. | One member from a group will make a presentation.

○ 누가 먼저 하겠어요? | Who wants to go first?

○ 어느 조가 발표하겠어요? | Which group wants to do the presentation?

○ 누가 제일 먼저 학급에 보고하고 싶어요? | Who wants to be the first to report to the class?

○ 돌아가면서 자기 작품을 발표하세요. | Take turns presenting your work.

○ 3조 조장이 결과를 보고하겠어요? | Would the leader of Group 3 report the results?

○ 역할극을 발표할 준비가 되었나요? Are you ready to present your role play?

○ 누가 아직 앞에 안 나와 봤죠? Who hasn't been out to the front yet?

○ 멋진 발표였어요. 그렇죠? It was a great presentation, wasn't it?

○ 큰 박수를 보냅시다. Let's give her a big hand.

○ 이제 자리로 돌아가도 좋아요. Now, you may go back to your seat.

○ 다른 사람이 발표할 때는 경청하세요. Listen carefully when other people make presentations.

○ 자기 작품을 발표하지 않으면 수행평가 점수를 못 받습니다. You won't get a performance evaluation score if you don't present your work.

🚩 발표 시 유의사항

○ 크고 또렷하게 말하세요. Speak loudly and clearly.

○ 듣는 사람들과 눈을 맞추세요. Make eye contact with the listeners.

○ 겁을 낼 필요는 전혀 없어요. There's no need to be afraid at all.

○ 남들 앞에서 발표하는 것은 어렵지 않아요. Presenting in front of others is not difficult.

○ 활기찬 연설이 되도록 제스처를 사용하세요. Use gestures to make an active speech.

○ 사람들의 이해를 도우려면 사진을 이용하세요. Make use of pictures to help people's understanding.

○ 주된 메시지가 꼭 있어야 해요. You must have a main message.

○ 말할 내용의 요점만 메모하세요. Make a note of only the main points of your speech.

○ 발표할 때 메모를 봐도 됩니다. You can look at your notes when you do your presentation.

○ 너무 자주 메모를 보는 것은 피하세요. Avoid looking at the notes too often.

○ 대답할 때는 똑바로 서세요.	Stand straight when you answer.
○ 시간제한을 지키세요.	Please keep to the time limit. / Stick to your time limit.
○ 끝에 발표하는 사람은 시간이 모자랄 수도 있어요.	People presenting at the end might be short of time.
○ 발표하기 전에 연습을 많이 하면 자신감이 생길 거예요.	You will have confidence if you practice a lot before your presentation.
○ 좋은 듣기 자세를 갖는 것도 중요합니다.	It's also important to have good listening behavior.
○ 목소리가 너무 작으면 이 마이크를 사용해도 됩니다.	You could use this mike if your voice is too small.
○ 여기에 성공적인 발표를 위한 유용한 조언이 있어요.	Here are some useful tips for a successful presentation.
○ 발표할 때 기억해야 할 열 가지 사항을 적어 봤어요.	I have written down ten things to remember when giving a presentation.
○ 발표해야 할 때마다 점검해 볼 수 있도록 벽에 붙여 놓겠어요.	I'll post it on the wall for you to check every time you have to make a presentation.

Unit 2
듣기 지도
Teaching Listening

01 듣기 실력
Listening Skills

T You're going to listen to a short conversation.
Listen carefully. No, no, don't talk yet. Just listen.

T What were they talking about?

S Could you play it one more time?

T Was it too fast? Alright, I'll play it again.

T 짧은 대화를 들을 거예요. 잘 들어 보세요. 아니, 아니, 아직 말하지 마세요. 그냥 듣기만 하세요. | **T** 그들이 무슨 이야기를 하고 있었죠? | **S** 한 번 더 틀어 주시겠어요? | **T** 너무 빨랐어요? 좋아요. 다시 틀어 줄게요.

📕 듣기 실력 향상 방법 ─────────────

○ 그냥 듣지 말고 이유를 생각하며 들으세요.

Don't just listen, listen with a reason.

○ 히어링과 리스닝 사이에는 큰 차이가 있어요.

There's a big difference between hearing and listening.

○ '리스닝'은 이유를 가지고 의도적으로 듣는 겁니다.

"Listening" is hearing something purposely with a reason.

○ 우리가 영어를 공부할 때는 히어링이 아니고 리스닝을 하는 거예요.

When we study English, we listen, not hear.

○ 효과적인 리스닝을 위해서는 집중을 해야 합니다.

For effective listening, you have to concentrate.

○ 처음 들을 때는 무엇에 관한 내용인지 잘 생각해 보세요.

When you listen for the first time, think carefully what it is about.

○ 요지를 파악하는 연습을 하세요.

Practice noticing the main idea.

○ 요지를 알면 들을 때 도움이 많이 돼요.	Knowing the main idea helps a lot when listening.
○ 받아쓰기를 하는 것도 많은 도움이 됩니다.	Taking dictations is very helpful, too.
○ 들리는 단어를 모두 받아 적어 보세요.	Try to write down all the words you hear.
○ 받아 적은 단어를 보며 어떤 내용인지 추측해 보세요.	Look at the words that you've written down and guess what it is about.
○ 그런 다음 다시 들어 보세요.	Then, listen again.
○ 세 번째로 들을 때는 확실히 더 많이 들릴 거예요.	When you listen for the third time, you'll hear more for sure.
○ 처음부터 대본을 보지 마세요.	Don't look at the script from the beginning.
○ 대본에 의존하지 않도록 하세요.	Try not to depend on the scripts.
○ 듣기 진에 항상 문제를 먼저 읽으세요.	Always read the questions before you listen.
○ 무엇을 들어야 할지 알려면 문제를 먼저 읽으세요.	Read the questions first so that you know what to listen for.
○ 원어민 선생님이 말할 때는 항상 잘 들어 보세요.	Always listen carefully when the native English teacher speaks.
○ 친구들이 말하는 걸 들으면서 연습할 수도 있어요.	You could practice by listening to your friends talk.
○ 처음 들었을 때 이해가 안 되면 계속 반복해서 들어 보세요.	If you don't get it on your first try, listen again and again.
○ 우리말로 무슨 의미인지 알면 더 잘 들릴 수 있어요.	If you know what it means in Korean, you could hear better.

📑 듣기 ────────────

○ 들을 준비가 되었나요?	Are you ready to listen?

○ 잘 들으세요.	Listen carefully.
○ 다 같이 들어 봅시다.	Let's all listen.
○ 이번엔 듣기만 하세요.	This time, just listen.
○ 듣기만 하세요. 아직 말하지 마세요.	Just listen. Don't talk yet.
○ 내가 하는 말을 들어 보세요.	Listen to what I say.
○ 화자가 하는 말을 잘 들어 보세요.	Listen carefully to what the speaker says.
○ 짧은 대화를 들을 겁니다.	You're going to listen to a short conversation.
○ 짧은 이야기를 듣게 될 겁니다.	You'll hear a short story.
○ 이제 대화를 들어 봅시다.	Let's listen to the dialogue now.
○ 원어민은 어떻게 말하는지 들어 보세요.	Listen to how native speakers say it.
○ 그거 들었나요?	Did you hear that? / Did you catch that?
○ 듣고 있나요?	Are you listening?
○ 다들 그거 이해했어요?	Did you all get that?
○ 무슨 말인지 모르겠어요?	Didn't you get it?
○ 모두들 들리나요?	Can everybody hear?
○ 뒤에 잘 들리나요?	Can you hear well at the back?

🔖 다시 듣기 ───────────────

○ 한 번 더.	One more time.
○ 다시 들어 보세요.	Listen again. / Please listen to it again.
○ 한 번 더 들어 봅시다.	Let's listen one more time.
○ 한 번 더 들어 볼까요?	Shall we listen one more time?
○ 한 번 더 듣고 싶어요?	Do you want to listen once more?

○ 한 번 더 틀어 줄까요?　　　　　Do you want me to play it once more?

○ 다시 틀어 줄게요.　　　　　　　I'll play it again.

○ 대화를 다시 틀어 봅시다.　　　　Let's replay the dialogue.

○ 이제 다시 들을 거예요.　　　　　Now we'll listen again.

○ A의 2번부터 다시 들어 봅시다.　Let's listen again from number 2 in A.

🔖 듣고 따라 말하기 ────────────────────

○ 듣고 따라 하세요.　　　　　　　Listen and repeat.

○ 나를 따라 말하세요.　　　　　　Say after me.

○ 내가 하는 말을 따라 하세요.　　Repeat what I say.

○ CD를 따라 하세요.　　　　　　　Repeat after the CD.

○ 다 같이, CD를 따라 하세요.　　　All together, after the CD.

오디오 및 동영상 듣기

Listening to Audio and Videos materials

T	Let's watch a short movie.
S	Great!
T	Watch closely.
	I'll ask you some questions after you finish watching it.
	You have to listen carefully because there are no captions.
	Are you ready? Here it goes!

T 짧은 동영상을 봅시다. | **S** 좋아요! | **T** 잘 보세요. 다 보고 나면 질문을 몇 개 할 거예요. 자막이 없기 때문에 잘 들어야 합니다. 준비됐나요? 자, 갑니다!

🔖 오디오 자료 듣기

○ 이제 CD를 들어 봅시다.	Now, let's listen to the CD.
○ CD를 틀어 줄 테니 잘 들으세요.	I'll play the CD, so listen carefully.
○ 오디오 파일을 틀어 줄게요.	Let me play the audio file.
○ 대화를 들을 시간이에요.	It's time to listen to the dialog.
○ CD를 들을 때는 조용히 하세요.	Please be quiet when you listen to the CD.
○ 주의를 기울여서 잘 들으세요.	Pay attention and listen carefully.
○ 듣기만 하고 아무것도 하지 마세요.	Just listen and don't do anything.
○ 한 번만 틀어 줄 거예요.	I'll play it just one time.
○ 다시 틀어 줄게요.	Let me play it again.
○ 눈을 감고 잘 들어 보세요.	Close your eyes and listen carefully.

○ 이제 대화를 들을 거예요.   Now you'll hear a conversation.

📑 들으면서 학습하기 _____

○ 들으면서 질문을 생각하고 있나요?   Are you thinking about the questions while you listen?

○ 이야기를 들을 땐 주제에 대해 생각해 보세요.   Think about the topic when you listen to the story.

○ 이번에는 들으면서 요점을 적어 보세요.   This time, jot down the main points while you listen.

○ 들으면서 표를 채우세요.   As you listen, fill in the table.

○ 들으면서 빠진 단어를 채우세요.   Fill in the missing words as you listen.

○ 대화를 들으면서 빠진 정보를 쓰세요.   Write the missing information as you listen to the dialogue.

○ 들으면서 답안지에 표기하세요.   While you listen, mark your answer sheets.

○ 들으면서 질문에 대한 답을 쓰세요.   While listening, write the answer to the question.

○ 들으면서 잘 모르는 표현에 밑줄을 그으세요.   Underline the expressions you are not sure of as you listen.

○ 각 대화와 이에 맞는 그림을 연결하세요.   Match each dialogue with the correct picture.

○ 여기서 멈출게요. 여자는 어떻게 대답할까요?   I'll stop here. How will the woman answer?

○ CD를 들으면서 확인해 봅시다.   Let's check it by listening to the CD.

○ 여러분의 추측이 맞았는지 듣고 확인해 봅시다.   Let's listen and check whether your guess is right.

○ 여자가 뭐라고 하는지 잘 들어 보세요.   Listen carefully to what she says.

○ 여러분의 추측이 맞았네요. 그들은 싸우고 있었어요.	Your guess was right. They were fighting.
○ 여러분의 추측과 비슷했나요?	Was it similar to your guess?
○ 들은 내용이 이해가 되나요?	Do you understand what you have heard?
○ 들은 내용을 적어 보세요.	Write down what you have heard.
○ 이제 여러분이 들은 내용에 대해 질문을 하겠어요.	Now I'll ask you some questions on what you have heard.
○ 들으면서 모르는 단어가 있었나요?	Were there any words that you don't know while you were listening?

🔖 동영상 자료 듣기 ─────────────

○ 시트콤을 봅시다.	Let's watch a sitcom.
○ 짧은 영화를 보면서 듣기 연습을 합시다.	Let's practice listening by watching a short movie.
○ 다 보고 나면 몇 가지 질문을 할 거예요.	I'll ask you some questions after you finish watching it.
○ 자막 없이 봅시다.	Let's watch it without the subtitles.
○ 이제 자막을 가릴 거예요.	I'm going to hide the subtitles now.
○ 이제 자막을 보여 줄게요.	I'll show you the captions now.
○ 자막을 보면서 따라 읽으세요.	Look at the subtitles and repeat after them.
○ 음을 소거할 거예요.	I'll mute the sound.
○ 소리만 들어 보세요.	Listen to the sound only.
○ 소리 없이 비디오를 틀어 줄게요.	I'll play the video without any sound.
○ 먼저 음을 소거하고 비디오를 틀어 줄게요.	I'll mute the sound first and play the video.
○ 그들이 무슨 얘기를 나누는지 추측해 보세요.	Try to guess what they are talking about.

o 화면을 보고 그들이 무엇에 대해 말하고 있는지 생각해 보세요. **Look at the screen and try to think what they're talking about.**

o 여기서 멈출게요. 남자는 뭐라고 말할 것 같아요? **I'll stop here. What do you think the man will say?**

o 영화를 요약할 수 있겠어요? **Can you summarize the movie?**

o 남자의 대사를 외우세요. **Memorize the man's lines.**

o 동영상을 보면서 대사를 말해 보세요. **Say the lines as you watch the video.**

≡≡≡ TIP BOX '동영상'을 지칭하는 말

'동영상'을 지칭하는 말에는 movie, video, video clip, movie clip 등이 있다. 영화 등의 전체 내용을 다 보여 줄 때는 movie나 video라고 하고, 일부분만 보여 줄 때는 video clip, movie clip이라고 하면 된다. 그러나 실제로는 길이의 구분 없이 movie 또는 video를 보편적으로 사용한다.

03 듣기 전 활동
Pre-listening Activities

T	Shall we have a look at the picture on page 36 before we listen? What do you see in the picture?
S	A bus, bike, airplane...
T	Good! And what are they?
S	Transportation.
T	That's my boy! Now, try to imagine what you'll hear by looking at the picture.

T 듣기 전에 36쪽에 있는 그림을 한번 볼까요? 그림에 뭐가 보이죠? | **S** 버스, 자전거, 비행기… | **T** 좋아요! 그리고 그것들이 뭐죠? | **S** 교통수단이요. | **T** 맞아요! 이제 그림을 보면서 어떤 내용을 듣게 될지 상상해 보세요.

🔖 그림 및 어휘를 이용한 활동

○ 듣기 전에 몇 가지 활동을 할 거예요.

We are going to do some activities before we listen.

○ 듣기 전 활동은 여러분이 잘 들을 수 있도록 도움을 줄 거예요.

Pre-listening activities will help you to listen well.

○ 듣기 전에 36쪽의 그림을 한번 볼까요?

Shall we have a look at the picture on page 36 before we listen?

○ 그림에 뭐가 보이나요?

What do you see in the picture?

○ 그림과 관련된 내용을 듣게 될 거예요.

You'll hear something related to the picture.

○ 어떤 내용을 듣게 될지 상상해 보세요.

Try to imagine what you'll hear.

o 그림을 보고 듣게 될 내용을 추측해 보세요.	Look at the picture and guess what you'll hear.
o 말풍선이 모두 비어 있는 것이 보이죠?	Can you see that all the speech bubbles are empty?
o 그들이 무엇에 대해 말하고 있다고 생각해요?	What do you think they're talking about?
o 그들이 왜 싸우고 있다고 생각하죠?	Why do you think they are fighting?
o 먼저 새로운 단어를 좀 공부해 봅시다.	Let's study some new words first.
o 어휘를 좀 배워 볼까요?	Shall we learn some vocabulary?
o 상자 안에 모르는 단어가 있나요?	Are there any words you don't know in the box?
o 이제 키워드를 몇 개 들려줄 거예요.	I'll let you hear some keywords now.
o 방금 들은 키워드를 이용해서 이야기를 추측해 보세요.	Try to guess the story using the keywords you have just heard.
o 나중에 이 단어들을 듣게 될 거예요.	You'll hear these words later on.
o 듣다가 이 단어들을 접하게 될 거예요.	You'll meet these words as you listen along.

🚩 질문 및 브레인스토밍 _____

o 듣기 전에 먼저 몇 가지 질문에 대해 생각해 봅시다.	Let's think about some questions first before we listen.
o 이 질문에 대한 답을 추측해 보세요.	Please guess the answer to this question.
o 여러분의 추측을 요약해 봅시다.	Let's summarize your guesses.
o 여러분의 추측이 맞는지 알아봅시다.	Let's find out if your prediction is correct.

o 이제 여러분의 추측이 맞는지 확인해 봅시다.	Now, let's check whether your guesses are right.
o 이 질문들을 염두에 두고 들으세요.	Keep these questions in mind while you listen.
o 크리스마스에 관한 것을 브레인스토밍해 봅시다.	Let's brainstorm the things about Christmas.
o 이 주제에 대해 브레인스토밍을 해 보면 좋겠어요.	I'd like you to brainstorm on this topic.
o 영국에 대해 무엇을 알고 있나요?	What do you know about England?
o 영국에 대해 아는 것을 모두 말해 보세요.	Please tell me everything you know about England.

04 듣기 후 활동
Post-listening Activities

T	Let me check how well you have understood. What were the two people talking about?
S	About summer vacation.
T	That's right. Did you hear what they were going to do during the vacation?
S	They'll go on a camp.
T	Exactly. Now, please summarize the dialogue within five lines.

T 여러분이 얼마나 잘 이해했는지 확인해 보겠어요. 두 사람이 무엇에 대해 이야기를 하고 있었나요? | **S** 여름방학에 대해서요. | **T** 맞아요. 그들이 방학 동안 무엇을 할 예정인지 들었어요? | **S** 캠핑하러 갈 거예요. | **T** 정확해요. 이제 대화를 다섯 줄 이내로 요약해 보세요.

🔖 이해도 확인

○ 잘 들었나요?	Did you listen carefully?
○ 대화를 잘 이해했나요?	Did you understand the dialog?
○ 얼마나 이해했나요?	How much did you understand?
○ 얼마나 잘 이해했는지 봅시다.	Let's see how well you understood it.
○ 얼마나 이해했는지 확인해 보겠어요.	Let me check how much you got out of it.
○ 거의 다 알아들었네요.	You understood nearly everything.
○ 이야기를 아주 잘 이해했네요.	You understood the story really well.
○ 들은 내용을 전부 말해 보세요.	Tell me everything you heard.

o 요점이 무엇이었나요?　　　　　　　What was the main point?

o 두 사람은 무슨 이야기를 하고　　　What were the two people talking about?
　있었나요?

o Mike의 질문에 Jake는 뭐라고　　　How did Jake reply to Mike's question?
　대답했나요?

o 그들이 오후에 뭘 할 건지　　　　　Did you hear what they were going to do
　들었나요?　　　　　　　　　　　　in the afternoon?

o 들으면서 이해가 안 되는 문장이　　Were there many sentences you couldn't
　많았나요?　　　　　　　　　　　　understand as you were listening?

o 화자의 의견에 대해 여러분은　　　　What do you think about the speaker's
　어떻게 생각하세요?　　　　　　　　opinion?

o Smith 씨의 의견과는 다른 의견을　Try to think of an opinion different from
　생각해 보세요.　　　　　　　　　　Mr. Smith's.

o 여러분의 의견을 써 보세요.　　　　Write down your opinions.

🔖 요약하기 _____

o 들은 내용을 요약해 보세요.　　　　Please summarize what you have heard.

o 이제 이야기를 요약하세요.　　　　　Now I want you to summarise the story.

o 이해한 내용을 5분 동안　　　　　　Summarize what you have understood for
　요약하세요.　　　　　　　　　　　　five minutes.

o 요점만 다섯 줄 이내로 요약하세요. Summarize only the main points within five
　　　　　　　　　　　　　　　　　　lines.

o 빈칸을 채워 요약문을 완성하세요.　Fill in the blanks to complete the summary.

o 대화의 요약문을 만들어 보세요.　　Make a summary of the dialogue.

o 방금 들은 대화를 보고서 형식으로　Change the dialogue you have just listened
　바꾸세요.　　　　　　　　　　　　to into a report.

📕 문제 풀기 ─────────────

o 대화에 대한 질문에 답하세요.   Answer the questions about the dialogue.

o 다음 질문에 답하세요.   Answer the following questions.

o 들은 내용을 토대로 표를 채우세요. Fill in the chart based on your listening.

o 학습지에 있는 문제들을 풀어
보세요.   Do the questions on your worksheet.

o 지금 나눠 주는 이해 점검 문제를
풀어 보세요.   Do the comprehension check exercise that
I'm giving out.

📕 기타 ─────────────────

o 다음에 일어날 일을 추측해 봅시다. Let's predict what will happen next.

o 같은 주제로 토론을 해 보는 게
어때요?   Why don't we have a discussion with the
same topic?

o 못 들은 문장을 확인해 보세요.   Check the sentences you were not able to
catch.

o 들은 내용을 바탕으로 조원들과
새로운 이야기를 만들어 보세요.   Make a new story out of what you have
heard with your group members.

o 이제 문법을 봅시다.   Let's focus on form, now.

05 받아쓰기
Dictation

T   Listen carefully and write down what I say.

S   How many times are you going to say it?

T   Twice.

First time, you'll hear it at a slow speed.

Second time, it'll be at a normal speed.

Try to write down as many words as you hear.

T 잘 듣고 내가 말하는 것을 받아쓰세요. | **S** 몇 번 말해 주실 거예요? | **T** 두 번이요. 처음에는 느린 속도로 듣게 될 거예요. 두 번째는 보통 속도가 될 거예요. 들리는 단어를 최대한 많이 적어 보세요.

📕 받아쓰기 수업 ——————————————

o 이제 받아쓰기를 할 거예요.	**We're going to do a dictation now.**
o 잘 듣고, 들은 내용을 받아쓰세요.	**Listen carefully and write down what you hear.**
o CD를 들으면서 받아쓰세요.	**Write down as you listen to the CD.**
o 내가 말하는 것을 받아쓰세요.	**Please write down what I say.**
o 내가 읽어 주는 문장을 쓰세요.	**Write the sentences I read to you.**
o 내가 읽어 주면 빈칸에 맞는 단어를 넣으면 돼요.	**You can fill in the blanks with the right words as I read it out.**
o 한 번만 읽어 줄 거예요.	**I'll read it only once.**
o 다시 읽어 줄게요.	**I'll read it again.**
o 짝끼리 받아쓰기를 하세요.	**Do a dictation in pairs.**

- 한 명은 읽고, 다른 한 명은 본문의 빈칸을 채우세요.
  One reads and the other fills in the gaps in the text.

🔖 받아쓰기 절차

- 들을 준비를 하세요.
  Be ready to listen.

- 세 번 읽어 줄 거예요.
  I'm going to read it three times.

- 처음에는 느린 속도로 듣게 될 거예요.
  First time, you'll hear it at a slow speed.

- 두 번째는 보통 속도가 될 거예요.
  Second time, it'll be at a normal speed.

- 처음에는 들리는 단어를 최대한 많이 쓰세요.
  At first, try to write down as many words as you hear.

- 쓰는 시간을 충분히 주겠어요.
  I'll give you plenty of time for you to write.

- 두 번째 들을 때는 첫 번째 때 놓쳤던 단어들을 채워 넣으세요.
  When you listen for the second time, fill in the words you missed on the first try.

- 그런 다음, 짝이 한 것과 비교해서 수정하세요.
  Next, compare it with your neighbor's and make corrections.

- 짝과 공책을 바꾸세요.
  Exchange your notebooks with your neighbors.

- 다시 들으면서 짝의 실수를 체크해 주세요.
  Check your partner's mistakes while listening again.

- 마지막으로 다시 들으면서 여러분이 쓴 것이 맞는지 확인해 보세요.
  Listen again for the last time and check whether yours is right.

- 마지막으로 들으면서 받아쓰기를 완성하세요.
  Listen for the last time and complete the dictation.

🔖 받아쓴 내용 확인하기

- 다 했나요?
  Are you finished?

o 못 받아쓴 문장이나 단어가 있나요?	**Do you have any sentences or words that you couldn't write down?**
o 이제 답을 확인해 봅시다.	**Now, let's check the answers.**
o 답을 불러 주겠어요.	**I'll read you the answers.**
o 첫 번째 문장부터 시작합시다.	**Let's start with the first sentence.**
o 첫 번째 빈칸에 뭐가 들어가죠?	**What goes in the first blank?**
o 그다음에 들은 문장은 뭐였죠?	**What was the next sentence you heard?**
o 대본을 주겠어요.	**Let me give you the script.**
o 여기 대본이 있어요. 여러분의 답을 체크해 보세요.	**Here's the script. Check your answers.**
o 다 맞았는지 확인해 보세요.	**See if you have got them all right.**
o 그 문장을 왜 못 들었는지 잘 생각해보세요.	**Think hard why you were unable to hear that sentence.**
o 이 문장을 다시 틀어 줄게요. 잘 들어 보세요.	**I'll play this sentence again. Listen carefully.**
o 이 단어는 듣기가 조금 어려웠을 거예요.	**This word might have been a bit difficult for you to hear.**
o 이제 그 단어가 들리나요?	**Now, can you hear that word?**
o 여러분의 배경지식을 이용해서 그 단어가 무엇일지 유추해 보세요.	**Try to guess what the word can be using your background knowledge.**

06 듣기 시험
Listening Tests

T   Are you ready for the listening test?

S   How many questions are there in the test?

T   It has 10 questions.

S   How many times will we hear the questions?

T   Dialogues will be read twice, but the questions will be read just once.
You may take notes as you listen.

T 듣기 시험 볼 준비가 되었나요? | **S** 시험에 몇 문제 나와요? | **T** 열 문제가 있어요. | **S** 질문은 몇 번씩 듣게 돼요? | **T** 대화는 두 번씩 읽어 줄 거고, 질문은 단 한 번만 읽어 줄 거예요. 들으면서 메모를 해도 됩니다.

🔖 듣기 시험 보는 방법

○ 듣기 시험을 볼 거예요.   We're going to take a listening test.

○ 이 듣기 시험에는 열 문항이 있어요.   This listening test has 10 questions.

○ 대화는 두 번씩 읽어 줄 거예요.   Dialogues will be read twice.

○ 질문은 한 번씩만 읽어 줄 거예요.   Questions will be read just once.

○ 질문은 반복해서 읽어 주지 않을 겁니다.   Questions will not be repeated.

○ 잘 듣고 최선을 다하세요.   Listen carefully and try your best.

○ 들으면서 메모해도 됩니다.   You can take notes as you listen.

○ 시험지에는 메모하면 안 돼요.   You may not take notes on the test paper.

○ 답은 시험지에 쓰세요.	Write your answers on the test paper.
○ 답은 답안지에 쓰세요.	Write your answers on your answer sheets.
○ 들으면서 답안지에 답을 표기하세요.	While you're listening, mark your answers on your answer sheet.
○ 문제를 먼저 읽으면 무슨 내용일지 예측할 수 있어요.	Read the questions first, and you can predict what it'll be about.
○ 끝까지 듣고 신중하게 답을 고르세요.	Listen till the end and choose the answers carefully.
○ 답을 쓰지 못한 문제는 그냥 건너뛰세요.	Just skip the questions you were not able to answer.
○ 듣기 시험에 자주 등장하는 질문들이 있어요.	There are some popular questions in listening tests.
○ 세부사항을 묻는 질문에도 대비해야 해요.	You also have to prepare for the questions asking for details.

🔖 듣기 지시문 ─────────────

○ 누가 이야기하고 있는가?	Who is speaking?
○ 몇 명이 이야기하고 있는가?	How many people are speaking?
○ 화자는 누구인가?	Who is the speaker?
○ 화자의 직업은 무엇인가?	What is the speaker's job?
○ 화자가 무엇에 대해 이야기하고 있는가?	What is the speaker talking about?
○ 이 연설의 주제는 무엇인가?	What is the topic of this speech?
○ 주제문은 무엇인가?	What is the topic sentence?
○ 질문에 가장 적절한 대답은 무엇인가?	What is the most appropriate answer to the question?

- 이 대화는 어디에서 일어나고 있는가?   **Where is this conversation taking place?**

- 남자가 하게 될 일은 무엇인가?   **What will the man probably do next?**

- 그들은 몇 시에 만날 것인가?   **What time will they meet?**

- 그들은 어디에서 만날 것인가?   **Where will they meet?**

01 읽기 실력
Reading Skills

> **T** First of all, read the whole text quickly and silently.
> You don't have to read word by word at this stage.
> As you read along, try to notice what the text is about.
>
> **S** I know! It's about the dangers of Internet games.
>
> **T** Don't say it yet.
> Let's wait till the others finish skimming the text.
>
> **T** 우선, 본문 전체를 빨리 조용히 읽어 보세요. 이 단계에서는 한 단어씩 읽을 필요가 없어요. 읽으면서 본문의 내용이 무엇에 관한 것인지 파악하려고 노력해 보세요. | **S** 저 알아요! 인터넷 게임의 위험성에 관한 내용이에요. | **T** 아직 말하지 마세요. 다른 사람들이 본문 훑어보기를 끝낼 때까지 기다립시다.

🔖 읽기 실력 향상 방법

○ 많이 읽으세요.
Read a lot.

○ 꾸준히 읽는 것이 중요해요.
Reading steadily is important.

○ 시간을 정해서 규칙적으로 읽는 습관을 들이세요.
Make it a rule to set a time and read regularly.

○ 일주일에 적어도 한 권은 읽도록 하세요.
Try to read at least one book a week.

○ 책 읽기를 즐기는 것이 중요해요.
It is important to enjoy reading books.

○ 글을 분석하지 마세요.
Don't analyze the text.

○ 책을 분석하듯이 읽지 마세요.
Do not read books as if you were analyzing it.

○ 문법이 아니라 내용에 집중하세요.	Concentrate on the content, not on the grammar.
○ 한 단어씩 번역하지 마세요.	Don't translate word by word.
○ 모르는 단어는 건너뛰세요.	Skip the words you don't know.
○ 문맥을 보고 무슨 뜻인지 추측해 보세요.	Try to guess what it means by looking at the context.
○ 어려운 단어를 접할 때마다 사전을 찾지 마세요.	Don't look up in the dictionary whenever you come across a difficult word.
○ 세 번 이상 나올 경우에만 사전을 찾으세요.	Look up in the dictionary only if it appears more than three times.
○ 독서 노트를 준비하세요.	Please prepare a reading log.
○ 읽을 때는 독서 노트에 메모하세요.	Make notes in your reading logs when you read.
○ 예를 들어, 좋은 문구, 어려운 단어 등을 적을 수 있죠.	For example, you can write good phrases, difficult words, and so on.
○ 읽으면서 중요한 내용에는 밑줄을 그으세요.	Underline the main points while you read along.
○ 친구들과 책에 대해 토론하는 것도 좋아요.	It is also good to discuss the books with your friends.
○ 어떤 책을 읽어야 할지 모르겠으면 내게 물어보세요.	If you don't know which book to read, ask me.
○ 여러분에게 약간 어려운 책을 고르세요.	Choose books that are slightly difficult for you.
○ 너무 쉬운 책을 읽는 것은 별로 도움이 안 돼요.	Reading books that are too easy won't help you much.
○ 영자 신문을 읽으세요.	Read English newspapers.
○ 학급문고를 최대한 활용하세요.	Make the most of the class library.
○ 도서관에 자주 가는 습관을 기르세요.	Make a habit of going to the library often.

🔖 훑어 읽기 _____

o 오늘은 훑어 읽기를 배울 거예요.　We're going to learn to skim books today.

o 훑어 읽기는 요지를 파악하기 위한　Skimming is reading to get the main ideas.
　읽기입니다.

o 우선 글 전체를 빨리 읽어 보세요.　First of all, read the whole text quickly.

o 이야기의 큰 그림을 파악하려고　Try to get the big picture of the story.
　해 보세요.

o 지문을 소리 내지 말고 읽으세요.　Read the passage silently.

o 처음 읽을 때는 이 글이 무슨　When you read it for the first time, try to
　내용인지 파악하려고 해 보세요.　notice what the text is about.

o 읽으면서 주제에 대해 생각해 보세요. Think about the theme while you read.

o 이 단계에서는 세부적인 내용에　Don't think about the details at this stage.
　대해 생각하지 마세요.

o 세부 내용에 대해서는 나중에　We'll talk about the details later on.
　이야기할 거예요.

o 이 글은 무엇에 관한 것인가요?　What is the text about?

o 요지는 무엇인가요?　What is the main idea?

o 주된 내용은 무엇이었나요?　What was it mainly about?

o 작가가 무엇에 대해 말하고 있나요? What is the writer talking about?

o 작가가 우리에게 말하고 싶어 하는　What does the writer want to tell us?
　것은 무엇인가요?

o 이 이야기는 어디서 일어나고　Where is the story taking place?
　있나요?

o 이야기 속에 나오는 사람은 누구죠? Who are the people in the story?

o 이야기 속에서 사람들이 무엇을　What are the people doing in the story?
　하고 있죠?

📕 정독하기

○ 훑어 읽기 다음에 해야 할 일은 정독입니다.
The thing we have to do after skimming is scanning.

○ 정독은 글을 자세히 읽는 방법이에요.
Scanning is a way of reading the text in detail.

○ 정독은 세부 내용을 찾기 위한 글 읽기예요.
Scanning is to read texts in order to find the details.

○ 우리는 특정 정보를 찾기 위해 글을 정독합니다.
We scan the text to find specific information.

○ 세심하게 읽지 않으면 찾을 수 없어요.
You can't find it if you don't read it carefully.

○ 시험을 볼 때는 정독을 합니다.
We use scanning when we take tests.

○ 본문을 아주 주의 깊게 정독해 보세요.
Scan the text very carefully.

○ 이 질문들에 대답하기 위해서는 지문을 정독해야 할 거예요.
You'll have to scan the passage to answer these questions.

○ 읽으면서 필요한 정보에는 밑줄을 그으세요.
As you read, underline the information you need.

○ 장문을 읽을 때는 각 단락의 개요를 적는 것이 도움이 됩니다.
When you read a long text, it's helpful to note down a summary of each paragraph.

○ 이제 이야기의 세부 내용을 알아야 해요.
Now, we need to know the details of the story.

○ 세부 내용을 알기 위해 본문을 읽어 봅시다.
Let's read the text for details.

○ 지문을 좀 더 자세히 읽어 봅시다.
Let's read the passage in more detail.

○ 이야기를 아주 주의 깊게 읽을 필요가 있어요.
You need to read the story very carefully.

○ 이번엔 한 단어씩 신중하게 읽으세요.
This time, read carefully, word by word.

○ 지문에서 이 정보를 찾아보세요. **Find this information in the passage.**

○ 세심하게 읽고 문제를 풀어 보세요. **Read attentively and answer the questions.**

○ 이 질문에 대한 답은 어디에서 찾을 수 있나요? **Where can you find the answer to this question?**

○ 본문의 어디에서 힌트를 찾을 수 있죠? **Where in the text can you find the hint?**

○ Black 씨의 나쁜 습관은 열다섯 번째 줄에 쓰여 있어요. **Mr. Black's bad habits are written in line 15.**

○ 한국의 겨울에 대한 부분에 밑줄을 그으세요. **Underline the part about Korea's winter.**

○ 감정을 표현하는 단어들에 동그라미를 치세요. **Circle all the words which express our feelings.**

TIP BOX Skimming VS. Scanning

• **Skimming**(훑어 읽기): 글을 빠른 속도로 대충 훑어 읽는 것을 일컫는다.
• **Scanning**(정독하기): 글을 자세하게 읽는 것을 일컫는다.
⇒ 보통 새로운 지문이 나오면 먼저 skimming을 하여 글의 요지를 파악하는 훈련을 시킨다. 이때는 소리를 내지 않고 눈으로 신속하게 읽을 수 있도록 지도하는 것이 중요하다. skimming이 끝나면 학생들이 요지를 잘 파악했는지 간단히 질문을 하여 확인한다. 그런 다음, 보다 더 자세히 읽는 scanning으로 넘어가면 학생들의 읽기 실력이 크게 향상될 것이다.

02 읽기 활동
Reading Activities

T Have you finished reading the paragraph?
Then, try to find the main idea.

S Isn't it the same as the title?

T Not precisely.
Titles and main ideas are not always the same.
A main idea is the strongest message the writer
wants to give us.

T 그 문단을 다 읽었어요? 그러면 요지를 찾아보세요. | **S** 그건 제목과 똑같지 않나요? | **T** 정확히 말하면
아니에요. 제목과 요지가 항상 같은 것은 아니에요. 요지는 작가가 우리에게 말하고자 하는 가장 강력한 메
시지예요.

🔖 읽기 전 활동

○ 본문을 읽는 데 도움이 되는
활동을 몇 가지 할 거예요.

We'll do some activities that will help us
read the text.

○ 먼저 작가에 대해서 알아봅시다.

Let's first learn about the writer.

○ 제목을 보면 무엇이 생각나요?

What does the title remind you of?

○ 이 주제에 대해 무엇을 알고 있나요?

What do you know about this topic?

○ 책을 읽기 전에 생각해야 할
몇 가지 질문이 있어요.

There are some questions to think about
before reading the book.

○ 질문에 대한 답을 쓰세요.

Write the answers to the questions.

○ 본문을 읽으면 자신의 답이
맞는지 틀리는지 알게 될 거예요.

You'll see whether your answers were right
or wrong when you read the text.

o 모르는 단어에 밑줄을 그으세요.	**Underline the words you don't know.**
o 새로 나온 단어가 뭐가 있죠?	**What are the new words?**
o 이 단어는 다섯 번이나 나왔네요. 무슨 뜻인지 추측할 수 있겠어요?	**This word appears five times. Can you guess what it means?**
o 이 이야기는 추수감사절에 대한 내용이에요.	**This story is about Thanksgiving Day.**
o 추수감사절에 대한 이야기를 읽을 거예요.	**You're going to read a story about Thanksgiving Day.**
o 한국의 명절에 대해 이야기해 볼까요?	**Shall we talk about holidays in Korea?**
o 이야기를 보다 잘 이해할 수 있도록 남극에 대한 동영상을 보여 줄게요.	**I'll show you a video on the South Pole for a better understanding of the story.**
o 페이지 하단에 있는 그림을 보세요.	**Look at the picture at the bottom of the page.**
o 그림을 보고 무엇에 대한 이야기인지 맞춰 보세요.	**Try to guess what the story is about by looking at the picture.**
o 이 이야기를 읽기 전에 내가 여행 하면서 찍은 사진을 보여 줄게요.	**Before reading this story, I'll let you see some photos I have taken during my trip.**
o 본문을 읽기 전에 우리가 알고 있는 예절에 관해 이야기해 봅시다.	**Before reading the text, let's talk about all the etiquette we know.**

🔖 요지 파악하기

o 요지는 작가가 우리에게 주고자 하는 가장 강력한 메시지예요.	**A main idea is the strongest message the writer wants to give us.**
o 가장 먼저 해야 할 것은 요지를 찾는 거예요.	**The first thing to do is to find the main idea.**
o 요지를 찾는 연습을 하세요.	**Practice finding the main ideas.**
o 요지를 찾을 수 있겠어요?	**Can you find the main idea?**
o 이 글의 요지는 무엇인가요?	**What is the main idea of this text?**

- 이 글에서 작가가 우리에게 말하고자 하는 가장 중요한 것이 뭐죠? — What is the most important thing the writer wants to tell us in this text?

- 맞아요, 작가는 우리에게 인터넷 게임의 위험성에 대해 말하고 싶어 해요. — Right, the writer wants to tell us about the dangers of Internet games.

- 그게 바로 이 글의 요지예요. — That's the main idea of this text.

- 그것은 세부사항 중 하나이지 요지는 아니에요. — That's one of the details, not the main idea.

- 제목을 보면 요지가 무엇인지 추측할 수 있어요. — You can guess what the main idea is by looking at the title.

- 제목과 요지가 항상 일치하는 것은 아니에요. — Titles and main ideas are not always the same.

- 요지를 가장 잘 표현하는 문장은 주제문이라고 해요. — The sentence that best expresses the main idea is called the topic sentence.

- 주제문에 밑줄을 그으세요. — Underline the topic sentence.

- 주제문이 본문에서 어디에 있는지 봅시다. — Let's see where the topic sentence is in the text.

- 어느 문장이 주제문으로 가장 적합한가요? — Which sentence best fits for the topic sentence?

- 왜 이것이 주제문인 것 같아요? — Why do you think this is the topic sentence?

🏴 읽기 후 활동

- 이 이야기에 대해 어떻게 생각하는지 말해 보세요. — Tell us what you think about this story.

- 글을 읽고 느낀 점을 적으세요. — Write down your feelings after reading the text.

- 본문에 바탕을 둔 문제를 나누어 줄 거예요. — I'll give out some questions based on the text.

- 지문에 관한 이 질문들에 답하세요. — Answer these questions about the passage.

- 다 읽었으면 아래의 문제들을 풀어보세요.

  If you have finished reading, answer the questions below.

- 본문 내용에 바탕을 둔 참/거짓 질문에 답하세요.

  Answer the true or false questions based on the text.

- 작가에 대한 정보를 찾으세요.

  Find some information about the writer.

- 다음에 나올 이야기를 추측해 보세요.

  Try to guess the story that will follow.

- 다음에 어떤 일이 벌어질지 써 보세요.

  Write what will happen next.

- 이 글의 주제에 대해 토론해 봅시다.

  Let's have a discussion on the topic of this text.

- 본문 내용으로 역할극을 만들어 봅시다.

  Let's make a role play with the text.

- 그래픽 오거나이저를 채워 보세요.

  Fill in the graphic organizer.

- 시간 순서대로 그래픽 오거나이저를 완성하세요.

  Complete the graphic organizer according to the time order.

- 이야기 조각을 시간의 순서에 맞게 배열하세요.

  List the story strips in the right time order.

- 주인공의 감정이 어떻게 변해 가는지 써보세요.

  Write down how the main character's feelings are changing.

- 본문을 요약하세요.

  Summarize the text.

- 본문을 적어 보세요.

  Copy down the text.

- 본문을 우리말로 번역하세요.

  Please translate the text into Korean. / Put the text into Korean.

- 대화를 우리말로 번역하세요.

  Translate the dialogue into Korean.

- 누가 우리말로 이야기를 말해 보겠어요?

  Who would like to tell us the story in Korean?

03 읽기
Reading

T   Let's read the book now.

      First, I'll read it to you. Listen carefully.

S   Which page are we reading?

T   I'm on page 12.

T   Now, let's read it all together.

      Who's not reading? Everyone should be reading

      together.

T 이제 책을 읽어 봅시다. 우선 내가 읽어 줄게요. 잘 들어 보세요. | **S** 우리 몇 쪽을 읽고 있는 건가요? | **T** 12쪽이에요. | **T** 이제 다 같이 읽어 봅시다. 누가 안 읽고 있죠? 모두 다 같이 읽어야 해요.

📖 읽어 주기

o 내가 먼저 읽어 볼게요.   Let me read it first.

o 먼저, 내가 읽어 줄게요.   First, I'll read it to you.

o 지문을 읽을 테니 잘 들으세요.   Listen carefully as I read the passage.

o 너무 빠른가요?   Is it too fast?

o 천천히 읽을게요.   I'll read it slowly.

o 한 번 더 읽을게요.   I'll read it one more time.

o 보통 속도로 읽을게요.   Let me read it at a normal speed.

o 이번엔 더 자연스럽게 읽을게요.   This time, I'll read it more naturally.

o 이번엔 나를 따라 읽어 보세요.   Now, read after me.

📑 다 같이 읽기 ───────────────────

o 다 같이 읽어 봅시다.   Let's read it all together.

o 모두 다 같이!   Everybody, all together!

o 모두 함께 읽어야 해요.   Everyone should be reading together.

o 본문을 조용히 읽으세요.   Please read the text silently.

o 조용히 빨리 읽어 보세요.   Read silently and quickly.

o 본문을 처음 읽을 때는 소리 내지   Read the text silently when you read it for
말고 읽으세요.   the first time.

o 훑어 읽을 때는 큰 소리로 읽지   Don't read out loud when you're skimming.
마세요.

o 이번엔 큰 소리로 읽어 봅시다.   Let's read it loud this time.

o 지문을 소리 내서 읽으세요.   Read the passage aloud.

o 본문을 다 같이 소리 내서 읽어   Let's read the text aloud all together.
봅시다.

o 내가 먼저 읽어 줄게요.   I'll read it to you first. Listen carefully.
잘 들으세요.

o 이제 나를 따라 읽으세요.   Now, repeat after me.

o 나를 따라 한 줄씩 읽으세요.   Repeat after me line by line.

o 다 같이, 두 번째 문단부터 읽기   All together, start reading from the second
시작하세요.   paragraph.

o 나는 Mike, 여러분은 Jane입니다.   I'm Mike and you are Jane. You start.
여러분이 시작하세요.

o 1, 2분단은 A를 읽어 주세요.   Groups 1 and 2, please read part A.

o 이번엔 역할을 바꿔 봅시다.   Now, let's change the roles.

o 몇몇 학생이 읽지 않고 있어요.   Several students aren't reading.

🔖 한 사람씩 읽기 ─────────────────────

o 누가 먼저 읽을래요?　　　　　　Who wants to read first?

o 다음은 누가 읽고 싶어요?　　　　Who would like to read next?

o 누가 본문을 읽어 봅시다.　　　　Let's have somebody read the text.

o 돌아가면서 본문을 읽어 봅시다.　Let's take turns reading the text.

o 돌아가면서 읽을 거예요.　　　　We shall read it by taking turns.

o 몇몇 학생에게 본문 읽기를　　　I'll have some students read the text.
　시켜 보겠어요.

o 각각 한 문단씩 읽으세요.　　　　Read one paragraph each.

o 각각 세 문장씩 읽습니다.　　　　Each person reads three sentences.

o 일어서서 14쪽을 읽으세요.　　　Please stand up and read page 14.

o 다음 세 문장을 읽으세요.　　　　Read the next 3 sentences.

o 세 번째 줄부터 읽으세요.　　　　Start reading from line 3.

o 두 번째 문장부터 시작하세요.　　Please start off from the second sentence.

o 두 번째 문단부터 계속 읽으세요.　Continue reading from the second paragraph.

o Tim이 그만둔 곳부터 읽기　　　Please start reading from where Tim left off.
　시작하세요.

o 나머지를 모두 읽으세요.　　　　Please finish off reading the rest.

o 뭐라고 쓰여 있는지 읽으세요.　　Read what it says.

o A의 대사를 읽어 주세요.　　　　Please read the lines of A.

o 계속 읽으세요.　　　　　　　　Keep on reading.

o 거기서 멈추세요. 고마워요.　　　Stop there. Thank you.

o 거기까지요. 다음 사람.　　　　That's enough, next person.

o 다음 부분을 읽어 보겠어요?　　　Would you like to read the next part?

학교 시설

교실	classroom
학급	homeroom
도서실	library
미술실	art room
음악실	music room
체육관	gym(gymnasium)
특별실	special classroom
어학실	language laboratory / language lab
과학실	science room / science lab
컴퓨터실	computer room / computer lab
시청각실	audio-visual room
가사실	home economics room
방송실	school broadcasting station
강당	gym / hall / auditorium
영어 전용 구역	English only zone
영어교실	English classroom
교단	platform of teacher
교무실	staff room / teachers' room / teachers' office
교장실	principal's office
상담실	counseling office / guidance office
교사 연구실	research room
교사 휴게실	teachers' lounge
학생 휴게실	student lounge
행정실	administrative office
회의실	conference room
보건실	nurse's room / health room
급식실	cafeteria
식당	dining room
매점	school store / school tuck-shop
식수대	water fountain
복도	hallway / corridor
화장실	bathroom / toilet / rest room / boys' room / girls' room
교직원 화장실	staff restroom
탈의실	locker room / dressing room
신발장	shoe chest
교문	main gate / school gate
현관	entrance hall

운동장	playground / school ground
화단	flower bed / garden
주차장	parking lot
비상구	fire exit / emergency exit
기숙사	dormitory(dorm)
인쇄실	printing room

교실 물품

책상	desk
의자	chair
책장	bookcase / bookshelf
분필	chalk
칠판	blackboard
칠판지우개	blackboard duster / blackboard eraser
출석부	register
교편	teaching rod / pointer
빔프로젝터	beam projector
OHP	overhead projector
컴퓨터	computer
노트북	laptop (computer) / notebook computer
달력	calendar
게시판	bulletin board
사물함	cabinet / locker
자물쇠	lock
벽 수납장	closet
약 상자	medicine chest
자물쇠	lock / padlock
벽	wall
천장	ceiling
전등	light
선풍기	fan
에어컨	air conditioner
난방기	heater
오르간	organ
복사기	photocopier
코팅기	laminator
분쇄기	paper shredder
공기 청정기	air purifier
쓰레기통	dust bin / trash can / wastebasket / garbage can
전기콘센트	power outlet

Unit 4
쓰기 지도
Teaching Writing

01 글쓰기 실력
Writing Skills

T　You have to write neatly so that others can read your writing easily.

S　My handwriting is really awful.

T　Let me see. Oh, it's a bit hard to read your handwriting.
　　Why don't you leave more spaces between the words?

S　Like this?

T　Yes, that's much better.

T 다른 사람들이 여러분이 쓴 것을 쉽게 읽을 수 있도록 글씨를 깨끗하게 써야 해요. | **S** 제 글씨는 정말 엉망이에요. | **T** 어디 보자. 이런, 네 글씨는 읽기가 조금 힘들구나. 단어 사이를 좀 더 띄우면 어떻겠니? | **S** 이렇게요? | **T** 그렇지, 훨씬 좋아졌어.

글쓰기 실력 향상 방법

o 좋은 글은 어떻게 쓰나요?　　　　How do you write a good essay?

o 여기 좋은 글쓰기에 대한 조언이　　Here are some tips for good writing.
　있어요.

o 구조를 만드는 것이 중요해요.　　　It is important to make a structure.

o 글의 구조는 인체의 뼈대와 같아요.　Structures in essays are just like bones in our bodies.

o 구조가 탄탄하면 글을 잘 쓸 수　　You can write well if you have a good
　있어요.　　　　　　　　　　　　structure.

○ 인쇄물에 구조를 만드는 방법이 있어요.	Here are the ways to make a structure in your handouts.
○ 우선, 주제를 정하세요.	First of all, decide a topic.
○ 제목은 글을 다 쓴 후에 써도 돼요.	You can write the title after you finish writing your essay.
○ 무조건 못 쓴다고 하지 마세요. 최소한 한 문장이라도 써 보세요.	Don't just say you can't write. Try to write at least one sentence.
○ 여러분이 알고 있는 표현을 모두 사용해보세요.	Try to make use of all the expressions you know.
○ 처음엔 간단한 문장으로 연습하세요.	At first, practice with simple sentences.
○ 간단한 문장을 사용해서 글을 읽기 쉽게 만드세요.	Use simple sentences and make your essay easy to read.
○ 연결어를 많이 쓰세요.	Use many linking words.
○ 연결어를 사용해서 보다 긴 문장을 쓰는 연습을 하세요.	Practice writing longer sentences using linking words.
○ 일관된 주장을 해야 돼요.	You have to be consistent.
○ 논거를 많이 제시해야 돼요.	You have to provide a lot of evidence.
○ 여러분이 왜 여러분의 답을 주장하는지 이유를 써야 해요.	You have to write why you are insisting on your answer.
○ 다른 사람의 작품을 읽는 것은 좋은 글을 쓰는 데 많은 도움이 됩니다.	Reading other people's work helps a lot to write good essays.
○ 글쓰기 실력을 향상시키려면 영어 일기를 쓰세요.	Write English diaries to improve writing skills.

▨ 글씨 바르게 쓰기 ─────────────

○ 글씨를 깨끗하게 쓰세요.	Please write neatly.

o 남들이 여러분의 글을 쉽게 읽을 수 You have to write neatly so that others can
  있도록 글씨를 깔끔하게 써야 해요. read your writing easily.

o 네 글씨는 보기 좋구나. Your handwriting is good.

o 네 글씨는 읽기가 힘들구나. It's hard to read your handwriting.

o 네 글씨는 알아보기가 아주 It's very hard to recognize your handwriting.
  힘들구나.

o 이 글자는 o인가요, c인가요? Is this letter an "o" or a "c"?

o 갈겨쓰지 않도록 하세요. Try not to scribble.

o 줄에 맞춰서 쓰세요. Please write it on the line.

o 단어 사이를 좀 더 띄우세요. Leave more spaces between the words.

o 좀 더 크게 써 줄래요? Could you write it bigger?

o 좀 더 작게 써 보세요. Try to write it smaller.

o 지우고 다시 써 보세요. Erase it and write it again.

o 대문자와 소문자를 잘 구별해서 Be careful with capital letters and small
  쓰세요. letters.

o 여기는 소문자가 되어야죠. It should be a small letter here.

o 여기, 이것은 대문자로 바꾸세요. Here, change this into a capital letter.

o 여기에는 마침표를 찍어야 해요. You need a period here.

o 끝에 마침표 찍는 것을 잊지 마세요. Don't forget to put a full stop at the end.

02 쓰기 전 활동
Pre-writing Activities

T Before you write your essay, you have to collect data.

S Data?

T That's right. Data. Use the Internet, magazines, and newspapers for necessary information.

S Can we read the books at the back?

T Sure. That's a good way to collect data, too.
The more data you have, the more you have to write about.

T 글을 쓰기 전에 자료를 수집해야 돼요. | **S** 자료요? | **T** 그래요. 자료. 인터넷, 잡지, 신문 등을 이용해서 필요한 정보를 수집하세요. | **S** 뒤에 있는 책을 읽어도 돼요? | **T** 그럼요. 그것도 자료를 수집하는 좋은 방법이에요. 자료가 많을수록 쓸 거리가 더 많아진답니다.

🔖 자료 수집

o 글을 쓰기 위한 자료를 수집하세요.   Collect data for your essay.

o 인터넷에서 가능한 한 많은 정보를 모으세요.   Gather as much information as possible on the Internet.

o 인터넷, 잡지, 신문 등을 이용해서 필요한 정보를 수집하세요.   Use the Internet, magazines, and newspapers for necessary information.

o 똑같은 주제에 대한 다른 책을 읽는 것도 중요해요.   It's important to read other books on the same topic.

o 자료가 많을수록 쓸 거리가 더 많아져요.   The more data you have, the more you have to write about.

🔖 배경지식 활성화 ───────────────

- 이 주제에 대해 이야기해 봅시다.   Let's talk about this topic.

- 이 주제에 대해 무엇을 알고 있나요?   What do you know about this topic?

- 이 주제에 대해 아는 것을 모두 말해 보세요.   Tell me everything you know about this topic.

- '건강한 삶'에 대해 생각나는 것을 모두 적어 보세요.   Write everything about "healthy life" that you can think of.

- 자신이 쓸 주제에 대해 친구들과 이야기해 보세요.   Please talk with your friends about the topic you're going to write about.

- 자신의 글을 쓰기 전에 이 기사를 읽어 보세요.   Read this article before writing your own essay.

- 이 단계에서는 문법이나 철자에 대해서 걱정하지 마세요.   Don't worry about grammar or spelling at this stage.

🔖 사전 학습 ───────────────

- 이 주제에 관한 글을 쓸 때 필요한 단어들을 배워 봅시다.   Let's learn some words you'll need when you write about this topic.

- 여러분의 글에 사용할 수 있는 단어들이 여기 있어요.   Here are some words that you can use in your essay.

- 이 표현들을 베껴 쓰면서 연습해 봅시다.   Let's practice these expressions by copying them.

- 이 두 개의 글을 보고 어느 것이 더 좋은지 말해 보세요.   Have a look at these two pieces of writing and tell me which one is better.

- 첫 번째 기사는 왜 좋지 못한가요?   Why isn't the first article a good one?

03 통제 작문
Controlled Writing

T   Please fill in the blank.

      What's the word that goes in the blank?

S   Clear!

T   Correct! Did you all write "clear" in the gap?

      Now, look at the picture and write the name of the season.

S   Autumn!

T   Good job. Write it down.

T 빈칸을 채우세요. 빈칸에 들어갈 단어가 뭐죠? | **S** Clear요! | **T** 맞았어요! 다들 빈칸에 clear라고 썼어요? 이제 그림을 보고 계절의 이름을 쓰세요. | **S** Autumn이요! | **T** 맞아요. 써 보세요.

🔖 기초 쓰기

o 이제 알파벳은 아니까 그것을 쓰는 법을 배울 거예요.
    Now you know your ABC's, you'll learn to write them.

o 우리가 방금 배운 단어들을 쓰는 법을 배울 거예요.
    We're going to learn to write the words we have just learned.

o 이제 글쓰기를 좀 해 봅시다.
    Now, let's do some writing.

o 연필과 종이를 준비하세요.
    Have your pencils and paper ready.

o 연필과 공책을 꺼내세요.
    Please take out your pencils and notebooks.

o A를 어떻게 쓰나요?
    How do you write an "A"?

o 쓸 줄 아나요?
    Can you write it?

o 내가 어떻게 쓰는지 보세요.
    Watch how I write it.

○ 내가 이 단어를 쓰는 것을 보세요.	Watch me write this word.
○ special의 철자는 어떻게 되죠?	How do you spell "special"?
○ 칠판에 special을 써 볼래요?	Would you like to write "special" on the blackboard?
○ 나와서 칠판에 써 보세요.	Come and write it on the blackboard.
○ 공책에 적어 보세요.	Please write it down in your notebooks.
○ 다들 적었나요?	Did you all write it down?

▌ 베껴 쓰기 ────────────────

○ 이것을 베껴 쓰세요.	Please copy this.
○ 이 단어들을 적으세요.	Take down these words.
○ 이 문장을 베껴 쓰세요.	Copy this sentence down.
○ 질문들을 공책에 베껴 쓰세요.	Copy the questions in your notebook.
○ 이 표현을 다섯 번 쓰세요.	Write this expression five times.
○ 빈칸에 이 문장들을 쓰세요.	Write these sentences in the blank.
○ 내가 칠판에 쓰는 단어들을 필기해 보세요.	Try to copy the words I write on the board.
○ A는 이렇게 씁니다. 공책에 써 보세요.	You write an "A" like this. Please write it down in your notebook.

▌ 단답형 및 통제 작문 ────────────────

○ 빈칸을 채우세요.	Fill in the gaps.
○ 빈칸에 알맞은 답을 쓰세요.	Fill in the blank with the right answer.
○ 답을 적으세요.	Write down the answers.
○ 질문에 대한 답을 영어로 쓰세요.	Write the answers to the questions in English.

○ 지문에서 답을 찾아 써 보세요.	Find the answer in the passage and write it.
○ 상자 속의 단어들 중 하나를 이용해서 문장을 완성하세요.	Complete the sentence using one of the words in the box.
○ 보기에서 맞는 문장을 골라 빈칸에 쓰세요.	Please choose the right sentence from the examples and write it in the blank.
○ 빈칸에 써야 할 단어가 뭐죠?	What's the word you have to write in the blank?
○ 여러분이 써 넣어야 할 두 단어가 뭐죠?	What are the two words you have to write in?
○ 다들 빈칸에 clear를 썼나요?	Did you all write "clear" in the gap?
○ 답은 두 단어로 써야 해요.	You have to write the answer in two words.
○ in summer라고 썼어야 해요.	You should have written "in summer".
○ 내가 말하는 것을 적으세요.	Write down what I say.
○ 철자에 주의하면서 쓰세요.	Be careful about spelling when you write.
○ 오늘 날짜를 우측 상단 코너에 쓰세요.	Write today's date at the upper right corner.
○ 그림을 보고 계절의 이름을 쓰세요.	Look at the picture and write the name of the season.
○ 예를 들어, 이 그림에는 눈이 오니까 It's winter.라고 쓰면 됩니다.	For example, it's snowing in this picture, so you can write "It's winter."

04 반 통제 작문
Semi-Controlled Writing

T	Let's write some sentences using the expressions we have learned today. Here's a sample sentence. Could you please read it all together?
T	Well done. Now, write five new sentences using this structure.
S	Like this?
T	Exactly!

T 오늘 배운 표현들을 이용해서 문장을 몇 개 써 봅시다. 여기 예문이 하나 있어요. 다 같이 읽어 볼래요? |
T 잘했어요. 이제 이 구조를 이용해서 다섯 개의 새로운 문장을 써 보세요. | **S** 이렇게요? | **T** 바로 그거예요!

🏴 반 통제 작문

○ 보다 긴 문장을 쓰는 연습을 할 거예요. **We'll practice writing longer sentences.**

○ 이번엔 좀 더 복잡한 문장을 쓸 거예요. **This time, you'll write more complex sentences.**

○ 오늘 배운 주요 구조를 이용해서 작문을 할 거예요. **We are going to do some writing using the key structure we have learned today.**

○ 걱정하지 마세요. 필요한 표현과 단어가 주어질 거예요. **Don't worry, you'll be given necessary expressions and words.**

○ 칠판에 있는 표현들을 사용하세요. **Please use the expressions on the blackboard.**

○ 문장을 새로 시작할 때는 대문자로 쓰는 것을 잊지 마세요. **Don't forget to write in capital letters when you start a new sentence.**

○ 사람 이름, 요일, 월 등은 모두 대문자로 시작합니다. **People's names, days of the week, and months all start with capital letters.**

📕 예문을 이용한 작문 _____

o 이 표현들을 이용해서 빈칸을
  채우세요.

Fill in the blank using these expressions.

o 이 구조를 이용해야 합니다.

You have to use this structure.

o 칠판에 있는 단어들을 이용해도
  됩니다.

You may use the words on the blackboard.

o 칠판에 있는 표현을 이용해서
  문장을 만드세요.

Use the expression on the board to make a
sentence.

o 우리가 배운 표현들을 이용해서
  답을 쓰면 돼요.

You can use the expressions we learned to
write the answer.

o 인쇄물에 있는 표현들을 이용해서
  지문을 완성하세요.

Complete the passage using the
expressions in your handout.

o 주어와 동사를 새로운 것으로 바꿔
  가면서 다섯 개의 새로운 문장을
  쓰세요.

Write five new sentences by replacing
subjects and verbs with new ones.

o 여러분을 위해 예문을 하나
  써 볼게요.

I'll write down an example for you.

o 여기 예시 문장들이 있어요.

Here are some sample sentences.

o 잘 모르겠거든 이 예시 문장을
  보세요.

Look at this sample sentence if you're not
sure.

📕 반 통제 작문 활동 _____

o 이 문장들을 완성하세요.

Complete these sentences.

o 지문을 읽고 표를 완성하세요.

Read the passage and complete the chart.

o 이 그림에 대해 무엇을 쓸 수
  있나요?

What can you write about this picture?

o 이 그림에 대해 다섯 개의 문장을
  쓰세요.

Write five sentences about this picture.

o 다섯 문장을 생각해 볼 수 있겠어요?	Can you think of five sentences?
o 적어도 다섯 문장은 써야 해요.	You have to write at least five sentences.
o 말풍선을 채우세요.	Fill in the speech bubbles.
o 말풍선에 들어갈 수 있는 문장을 쓰세요.	Please write a sentence that can go in the speech bubble.
o 고친 문장을 다시 써 보세요.	Please write the corrected sentence again.
o 다섯 문장으로 친구를 묘사해 보세요.	Please describe your friend in five sentences.
o 그의 키, 옷, 머리스타일, 나이 등에 대해 쓰면 됩니다.	You may write about his height, clothes, hairstyle, age, and so on.
o 이 초대장을 보고 여러분 자신의 생일파티 초대장을 만들어 보세요.	Have a look at this invitation and make your own birthday party invitation.
o 두 문장을 and로 잇는 연습을 하겠어요.	We'll practice linking two sentences with "and".
o 두 문장을 어떻게 이었는지 칠판에 써 볼래요?	Would you like to write on the board how you linked the two sentences?
o 이제 여러분은 but을 이용해서 두 문장을 연결할 수 있어요.	Now, you're able to link two sentences using "but".
o If I were로 시작하는 문장 쓰기를 연습할 거예요.	We'll practice writing sentences starting with "If I were".
o 혜린이가 이 이 표현으로 얼마나 멋진 문장을 만들었는지 보세요.	Look how wonderful a sentence Hyerin has made with this expression.
o 몇 개의 문장을 썼나요?	How many sentences have you written?
o 여러분이 쓴 것을 보여 주세요.	Please show me what you have written.

05 자유 작문
Free Composition

T	Please have a pencil and two pieces of paper ready.
S	Are we going to take a test?
T	No, we're going to do some free composition.
S	What are we going to write about?
T	Anything. Choose a topic you want and write about it freely. Remember to make a structure first.

T 연필과 종이 두 장을 준비하세요. | **S** 시험을 볼 건가요? | **T** 아뇨, 자유 작문을 할 거예요. | **S** 무엇에 대해서 써요? | **T** 아무거나요. 원하는 주제를 골라 자유롭게 써 보세요. 먼저 구조를 만들어야 하는 것을 기억하세요.

📑 자유로운 글쓰기

○ 자유 작문을 할 시간이에요.　Time for free composition.

○ 수필을 써 볼 거예요.　We're going to write an essay.

○ 백지 한 장을 꺼내세요.　Take out a blank piece of paper.

○ 연필과 종이 두 장을 준비하세요.　Please have a pencil and two pieces of paper ready.

○ 쓸 종이가 없는 사람?　Who doesn't have a piece of paper to write on?

○ 지금 나눠 주는 이 종이에 쓰면 돼요.　You can write on this paper I'm giving out now.

○ 한 장은 글의 구조를 잡는 데 사용하고, 나머지 한 장에는 글을 쓰세요.　Use one piece of paper to make a structure, and the other to write your essay.

○ 한국에 대해 쓰세요.　Write about Korea.

○ 시를 써 봅시다.	Let's write a poem.
○ 여행에 대해서라면 무엇이든 써도 됩니다.	You can write anything as long as it is about a trip.
○ 원하는 주제를 골라 자유롭게 쓰세요.	Choose a topic you want and write about it freely.
○ 이 주제에 대한 어떤 생각이라도 자유롭게 쓸 수 있어요.	You are free to write whatever ideas you have about this topic.
○ 최소한 열 개의 문장을 쓰세요.	Write at least 10 sentences.
○ 250자 정도의 글을 써 보세요.	Write an essay of about 250 words.
○ 여러분이 만든 구조를 사용하세요.	Use the structure you have made.
○ 문장들 사이에 이 연결어들을 사용하세요.	Use these transition words between your sentences.
○ 칠판에 써 준 표현들을 사용해도 괜찮아요.	It's OK to use the expressions I wrote on the blackboard.
○ 영어 표현을 모르면 손을 드세요. 내가 도와줄게요.	If you don't know the English expressions, raise your hand and I'll help you.
○ 정말 멋진 작문이네요.	This is a beautiful piece of writing.
○ 훌륭한 작가가 되겠어요.	You're going to be a great writer.
○ 시작이 아주 멋지네요. 계속 써 보세요.	It's a lovely start. Keep writing.
○ 본론은 훌륭한데, 서론을 보충해야겠어요.	The body is great, but the introduction needs to be added.

🔖 글의 구조 만들기

○ 먼저, 글의 구조를 만드세요.	First of all, make a structure for your essay.
○ 구조에는 서론, 본론, 결론이 있어야 해요.	A structure should have an introduction, a body, and a conclusion.

o 서론 부분에 어떤 내용을 쓸지 간단하게 메모하세요.	Jot down briefly what you are going to write in the introduction part.
o 서론을 재미있게 만들어 보세요.	Try to make your introduction interesting.
o 본론은 글에서 가장 긴 부분입니다.	The body is the longest part of the essay.
o 본론은 글의 요지를 반드시 포함해야 합니다.	The body must include the main idea of your essay.
o 주제문은 각 문단의 처음에 쓰세요.	Put your topic sentences at the beginning of each paragraph.
o 여기에 주제문은 어디 있나요?	Where's your topic sentence here?
o 여러분의 생각에 대해 예를 드세요.	Exemplify your idea.
o 의견에 대한 이유를 제시하는 것을 잊지 마세요.	Don't forget to give reasons for your opinion.
o 근거 문장을 가능한 한 많이 쓰세요.	Write as many supporting sentences as you can.
o 이제 결론을 쓰세요.	Now, write your conclusion.
o 결론은 간단하게 쓰세요.	Make your conclusion brief.
o 결론 부분에서는 여러분의 주장을 요약하세요.	In the conclusion part, write the summary of your point.

06 이메일 쓰기
Writing an E-mail

T	We're going to learn to write an e-mail today.
	Do you all have an e-mail account?
S	Yes!
T	Great! Then, let's get started.
S	Who are we writing to?
T	You are going to e-mail your parents.
S	What do I write to them?
T	Write how much you love them.

T 오늘은 이메일 쓰는 법을 배울 거예요. 모두 이메일 계정을 가지고 있나요? | **S** 네! | **T** 좋아요! 그럼 시작해 봅시다. | **S** 누구에게 써요? | **T** 여러분의 부모님께 이메일을 보낼 거예요. | **S** 뭐라고 써요? | **T** 부모님을 얼마나 사랑하는지 쓰세요.

🔖 이메일 쓰기 수업

- 영어 이메일을 써 봅시다.

  Let's write an English e-mail.

- 오늘은 이메일 쓰는 법을 배울 거예요.

  We're going to learn to write an e-mail today.

- 이메일은 전자 메일이에요.

  An e-mail is an electronic mail.

- 모두 이메일을 많이 쓸 거라고 생각해요.

  I believe you write a lot of e-mails.

- 인터넷으로 편지를 쓰고 있다고 생각하면 쉬워요.

  It's easy if you think you are writing a letter on the Internet.

- 친구에게 이메일을 얼마나 자주 쓰나요?

  How often do you e-mail your friends?

o 친구에게 이메일을 보낼 거예요. You'll send an e-mail to your friends.

o 미국인 친구가 있다고 가정하고 Pretend that you have an American friend
이메일 메시지를 써 보세요. and write an e-mail message.

o 나에게 여러분의 방학 계획에 대해 Write to me about your vacation plans.
쓰세요.

o 내게 이메일을 보낼 준비가 Are you ready to e-mail me?
되었나요?

o 내가 여러분에게 이메일을 보내면 I'll send you an e-mail and you'll reply.
여러분은 답장을 씁니다.

o 이제 여러분이 한 것을 이메일로 Now, send your work through the e-mail.
보내세요.

o 이 이메일 주소로 숙제를 보내세요. Please e-mail your homework to this e-mail
address.

o 이메일에 사진 파일을 첨부하세요. Attach a photo file to your e-mail.

o 파일이 너무 크네요. 크기를 줄여 The file is too big. Try to downsize it.
보세요.

o 못 받았어요. 메시지를 다시 보내 I didn't get it. Please resend the message.
주세요.

o 메일함이 다 찼다고 하네요. It says your mail box is full.

o 메일함을 비워 주세요. Please empty your mail box.

🔖 이메일 주소 _____

o 모두 이메일 계정을 가지고 있나요? Do you all have an e-mail account?

o 이메일 주소가 어떻게 되죠? What's your e-mail address?

o 이메일 주소를 알려 줄래요? Can I have your e-mail address?

o 내 이메일 주소는 teacher@ My e-mail address is teacher@schoolemail.
schoolemail.co.kr입니다. co.kr.

○ 이메일 주소가 없으면 지금 당장 하나 만듭시다.	If you don't have an e-mail address, let's make one right now.
○ 이메일 주소를 만드는 데는 시간이 오래 걸리지 않아요.	It won't take long to make an e-mail address.
○ 이 웹사이트에서 무료 이메일 계정을 만들 수 있어요.	You can make a free e-mail account on this website.
○ 이제 이메일 주소가 생겼으니 잊어버리지 마세요.	Now you have an e-mail address, don't forget it.

🚩 이메일 쓰는 방법

○ 컴퓨터에서 실제로 이메일을 써 봅시다.	Let's actually write an e-mail on the computer.
○ 메일을 보내고 싶은 사람의 이메일 주소를 쓰세요.	Write the e-mail address of the person you want to send the mail to.
○ 친구의 메일 주소를 여기에 치세요.	Type in your friend's e-mail address here.
○ 수신자란에는 친구의 주소를 넣어야 해요.	In the receiver's field, you have to put in your friend's address.
○ 송신자란에 여러분의 이메일 주소를 쓰세요.	Write your e-mail address in the sender's box.
○ 자신의 이메일 주소를 제대로 입력했는지 확인하세요.	Check whether you have put in your e-mail address correctly.
○ 또 다른 사람이 이메일을 읽기 바란다면 참조 수신란을 이용하세요.	If you want someone else to read the e-mail, use the CC field.
○ 이제 제목을 치세요.	Now type in the title.
○ 여러분의 이메일에 멋진 제목을 붙여 보세요.	Make a nice title for your e-mail.
○ 제목 쓰는 것을 잊지 마세요.	Don't forget to write a title.
○ 이제 여러분이 하고 싶은 말을 치세요.	Now, type in the things you want to say.

○ 일반적으로 인사말부터 시작합니다. Generally, we start with greetings first.

○ Regards, Best wishes, Sincerely 등의 표현으로 이메일을 마치세요. End your e-mail with the expressions such as "Regards", "Best wishes", "Sincerely", and so on.

○ 마지막으로 자신의 이름을 쓰면 끝이에요. Finally, write your name and it's done.

○ 이제 '보내기' 버튼을 누르면 끝이에요. Now, press "send" and it's finished.

○ 답장을 기다리는 일만 남았네요. All you have to do is to wait for a reply.

📑 이메일 에티켓

○ 이메일을 쓸 때 따라야 할 규칙이 있어요. There are some rules to follow when you write e-mails.

○ 여기에 이메일을 쓸 때 따라야 할 지침이 있어요. Here are the guidelines you have to follow when you're writing an e-mail.

○ 이메일 쓰기에 대한 에티켓을 배워 봅시다. Let's learn about some etiquette for writing e-mails.

○ 간결하고 짧은 문장을 쓰세요. Use simple and short sentences.

○ 긴 문장은 피하세요. Avoid long sentences.

○ 예의 바른 언어를 사용하세요. Use polite language.

○ 철자와 구두점에 주의하세요. Be careful with spelling and punctuation.

○ 올바른 문법을 사용하세요. Use proper grammar.

○ 답장은 신속하게 하세요. Reply promptly.

○ 모든 질문에 답하세요. Answer all questions.

○ 불필요한 파일을 첨부하지 마세요. Don't attach unnecessary files.

○ 대문자로 쓰지 마세요. Don't write in capital letters.

○ '전체 회신'을 너무 자주 사용하지 마세요. Don't use "Reply to all" too often.

o 이모티콘 사용에 주의하세요. **Be careful when you use the emoticons.**

o 스팸 메일을 전달하지 마세요. **Don't forward spam mail.**

o 보내기 전에 다시 읽어 보세요. **Read it again before you send it.**

07 일기 · 보고서
Diaries · Reports

T   Who keeps an English diary?

S   I keep a diary in Korean.

T   That's a good habit, but why don't you write it in English from now on? It's a very good way to improve your English.

S   It's too difficult.

T   You don't have to write it long.
At first, five sentences are enough.

T 영어 일기를 쓰는 사람? | **S** 저는 우리말로 일기를 써요. | **T** 좋은 습관이에요. 그런데 이제부터 영어로 써 보는 건 어때요? 영어 실력을 키우는 아주 좋은 방법이거든요. | **S** 너무 어려워요. | **T** 길게 쓸 필요는 없어요. 처음에는 다섯 문장이면 충분해요.

📑 일기 쓰기

○ 일기 쓰기는 작문 실력을 향상 시키는 좋은 방법입니다.

Keeping a diary is a good way to improve writing skills.

○ 매일 영어 일기 쓰는 습관을 길러 보세요.

Make it a rule to write an English diary every day.

○ 6개월 후에 작문 실력이 많이 향상된 것을 알게 될 거예요.

After six months, you'll see your writing skills have improved a lot.

○ 하루를 일기 쓰기로 마무리하는 것은 참 좋아요.

It's very good to end your day by writing in the diary.

○ 예쁜 일기장을 마련하는 것으로 시작하세요.

Start by preparing a pretty diary.

o 일기장을 친구로 생각하고 편지를 써 보세요. — Think of your diary as your friend and write letters to it.

o Dear Diary 하고 시작하면 돼요. — You can start with "Dear Diary".

o 길게 쓸 필요는 없어요. — You don't have to write it long.

o 짧아도 괜찮아요. 다섯 문장이면 충분해요. — It's OK if it's short. Five sentences are enough.

o 일기 쓰기에는 특별한 규칙이 없어요. — There's no special rule for writing a diary.

o 무엇이든 쓸 수 있어요. — You can write about anything.

o 그날 한 일에 대해 써 보세요. — Write about the things you have done that day.

o 내일 계획에 대해 쓸 수도 있어요. — You can also write about your plans for tomorrow.

o 여러분의 생각을 자유롭게 쓰세요. — Write down your thoughts freely.

o 그날 배운 새로운 단어를 최소한 두 개는 포함시키세요. — Include at least two new words you have learned that day.

o 수업시간에 배운 표현들을 연습 하는 것도 좋아요. — It's good to practice the expressions you have learned in class.

o 예를 들어, 미래시제를 배웠으면 내일 할 일을 쓸 수 있겠죠. — For example, if you have learned future tense, you could write the things you'll do tomorrow.

o 원한다면 여러분의 일기에 대해 피드백을 줄 수도 있어요. — If you want, I can give you feedback on your diaries.

o 일기를 비밀로 간직해도 돼요. — You can keep your diary to yourself.

o 비밀로 간직하길 원한다면 누구에게도 보여 줄 필요가 없어요. — If you want to keep it as a secret, you don't have to show it to anyone.

🚩 감상문 쓰기

o 어떤 느낌이 드는지 쓰면 돼요. — You can write how you feel.

○ 여러분이 느낀 것에 대해 쓰세요.	Write about how you felt.
○ 여러분 자신의 생각을 써야 해요.	You have to write your own thoughts.
○ 그것에 대해 어떻게 생각하는지 자유롭게 쓰세요.	Be free to write what you think about it.
○ 그 영화에 대해 어떻게 생각하는지 써 보세요.	Try to write what you think about the movie.
○ 방금 읽은 시에 대한 자신의 느낌을 써 보세요.	Write down your feelings about the poem you have just read.
○ 방금 읽은 책에 대해 독후감을 쓰세요.	I want you to write a report on the book you have just read.
○ 느낀 점을 다섯 문장으로 쓰세요.	Write down the things you felt in five sentences.
○ 요약이 아니라 자신의 생각을 써야 해요.	It's not a summary, you have to write your thoughts.

🔖 보고서 쓰기

○ 수학여행에 대한 보고서를 쓰세요.	Write a report on the school trip.
○ 조사 보고서를 쓸 거예요.	We're going to write a research report.
○ 견학 보고서를 작성하세요.	Please write a report on the field trip.
○ 구체적으로 적으세요.	Please be precise.
○ 개인적인 생각을 첨부해도 좋아요.	You may also add your personal thoughts.
○ 보고서는 사실을 바탕으로 써야 합니다.	You have to write a report based on facts.
○ 시간과 장소를 잊지 말고 쓰세요.	Don't forget to write down the place and date.
○ 보고서를 쓸 때는 시간 순서대로 사건을 나열합니다.	When we write a report, we list the events in order of time.

Unit 5
어휘 지도
Teaching Vocabulary

01 새로운 단어 학습
Learning New Words

T   There are lots of new words in this chapter.
Read through and underline the words you don't
know.

S   I don't know this word. R-E-S-P-E-C-T.

T   Oh, respect? Repeat after me, "respect".
Who can tell me what this word means? Nobody?
OK, then look at the picture. There's a clue.

T 이 챕터에는 새로운 단어들이 많이 있어요. 읽으면서 모르는 단어에 밑줄을 그으세요. | **S** 이 단어를 모르겠어요. R-E-S-P-E-C-T | **T** 아, respect? 날 따라 해 보세요, respect. 이 단어가 무슨 뜻인지 말해 볼 사람? 아무도 없어요? 좋아요, 그럼 그림을 보세요. 힌트가 있어요.

🔖 어휘 학습의 중요성

○ 어휘 학습을 해야 하는 이유를 말해 볼 사람?
Who can tell me why we have to learn vocabulary?

○ 단어를 많이 아는 것은 아주 중요해요.
It's very important to know lots of words.

○ 단어를 많이 알면 표현이 풍부해져요.
Your expressions become richer if you know many words.

○ 어휘는 영어 학습의 기본입니다.
Vocabulary is the basis of English language learning.

○ 모든 문장은 단어로 이루어져 있어요.
All sentences are made up of words.

○ 단어를 모르면 문장을 만들 수
If you don't know the words, you'll not be

없을 거예요.
able to make any sentences.

o 단어를 모르면 듣기도 말하기도 You are not able to listen nor speak if you
할 수 없어요. don't know the words.

o 문법을 잘 알아도 어휘가 부족하면 Even though your grammar is good, you'll
어려움이 생겨요. have difficulties if you have poor vocabulary.

o 매일 다섯 단어 이상을 학습하려고 Try to learn more than five words a day.
노력하세요.

o 새 단어가 나오면 항상 적어 두세요. Always note down the new words as we go
along.

o 새로운 단어를 학습할 때는 실제로 When you're studying new words, you have
사용할 수 있어야 해요. to be able to actually use them.

o 그 단어가 어떻게 사용되는지 It's useless if you don't know how the word
모르면 소용없어요. is used.

o 새로운 단어가 문장에서 어떻게 Always check how the new word is used in
사용되는지 항상 확인하세요. sentences.

o 몇 개의 단어만으로도 영어 원어민과 You can communicate with native
의사소통을 할 수 있어요. English speakers with just a few words.

🚩 새로운 단어 소개 ─────────────────────

o 새로운 단어를 배워 봅시다. Let's learn the new words.

o 새로운 단어가 몇 개 있나요? How many new words are there?

o 새로운 단어가 몇 개 있네요. We have some new words.

o 이 챕터에는 새로운 단어가 많아요. There are lots of new words in this chapter.

o 이것은 오늘 배울 새로운 단어들의 This is the list of new words we're going to
목록이에요. learn today.

o 새로운 단어들을 모두 칠판에 I'll write all the new words on the blackboard.
적을게요.

o 모르는 단어가 있으면 말하세요. Tell me if there's any word that you don't know.

○ 모르는 단어에 밑줄을 그으세요.   Underline the words you don't know.

○ 눈에 익지 않은 단어들을 모두 적으세요.   Write down all the words you are not familiar with.

○ 지문을 읽으면서 새로운 단어에 동그라미를 치세요.   Circle the new words as you read along the passage.

🚩 새로운 단어 학습 ————————————————

○ 모두 큰 소리로 새로운 단어를 읽어 보세요.   Everyone, please read the new words loudly.

○ 이 단어가 무슨 뜻인지 말해 볼 사람?   Who can tell me what this word means?

○ pot이 무엇인지 아는 사람?   Who knows what a pot is?

○ '던지다'가 영어로 뭔지 아는 사람?   Who knows what "**던지다**" is in English?

○ 그 단어의 뜻을 기억하나요?   Do you remember the meaning of the word?

○ 추측해 볼래요?   Can you guess?

○ 힌트를 줄게요.   I'll give you a hint.

○ 그림을 보세요. 힌트가 있어요.   Look at the picture. There's a clue.

○ 이 단어에는 많은 뜻이 있어요.   This word has a lot of meanings.

○ 여기서는 '좋아하다'로 사용됐어요.   In here, it is used as "like".

○ 이번에는 이 단어가 명사로 쓰였네요.   This time, this word is used as a noun.

○ 이 단어는 지난번에 말해 준 기억이 나는데요.   I remember telling you this word last time.

○ 이 단어는 지난 시간에 이미 배운 거예요.   We have already learned this word in our previous lesson.

○ 이 단어는 quiet와 비슷한 뜻이에요.   This word has a similar meaning to the word "quiet".

○ clean의 반대말이라고 알려 줬는데, 뭔가 떠오르나요?   I told you it's the opposite word of "clean". Does it ring a bell?

○ 각 단어와 알맞은 뜻을 연결하세요. Match the word with the right meaning.

○ 이 단어의 뜻은 2번이 아니라 The meaning of this word is number 1,
1번이에요. not number 2.

○ 그림에서 소년이 들고 있는 것이 The thing this boy is holding in the picture
머그예요. is a "mug".

🏴 단어 읽는 방법 ─────────────────────

○ 이 단어는 어떻게 읽나요? How do you read this word?

○ 이것은 어떻게 발음하나요? How do you pronounce it?

○ 말해 볼 수 있겠어요? Can you say it?

○ 아, 어떻게 읽는지 모른다고요? Oh, you don't know how to read it?

○ 철자를 불러 주세요. Call out its spelling.

○ 그 단어의 철자를 말해 보세요. Please spell out the word.

○ 이건 /'pleznt/라고 읽어요. You read it, /'pleznt/.

○ 이 단어는 발음하기가 약간 This word is a little bit tricky to pronounce.
까다로워요.

○ 이 단어가 동사로 쓰일 때는 When this word is used as a verb, it is
다르게 발음돼요. pronounced differently.

02 사전 찾기
Looking up Dictionaries

T	Wow, we have so many new words to check. What should we do?
S	Why don't we look them up in the dictionary?
T	Shall we? Have you all got a dictionary in front of you?
S	Can we also use our phones?
T	If you promise you'll only use it for looking up the new words. Now, please find the first word in the dictionary.

T 와, 확인해야 할 새로운 단어가 정말 많네요. 어떻게 해야 할까요? | **S** 사전을 찾아보는 게 어때요? | **T** 그럴까요? 모두 사전이 있죠? | **S** 우리 휴대폰을 사용해도 괜찮아요? | **T** 새로운 단어를 찾는 데에만 사용한다고 약속하면요. 자, 사전에서 첫 번째 단어를 찾아보세요.

🔖 사전 이용하기

○ 새로운 단어가 이렇게 많은데, 이제 어떻게 할까요?	There are so many new words. Now, what shall we do?
○ 어려운 단어가 있으면 여러분은 어떻게 하세요?	What do you do when you meet difficult words?
○ 물론 선생님께 물어볼 수도 있어요.	Of course, you can ask your teacher.
○ 하지만 혼자 공부할 때는 어떻게 할래요?	However, what if you are studying alone?
○ 사전을 찾아볼 수 있어요.	You can look up in a dictionary.
○ 사전 찾는 법을 배워 봅시다.	Let's learn how to consult a dictionary.

○ 사전 이용법을 모르면 내가 도와줄게요.	I'll help you if you don't know how to use a dictionary.
○ 사전을 이용해서 그 단어의 뜻을 찾아봅시다.	Let's find the meaning of the word using the dictionary.
○ 다들 사전을 가지고 있죠?	Do you all have a dictionary?
○ 휴대폰에서 사전을 찾았나요?	Have you found a dictionary on your phone?
○ 인터넷 사전도 괜찮아요.	An Internet dictionary is OK, too.
○ 스마트폰을 이용해도 돼요.	You may use your smartphones.
○ 오늘은 영한사전을 이용할 거예요.	We're going to use an English-to-Korean dictionary today.
○ 영영사전을 이용하도록 하세요.	Try to use an English-to-English dictionary.

🔖 사전 찾는 방법 ────────────

○ 이 단어를 사전에서 찾아봅시다.	Let's look up this word in the dictionary.
○ 사전에서 bottle을 찾아봅시다.	Let's find "bottle" in the dictionary.
○ 이 단어는 a로 시작하니까 먼저 A섹션을 찾아야 해요.	This word begins with "a", so you have to find the "A" section first.
○ 그다음은 알파벳 순서로 글자를 찾으세요.	Next, find the letters in alphabetical order.
○ 오늘은 웹사전을 사용합시다.	Let's use a web dictionary today.
○ 사전 창을 여세요.	Open the dictionary window.
○ 그 단어를 검색 창에 치세요.	Type the word in the search box.
○ 모두 이 단어를 찾았나요?	Did you all find the word?
○ 사전에 뭐라고 나와 있나요?	What does it say in the dictionary?
○ 그것은 몇 개의 뜻이 있나요?	How many meanings does it have?
○ 보통 1번에 있는 뜻이 그 단어가 가장 많이 사용되는 뜻이에요.	Normally, the meaning in number 1 is the most popular meaning of the word.

o 첫 번째 뜻이 말이 안 되면 다른 의미 중에서 맞는 것을 찾아야 해요.   **If the first meaning doesn't make sense, you have to find the right one among others.**

o 이 단어의 두 번째 뜻은 무엇인가요?   **What's the second meaning of the word?**

o 사전에 '깨끗한'이라고 나와 있네요.   **It says "clear" in the dictionary.**

o 사전에 나와 있는 예문을 읽어 보세요.   **Please read the sample sentences in your dictionary.**

03 단어의 의미 추측하기
Guessing the Meaning of Words

T	When there's a word you don't know and you don't have a dictionary with you, you have to guess its meaning.
	For instance, can you guess the meaning of this word here "yell"?
S	I don't know.
T	The clue is in the picture. What is the man doing?
S	He's shouting!
T	That's right. So, we can guess that "yell" means shouting.

T 모르는 단어가 있는데 사전을 가지고 있지 않으면 그 뜻을 추측해야 해요. 예를 들어, 여기 이 단어 yell 의 의미를 추측해 볼 수 있겠어요? | S 모르겠어요. | T 그림에 힌트가 있어요. 남자가 무엇을 하고 있죠? | S 소리치고 있어요! | T 맞아요, 그러니까 yell은 소리치는 것을 의미한다는 걸 짐작할 수 있어요.

🔖 의미를 추측하도록 유도하기 ————————

○ 영어 단어를 모두 안다는 것은 불가능해요.
It is impossible to know all the English words.

○ 새로운 단어를 접할 때마다 항상 사전을 찾을 수는 없어요.
You can't always look up in the dictionary whenever you come across a new word.

○ 사전이 없다면 어떻게 하죠?
What if you don't have a dictionary with you?

○ 사전을 너무 자주 이용하는 것은 좋지 않아요.
It's not good to use the dictionary too often.

o 단어를 모를 때 사용할 수 있는 방법이 또 하나 있어요.

There's another method you can use when you don't know a word.

o 단어의 의미를 추측할 수 있어요.

You can guess the meaning of the word.

o 사전을 찾기 전에 의미를 추측해 보세요.

Try to guess the meaning before consulting the dictionary.

o 새로운 단어의 의미를 추측하는 방법을 배울 거예요.

We'll learn to guess the meanings of new words.

o 의미를 추측할 수 있게 해 주는 여러 단서가 있어요.

There are many clues that enable us to guess the meanings.

o 단서에는 그림, 문맥, 문법 등이 있어요.

As for the clues, there are pictures, context, grammar, and so on.

📖 그림 및 문맥을 통한 의미 추측 ─────────

o 이 단어에 대한 단서를 찾을 수 있나요?

Can you find a clue for this word?

o 이 경우에는 그림이 하나의 단서가 될 수 있어요.

In this case, the picture can be a clue.

o 그림을 통해 그 의미를 추측할 수 있겠어요?

Can you guess its meaning through the picture?

o 남자가 무엇을 하고 있나요? 소리를 지르고 있네요!

What is the man doing? He's shouting!

o 따라서 yelling은 shouting의 뜻임을 짐작할 수 있어요.

So, we can guess that "yelling" means "shouting".

o 그 단어의 문맥을 살펴보세요.

Look at the context of the word.

o 문맥은 해당 문장, 또는 그 단어 주변의 문장들을 의미해요.

A context means the sentence or sentences around the word.

o 문맥을 보고 단어의 의미를 추측해 봅시다.

Let's guess the meanings of words by looking at the context.

○ 소녀가 개를 잃어버려서 슬프다고 했어요. 슬프면 어떻게 하나요?	The girl said she was sad because she lost her dog. What do you do when you're sad?
○ 그다음 문장도 보세요. 소녀가 화장실에 왜 간 것 같아요?	Look at the next sentence, too. Why do you think she went to the bathroom?
○ 이제 weep의 뜻이 이해되나요?	Now, do you get the meaning of "weep"?

🔖 품사 및 접사를 통한 의미 추측

○ 문장을 보고 의미를 추측해 봅시다.	Let's guess the meaning by looking at the sentence.
○ 여러분은 뜻은 몰라도 어떤 품사인지는 알고 있어요.	You don't know the meaning, but you know its part of speech.
○ 이 단어 바로 뒤에 부사가 있으니까 이 단어는 동사겠지요.	There's an adverb right behind this word, so it must be a verb.
○ 이제 우리는 이것이 동사라는 것을 알아요.	Now, we know that it's a verb.
○ uneasy에서 눈에 익은 부분이 보이나요?	Do you see any familiar part in "uneasy"?
○ 우린 이미 easy라는 단어를 알고 있어요.	We already know the word "easy".
○ Unhappy에서 un-이 무슨 뜻이 었는지 기억해 보세요.	Try to remember what "un-" meant in "unhappy".
○ 맞아요. un-은 not의 의미를 가지고 있어요.	Good, "un-" has a meaning of "not"
○ -less는 without의 뜻이에요. 그럼 careless는 무슨 뜻이죠?	"-less" means "without". Then, what does "careless" mean?

📕 실물을 이용한 의미 추측 ──────────

o 이게 뭐죠?	What's this?
o 이것 좀 보세요.	Look at this.
o 이 카드를 보세요.	Look at this card.
o 이 그림을 보세요.	Have a look at this picture.
o 뭐가 보이나요?	What do you see?
o 그것이 뭔지 알겠어요?	Do you know what it is?
o 책상 위에 뭐가 보이죠?	What do you see on the desk?
o 내가 가리키고 있는 것이 뭐죠?	What am I pointing at?
o 내가 손에 들고 있는 것이 뭐죠?	What am I holding in my hand?
o 그림 속의 이것을 뭐라고 하나요?	What do you call this in the picture?
o 이것을 뭐라고 하는지 아는 사람?	Does anybody have any idea what this is called?
o 내가 들고 있는 이것이 뭔지 말해 볼 사람?	Can anyone tell me what this is that I'm holding?
o 우리말 말고 영어로 말해 보세요.	Say it in English, not in Korean.
o 아, 영어로 어떻게 말하는지 모른다고요?	Oh, you don' know how to say it in English?
o 이것은 영어로 chalk라고 합니다.	We call this "chalk" in English.
o 내가 지금 무엇을 하고 있나요?	What am I doing now?
o 나는 지금 jumping을 하고 있어요.	I'm "jumping" now.

사전을 찾다	look up a dictionary / consult a dictionary
단어를 사전에서 찾다	look up a word in a dictionary
하나의 언어로만 되어 있는 사전	monolingual dictionary (예: 영영사전)
두 개의 언어로 되어 있는 사전	bilingual dictionary (예: 영한사전)
동의어 · 반의어 사전	thesaurus
동의어	synonym
반의어	antonym
전자사전	digital dictionary
웹사전	web dictionary
숙어사전	idioms dictionary
인명사전	biographical dictionary

04 단어 암기하기
Memorizing Words

> **T** As for homework, memorize the words you have learned today. You have to be able to write them and know the meanings, too.
>
> **S** Are we going to take a vocabulary test?
>
> **T** No, but I'll check whether you have memorized them. Pronounce the words loudly when you memorize them.
>
> **T** 숙제로 오늘 배운 단어를 암기하세요. 쓸 줄도 알고 뜻도 알아야 해요. | **S** 단어 시험을 보게 되나요? |
> **T** 아니에요. 하지만 암기했는지 확인할 거예요. 단어를 외울 때는 큰 소리로 발음해 보세요.

📑 암기를 통한 단어 학습 ———————————

- o 그것들을 암기하세요.
  Memorize them.

- o 암기해야 합니다.
  You have to learn it by heart.

- o 오늘 배운 단어들을 암기하세요.
  Please memorize the words you have learned today.

- o 쓸 줄도 알고 뜻도 알아야 해요.
  You have to be able to write it and know the meaning, too.

- o 외울 때까지 쓰면서 연습하세요.
  Practice writing it until you memorize it.

- o 중요한 단어니까 꼭 외우세요.
  Be sure to memorize it because it's an important word.

- o 뜻을 생각하면서 외우세요.
  Think about its meaning when you memorize it.

○ 외우면서 큰 소리로 발음해 보세요.	Pronounce it loudly when you are memorizing it.
○ 단어를 열 번씩 쓰세요.	Please write the words 10 times.
○ 뜻도 쓰세요.	Write the meanings as well.
○ 예문도 외우세요.	Memorize the sample sentences, too.
○ 이 단어들로 문장을 만들 수 있어야 합니다.	You have to be able to make sentences with these words.
○ 다음 시간에 단어 시험을 보겠어요.	I'm going to test you with the words next time.
○ 일주일에 적어도 열 개의 단어는 외워야 해요.	You have to memorize at least 10 words in a week.
○ 단어 학습은 암기 외에 다른 방법이 없어요.	There's no other way to learn words other than memorizing them.
○ 자기 자신만의 단어 암기법을 찾으세요.	Find your own way of memorizing words.
○ 자투리 시간을 이용해서 새로운 단어를 암기하세요.	Use your spare time to memorize new words.
○ 하나의 단어를 외우려면 반복하고 또 반복해야 합니다.	You have to repeat and repeat in order to memorize a word.
○ 다 같이 외워 볼까요?	Why don't we memorize it all together?
○ 외우지 못하면 집에 갈 수 없어요.	If you don't memorize it, you can't go home.

📑 철자 익히기 _____

○ special의 철자가 어떻게 되죠?	How do you spell "special"?
○ station의 철자를 불러 주세요.	Please give me the spelling of "station".
○ flower의 철자를 아는 사람?	Who knows how to spell "flower"?
○ 그 단어의 철자를 불러 줄게요.	I'll spell out the word.
○ 그냥 소리 나는 대로 적으세요.	Just spell it as it is pronounced.

o 이 단어의 철자는 간단해요.　　This word's spelling is simple.

o 이 단어의 철자는 약간 복잡해요.　The spelling of this word is a bit complicated.

o 이 단어의 철자에 주의해야 돼요.　You have to be careful with the spelling of
　　　　　　　　　　　　　　　this word.

o 이 단어를 쓸 때는 항상 철자에　Always pay attention to its spelling when
　주의하세요.　　　　　　　　you write this word.

o 철자에 주의하면서 이 단어를　Write the word paying attention to its
　써 보세요.　　　　　　　　spelling.

🔖 틀린 철자 바로잡기

o 철자를 주의 깊게 보세요.　　　Look at the spelling very carefully.

o 철자가 조금 이상하네요.　　　The spelling is a bit strange.

o 이것은 철자가 맞게 쓰였나요?　Is this spelled right?

o 철자가 틀렸어요.　　　　　　The spelling is wrong. / It's spelled wrong.

o 철자가 맞지 않아요.　　　　　It is not spelled right.

o 이 단어는 철자가 잘못되었어요.　This word is misspelled.

o 글자 하나가 부족해요.　　　　You are missing a letter.

o 글자를 하나 빼먹었군요.　　　You missed a letter.

o 여기에 뭐가 빠졌나요?　　　　What's missing here?

o 여기 i를 빼야 해요.　　　　　You should take out an "i" here.

o 여기에 e를 하나 더 넣어야 해요.　You need to add an "e" here.

o 이 y가 어떻게 i로 바뀌는지 잘　See how this "y" changes to an "i".
　보세요.

o n이 두 개인가요, 아니면　　　Are there two "n"s or only one?
　한 개인가요?

o 철자가 잘못된 단어를 찾아서　Find a misspelled word and correct it.
　고치세요.

05 유의어 및 반의어 학습
Learning Synonyms and Antonyms

T   Can you find a synonym of "request"?

S   Synonym? What does that mean?

T   It means a word with a similar meaning.
      For example, "happy" is a synonym of "glad".

S   I get it.

T   Good! Then, which word has a similar meaning to "request"?

T request의 유의어를 찾아볼 수 있겠어요? | **S** 유의어요? 그게 무슨 의미예요? | **T** 비슷한 뜻을 가진 단어를 의미해요. 예를 들어, happy는 glad의 유의어예요. | **S** 알겠어요. | **T** 좋아요! 그럼 어떤 단어가 request와 비슷한 의미를 가지고 있나요?

🔖 유의어 학습

○ 이 두 단어는 뜻이 비슷해요.   These two words have a similar meaning.

○ 비슷한 뜻을 가진 단어들을 유의어 라고 합니다.   Words with similar meanings are called synonyms.

○ happy는 glad의 유의어예요.   "Happy" is a synonym of "glad".

○ happy의 유의어를 다섯 개 찾아 보세요.   Find five synonyms of "happy".

○ happy와 같은 뜻을 가진 단어를 쓰세요.   Write a word that has the same meaning as "happy".

○ 어떤 단어가 request와 비슷한 의미를 가지고 있나요?   Which word has a similar meaning to "request"?

같은 의미를 가진 다른 단어를 찾을 수 있나요?	Can you find any other words that have the same meaning?
비슷한 의미를 가지고 있지만 유의어는 아니에요.	It has a similar meaning, but it's not a synonym.
똑같은 단어를 반복해서 사용하면 지루하죠.	It's boring to use the same words again and again.
사람들은 항상 똑같은 단어를 쓰는 것을 싫어한답니다.	People don't like to use the same words all the time.
똑같은 단어의 반복 사용을 피하고 싶다면 유의어를 많이 아는 것이 좋아요.	It's good to know many synonyms if you want to avoid using the same words repeatedly.

🚩 반의어 학습

이 두 단어는 뜻이 서로 반대예요.	These two words have opposite meanings.
반대되는 의미를 가지는 단어들을 반의어라고 합니다.	Words with opposite meanings are called antonyms.
반의어를 만들려면 un-, im-, in-, dis- 등을 쓰면 됩니다.	You can use un-, im-, in-, dis-, and so on to make antonyms.
in의 반대말은 out이에요.	The opposite of "in" is "out".
careful의 반대말은 무엇인가요?	What is the opposite word of "careful"?
이 단어의 반대말을 찾을 수 있나요?	Can you find an opposite for this word?
clean과 반대되는 의미를 가진 단어를 두 개 찾아보세요.	Find two words that have the opposite meaning of "clean".
이 두 단어는 서로 반의어가 아니에요.	These two words aren't antonyms.
유의어 · 반의어 사전을 활용하세요.	Use a thesaurus.

Unit 6
문법 지도
Teaching Grammar

01 문법 수업
Grammar Lessons

T   Let's have a look at this word.
What's the preposition that goes with the verb "depend"?

S   By?

T   No, think harder.

S   I have no idea.

T   It's "on". Like in "It depends on you."

T 이 단어를 한번 봅시다. 동사 depend와 함께 쓰이는 전치사는 무엇인가요? | **S** By? | **T** 아니에요. 좀 더 생각해 보세요. | **S** 모르겠어요. | **T** on이에요. It depends on you.에서처럼요.

🔖 문법의 필요성

○ 왜 문법을 배워야 할까요?

Why do we have to learn grammar?

○ 문법이 뭔가요?

What is grammar?

○ 언어를 사용할 때 따라야 하는 규칙이라고 생각하세요.

Think of it as a rule you have to follow when you use a language.

○ 문장을 만드는 규칙이 있어요.

There are some rules for making sentences.

○ 문장을 만들 때는 단어를 순서에 맞게 사용해야 해요.

When you make a sentence, you have to use the words in the right order.

○ 문법 규칙을 어기면 사람들이 알아듣지 못할 수도 있어요.

If you break grammar rules, people may not understand you.

○ 우리 수업의 목적은 문법을 완벽하게 아는 것은 아니에요.

The aim of our course is not to master the grammar.

우리는 한국어 문법도 완벽하게 알지 못하는걸요.	We don't even know Korean grammar perfectly.
하지만 기본적인 문법은 다 알고 있어야 해요.	However, we do have to know all the basics of grammar.
문법은 의사소통을 원활하게 하기 위해 필요합니다.	Grammar is necessary for smooth communication.
알아야 할 필요가 있을 때마다 문법을 설명해 줄게요.	I'll explain grammar whenever we need to know it.
문법을 설명할 때는 더 열심히 들으면 좋겠어요.	I hope you would listen more carefully when I explain grammar.
영어를 제2언어로 배우는 사람에게 문법 학습은 필수적이에요.	Learning grammar is essential for those who learn English as a second language.

🔖 문법 학습

문법적 오류를 찾을 수 있겠어요?	Can you find a grammatical error?
이 문장은 문법적으로 맞아요.	This sentence is grammatically correct.
이 문장에는 문법적 오류가 있어요.	This sentence has a grammatical error.
문장을 읽고 필요하면 문법을 고치세요.	Read the sentence and correct the grammar where necessary.
이 규칙에는 예외가 있어요.	There is an exception to this rule.
알맞은 부사를 넣으세요.	Fill in the right adverb.
알맞은 전치사를 고르세요.	Choose the right preposition.
이 빈칸에는 어떤 대명사가 들어갈 수 있나요?	Which pronoun can go in this blank?
이 동사와 함께 쓰이는 전치사는 무엇인가요?	What's the preposition that goes with this verb?
이 단어 앞에는 전치사가 올 수 없어요.	You can't put a preposition in front of this word.

○ fast의 최상급을 쓰세요.   **Write the superlative form of "fast".**

○ 비교급을 사용하여 두 개를   **Use the comparison form to compare the**
비교해 보세요.   **two.**

○ 여기에는 하이픈이 필요해요.   **You need a hyphen here.**

○ 여기에는 쉼표가 필요해요.   **You need a comma here.**

○ 마침표 찍는 것을 잊지 마세요.   **Don't forget to add a period.**

○ 소원 뒤에는 느낌표를 써 주세요.   **Use an exclamation mark at the end of a wish.**

○ 맞는 문장을 고르세요.   **Choose the right sentence.**

○ 틀린 문장을 고르세요.   **Choose the wrong sentence.**

○ 주어진 단어의 알맞은 형태를   **Fill in the blank with the right form of the**
빈칸에 넣으세요.   **given word.**

TIP BOX 문장 부호 명칭

부호	명칭
,	comma 쉼표
.	period / full stop 마침표
?	question mark 물음표
!	exclamation mark 느낌표
" "	double quotation marks 큰따옴표
' '	single quotation marks 작은따옴표
'	apostrophe 아포스트로피
:	colon 콜론
;	semicolon 세미콜론
-	hyphen 하이픈
/	slash 슬래시
...	ellipsis 말줄임표
[]	brackets 대괄호
()	parentheses 괄호

02 관사
Articles

T	Which article do you think will go in here?
S	"A"?
T	Sorry, you're wrong.
	Here, you have to use "the" instead of "a". Why is it?
S	Oh! Because we already know about it.
T	Precisely! Because this pencil has been already introduced in the previous sentence.

T 여기에 어떤 관사가 들어갈 것 같아요? | **S** a요? | **T** 미안하지만, 아니에요. 여기서는 a 대신에 the를 써야 해요. 왜 그럴까요? | **S** 아! 우리가 이미 그것에 대해 알고 있기 때문이에요. | **T** 맞아요! 왜냐하면 이 연필은 앞 문장에서 이미 소개되었기 때문이죠.

🔖 관사의 종류 및 용법

○ 이것들은 관사라고 합니다.	These are called articles.
○ 두 가지 종류의 관사가 있어요.	There are two types of articles.
○ 하 나는 부정관사이고, 다른 하나는 정관사예요.	One is the indefinite article, and the other is the definite article.
○ the는 정관사예요.	"The" is the definite article.
○ a와 an은 부정관사예요.	"A" and "an" are indefinite articles.
○ 이런 경우에는 a 또는 an을 사용해요.	In this case, we use "a" or "an".
○ 어떤 것을 처음 언급할 때는 a나 an을 사용해요.	When we mention something for the first time, we use "a" or "an".
○ a는 언제 사용하고 an은 언제 사용하는지 어떻게 아나요?	How can you tell when to use "a" and when to use "an"?

o an은 모음 앞에 씁니다.　　　　Use "an" in front of a vowel.

o 언제 the를 쓰는지 알아봅시다.　　Let's find out when to use "the".

o 우리가 그것에 대해 이미 알고　　We use "the" when we already know
있을 때는 the를 사용해요.　　　about it.

o 이 단어는 이미 나왔으므로 the를　This word has been introduced already,
써야 합니다.　　　　　　　　　so you should use "the".

🔖 관사의 쓰임에 대한 연습 ——————————

o 올바른 관사를 넣으세요.　　　　Fill in the right article.

o 관사가 바르게 쓰였는지 확인하세요.　Check if the articles are used correctly.

o 이 단어에 맞는 관사는 무엇인가요?　What's the right article for this word?

o 여기에는 어떤 관사가 들어갈 것　Which article do you think will go in here?
같아요?

o 빈칸에 들어갈 말이 a인지　　　Choose either "a" or "the" for the blanks.
the인지 고르세요.

o 여기에는 a 대신 the를　　　　Here, you have to use "the" instead of "a".
사용해야 해요.

o 여기에 왜 the를 넣었는지　　　Who knows why we have put "the" here?
아는 사람?

o 어떤 단어는 관사가 필요 없어요.　Some words don't need any articles.

o 이런 경우에는 관사가 필요 없어요.　In these cases, you don't need the articles.

o 셀 수 없는 명사 앞에는 a나 an을　You can't use "a" or "an" in front of
쓸 수 없어요.　　　　　　　　uncountable nouns.

o 예문을 보면서 a/an과 the의　　Let's have a look at the examples and
용법을 비교해 봅시다.　　　　compare the usage of "a/an" and "the".

단수 및 복수 명사
Singular and Plural Nouns

03

T	Please change these words into plural forms. Who would like to do the first one?
S	Me! B-A-B-Y-S.
T	Nice try, but it's a bit strange. What did I tell you to do when a word ends with a consonant and a "y"?
S	Oh, I forgot! Change the "y" into an "i" and add "es".
T	Good boy!

T 이 단어들을 복수형으로 바꾸세요. 누가 첫 번째 것을 할래요? | **S** 저요! B-A-B-Y-S. | **T** 시도는 좋았는데, 약간 이상하네요. 단어가 '자음 + y'로 끝나면 어떻게 하라고 했죠? | **S** 아, 깜빡했어요! y를 i로 바꾸고 es를 붙여라. | **T** 잘했어요!

📕 복수형 만드는 규칙

- 복수형을 만드는 법을 배워 봅시다. **Let's learn how to make plural forms.**

- 한 개만 있다면 단수예요. **If there's only one, it's singular.**

- 한 개보다 많다면 복수예요. **If there's more than one, it's plural.**

- 복수명사를 만드는 데는 몇 가지 규칙이 있어요. **There are some rules for making plural nouns.**

- 복수형을 만들려면 대체로 명사에 s를 붙입니다. **Normally, we add an "s" to the noun to make a plural.**

- 단어가 s로 끝날 때는 es를 붙여야 해요. **When a word ends with an "s", you have to add "es".**

○ 명사가 x, s, sh, ch, z로 끝나면 es를 붙이세요.	If a noun ends with "x, s, sh, ch, z", add "es".
○ 단어가 '자음 + y'로 끝나면 y를 i로 고치고 es를 붙이세요.	If a word ends with a consonant and a "y", change the "y" into an "i" and add "es".
○ 단어가 f로 끝나면 f를 빼고 ves를 붙이세요.	If a word ends with an "f" drop the "f" and add "ves".
○ 불규칙 명사들도 있어요.	There are some irregular nouns as well.
○ 불규칙 복수명사는 암기해야 합니다.	You have to memorize the irregular plural nouns.

◤ 복수형 만드는 연습

○ 복수명사 만드는 연습을 합시다.	Let's practice making plural nouns.
○ cat의 복수형을 쓰세요.	Write the plural form of "cat".
○ 이 단어를 복수형으로 만드세요.	Make this word into a plural.
○ 이 단어들을 복수형으로 바꾸세요.	Change these words into plural forms.
○ 이 단어는 어떻게 복수형으로 만들까요?	How do you make this word into a plural?
○ leaf의 복수형은 leaves입니다.	The plural form of "leaf" is "leaves".
○ bus의 복수형은 buss가 아니에요.	The plural of "bus" is not "buss".
○ 보세요, 여러 개가 있어요. 그러니까 뭘 덧붙여야 하죠?	Look, there are many of them. So, what do you have to add?

04 의문문 만들기
Making Questions

T	Would you like to come out and make this sentence into a question?
S	I'm not sure, but I'll try. Is this correct?
T	Well done! But there's a tiny mistake. You forgot to put a question mark at the end.

T 나와서 이 문장을 의문문으로 만들어 볼래요? | **S** 확실히는 모르겠지만 해 볼게요. 이게 맞나요? | **T** 잘 했어요! 그런데 작은 실수가 하나 있네요. 끝에 물음표 붙이는 것을 잊었어요.

🔖 의문문 만드는 방법

○ 이 문장들의 공통점이 뭐죠?	What do these sentences have in common?
○ 모두 뭔가를 묻고 있어요.	They are all asking something.
○ 이것들은 의문문입니다.	These are interrogative sentences.
○ 의문문 만드는 방법을 배울 거예요.	We'll learn to make questions.
○ 일반적으로 두 가지 종류의 의문문이 있어요.	Generally, there are two types of questions.
○ yes나 no로 대답할 수 있는 의문문을 'yes/no 의문문'이라고 합니다.	Questions you can answer with yes or no are called "yes/no questions".
○ wh- 의문문에는 yes나 no로 대답할 수 없어요.	You cannot answer with yes or no to a wh-question.
○ 이 문장을 어떻게 의문문으로 만들 수 있을까요?	How can you make this sentence into a question?

o 의문문에서는 주어와 동사의 순서가 바뀝니다.   The order of subject and verb is reversed in interrogative sentences.

o 끝에 물음표를 붙이세요.   Put a question mark at the end.

o 의문문 끝에 물음표 붙이는 것을 잊지 마세요.   Don't forget to add a question mark at the end of a question.

📕 의문문 만드는 연습

o yes/no 의문문을 만드세요.   Please make a yes/no question.

o wh- 의문문을 만드세요.   Please form a wh-question.

o 이 문장을 의문문으로 바꾸세요.   Please turn this sentence into a question.

o 이것을 부가의문문으로 만드세요.   Make this into a tag question.

o 각 문장을 의문문으로 바꾸세요.   Change each sentence into a question.

o 각 문장에서 yes/no 의문문 또는 wh- 의문문을 만드세요.   Make yes/no questions or wh-questions from each sentence.

o 이런 의문문에는 어떻게 대답하죠?   How do you answer these questions?

o 이 의문문에 대한 대답을 적어 보세요.   Please write down an answer to this question.

o 긍정과 부정의 대답을 둘 다 적으세요.   Write both positive and negative answers.

o 이들 의문문에서 주어와 동사의 순서를 보세요.   Look at the order of the subjects and verbs in these questions.

o 주어와 동사의 순서를 바꿔야 해요.   You need to change the order of the subjects and verbs.

05 시제 · 일치
Tense · Agreement

T The tenses are incorrect in these sentences.
Please correct them.
Paul, would you like to correct the first sentence?

S We have to change this "go" here into "went".

T Excellent! The writer is talking about the past.
Something he did yesterday.
So we have to change the present tense "go" into
the past tense "went".

T 이 문장들에서는 시제가 잘못되었어요. 올바로 고쳐 보세요. Paul, 첫 번째 문장을 고쳐 보겠어요? | **S** 여기 이 go를 went로 바꿔야 해요. | **T** 훌륭해요! 작가가 과거에 대해 이야기를 하고 있어요. 그가 어제 했던 일에 대해서요. 그러니까 현재시제인 go를 과거시제 went로 바꿔야 해요.

🚩 시제

○ 시제는 시간에 대해 말해 줍니다.
Tense tells us about time.

○ 영어에는 몇 개의 시제가 있다고 생각해요?
How many tenses do you think there are in English?

○ 여기 이 화살표로 시제를 설명할게요.
Let me explain the tense with these arrows here.

○ 이 시간 선을 사용해서 시제를 설명하겠어요.
Let me use this time line to explain the tense.

○ 시제 표를 보고 외우려고 노력하세요.
Look at the tense table and try to memorize it.

- 과거시제는 어떤 일이 일어났는지를 알려 줍니다.

  The past tense tells us what has happened.

- 미래시제는 어떤 일이 일어날지를 알려 줍니다.

  The future tense tells us what will happen.

- 현재시제는 지금 일어나는 일을 나타냅니다.

  The present tense indicates that something is happening now.

- 진행시제는 'be + 동사(-ing)'의 형태를 취합니다.

  The continuous tense takes the form of "be + verb(-ing)".

- 시제 일치에 주의하세요.

  Be careful of the tense agreement.

- 빈칸에 들어갈 올바른 시제를 고르세요.

  Choose the right tense to fit in the blank.

- 어떤 시제를 사용해야 할까요?

  Which tense should I use?

- 이 사건은 언제 발생했나요?

  When did this event happen?

- 두 문장 중 어느 게 먼저 발생했죠?

  Between these two sentences, which took place first?

- 여기에 미래시제를 사용할 수 있나요?

  Could you use the future tense here?

- 여기는 시제를 잘못 썼네요.

  You've got the wrong tense here.

- 여기는 과거시제를 사용해야 합니다. You have to use the past tense here.

- 시제가 일치하지 않아요.

  The tenses don't agree.

- 주어진 동사의 과거시제를 쓰세요. Write the past tense of the given verbs.

🔖 주어-동사의 일치

- 영어에는 세 개의 문법적 인칭이 있어요.

  There are three grammatical persons in the English language.

- 1인칭은 I이고, 2인칭은 you예요.

  The first person is "I", and the second person is "you".

o I와 you를 뺀 나머지 모두는
  3인칭이에요.

Everything other than "I" and "you" is the third person.

o 3인칭에는 he, she, it, they가
  있어요.

" He", "she", "it", and "they" are in the third person.

o 여기서 동사가 어떻게 바뀌었는지
  보이나요?

Can you see how the verb has changed here?

o 동사는 주어의 인칭 및 수와
  일치되어야 합니다.

The verb must agree with its subject in person and number.

o 주어-동사 일치에 주의하세요.

Be careful of subject-verb agreement.

o 주어가 3인칭 단수인 경우에
  항상 조심하세요.

Always be careful with the third person singular subjects.

o 주어가 3인칭 단수일 때 동사의
  일치를 잊지 마세요.

Don't forget the verb agreement when it's third person in singular subject.

o 주어가 3인칭 단수라면 동사에
  s를 붙여야 합니다.

If the subject is a third person singular, you have to add an "s" to the verb.

o 여기에 s를 붙였어야죠.

You should have added an "s" here.

o 동사가 모음으로 끝나면
  es를 붙여야 해요.

If the verb ends with a vowel, you have to add "es".

o 주어를 보세요. 단수인가요
  복수인가요?

Look at the subject. Is it a singular or a plural?

o 3번 문제에서 동사의 올바른
  형태는 무엇인가요?

What is the right form of the verb in question 3?

학교 행사

입학식	entrance ceremony
졸업식	graduation ceremony
여름방학	summer vacation
겨울방학	winter vacation
개교기념일	school foundation day
소풍	picnic / school outing
수학여행(현장학습)	field trip / school trip / school excursion
야영	camp
체육대회	sports day(영) / field day(미)
학교 축제	school festival
독서주간	reading week
민방위 훈련	civil defense drill
불우이웃 돕기 바자회	bazar for the poor
취임식	inauguration ceremony
학생회 간부 수련회	training for student representatives
개학식	opening ceremony of the school year
2학기 시업식	opening ceremony of the fall semester
학부모 상담	parent-teacher conference / parent-teacher interview

기념일

국경일	national holiday
기념일	memorial day
연휴	holiday
기념식	ceremony
신정	New Year's Day
구정	Lunar New Year's Day
발렌타인 데이	Valentine's Day
삼일절	Anniversary of the Samil Independence Movement
부활절	Easter
식목일	Arbor Day
노동절	Labor Day

어린이날	Children's Day
어버이날	Parents' Day
스승의 날	Teachers' Day
석가탄신일	Buddha's Birthday
현충일	Memorial Day
제헌절	Constitution Day
광복절	Independence Day
추석	Chuseok / Korean Thanksgiving Day / Harvest Moon Festival
개천절	National Foundation Day
한글날	Hangul Proclamation Day
할로윈	Halloween
성탄절	Christmas

발음 및 강세 지도
Teaching Pronunciation and Stress

발음
Pronunciation

01

T	How do you read this word?
	Can anybody pronounce it?
S	It's tricky.
T	Yeah, you're right.
	Listen to how I pronounce it.
	Watch my lips carefully.
	Now, it's your turn.

T 이 단어는 어떻게 읽나요? 발음을 해 볼 수 있는 사람? | **S** 까다로워요. | **T** 네, 맞아요. 내가 어떻게 발음하는지 들어 보세요. 내 입술을 잘 보세요. 자, 이제 여러분 차례예요.

🔖 발음 향상 방법

- o 정확한 발음을 들어 보세요.   Listen to the correct pronunciation.
- o 큰 소리로 읽는 연습을 하세요.   Practice reading with a loud voice.
- o 자신의 발음을 녹음하세요.   Record your pronunciation.
- o 거울을 보면서 발음을 연습하세요.   Practice the pronunciation looking in the mirror.
- o 거울을 보고 자신의 입술 모양을 자세히 관찰하세요.   Look into the mirror and have a close look at your lips.
- o 발음을 정확히 해야만 남들이 알아들을 수 있어요.   You have to pronounce clearly so that others can understand you.
- o 자신의 발음을 잘 들어 보세요.   Listen carefully to your pronunciation.

이제 원어민의 발음을 들어 보세요.	Now, listen to the native English speaker's pronunciation.
자신의 발음과 원어민의 발음을 비교하세요.	Compare your pronunciation with that of the native English speaker.
원어민의 발음을 잘 듣고 계속 따라 해 보세요.	Listen carefully to the native English speaker's pronunciation and repeat after it continuously.
계속 연습하세요.	Keep practicing.
연습을 많이 하면 원어민의 발음과 같은 소리가 날 거예요.	With lots of practice, you will begin to sound like a native speaker of English.
CD를 들으면서 동시에 따라 읽는 것을 '섀도잉'이라고 해요.	Repeating simultaneously after the CD is called "shadowing".
섀도잉은 발음을 향상시키는 데 아주 좋습니다.	Shadowing is very good for improving your pronunciation.
발음하기 어려워도 자꾸 연습하면 완벽해질 수 있어요.	Though it's difficult to pronounce, you can become perfect if you keep practicing.

🚩 발음 수업

이것을 어떻게 읽나요?	How do you say this?
이 단어는 어떻게 읽을까요?	How do you read this word?
이 단어를 발음해 보겠어요?	Would you like to pronounce this word?
내가 말하는 것을 들어 보세요.	Listen to me saying it.
내가 말하는 방식을 들어 보세요.	Listen to the way I say it.
발음에 유의해서 잘 들어 보세요.	Listen carefully paying attention to the pronunciation.
눈을 감고 소리를 들어 보세요.	Close your eyes and listen to the sound.
잘 듣고 한번 해 보세요.	Listen carefully and then you try.
발음이 아주 좋군요.	Your pronunciation is really good.

- ㅇ 원어민처럼 들리네요.   **You sound like a native English speaker.**
- ㅇ 제대로 발음되지 않았어요.   **It wasn't pronounced correctly.**
- ㅇ 발음에 실수가 있어요.   **There is a mistake in the pronunciation.**
- ㅇ 발음을 주의하세요.   **Watch your pronunciation.**

▨ 구체적인 발음 연습 ──────────────

- ㅇ thanks를 발음하는 법을 배울 거예요.   **We're going to learn to pronounce "thanks".**
- ㅇ 여러분이 먼저 발음해 볼래요?   **Would you like to pronounce it first?**
- ㅇ 내가 먼저 이 단어를 말해 볼게요.   **I'll say this word first.**
- ㅇ 내가 어떻게 발음하는지 들어 보세요.   **Listen to how I pronounce it.**
- ㅇ 나를 따라 말해 보길 바랍니다.   **I want you to say it after me. Everybody,**
  모두 다 같이, "thanks".   **all together, "thanks".**
- ㅇ 이제 원어민 선생님이 발음하는   **Now, shall we listen to the native English**
  것을 들어 볼까요?   **teacher pronounce it?**
- ㅇ 그가 어떻게 발음을 하던가요?   **How did he pronounce it?**
- ㅇ 여러분의 발음과 Joe의 발음 간의   **Do you notice the difference between your**
  차이점을 알겠어요?   **pronunciation and Joe's?**
- ㅇ 이 단어는 /sez/로 발음됩니다.   **This word is pronounced as /sez/.**
- ㅇ 여기서 b는 발음하지 마세요.   **Don't pronounce "b" here.**
- ㅇ climb의 b는 발음되지 않아요.   **The "b" in "climb" is not pronounced.**
- ㅇ 이 두 소리가 어떻게 연결되는 보세요.   **See how these two sounds link together.**
- ㅇ 언음에 주의해서 자연스럽게   **Pay attention to the linking sound and**
  발음해 보세요.   **pronounce it naturally.**
- ㅇ 첫 번째 소리는 thing에서처럼   **The first sound is /θ/ as in "thing".**
  /θ/ 발음입니다.
- ㅇ sh- 소리에 주의하세요.   **Be careful with the "sh-" sound.**

○ 미국인과 달리 영국인은 여기에서 /r/ 소리를 발음하지 않으니 주의하세요.

Unlike Americans, British people don't pronounce /r/ sound here, so be careful.

○ 목에 손을 대 보세요. 떨림이 느껴지나요?

Put your hand on your neck. Can you feel the vibration?

🔖 비슷한 발음의 비교 ─────────────

○ /r/ 소리와 /l/ 소리는 아주 달라요.

The /r/ sound and /l/ sound are very different.

○ /r/ 소리와 /l/ 소리 듣기를 연습해 봅시다.

Let's practice hearing /r/ sounds and /l/ sounds.

○ 먼저, l로 시작하는 단어를 읽을 테니 듣기만 하세요.

First, just listen as I read some words that begin with "l".

○ 이제 r로 시작하는 단어를 읽을 테니 들어 보세요.

Now, listen as I read the words that begin with "r".

○ /l/ 소리가 들리면 오른손을 들고, /r/ 소리가 들리면 왼손을 드세요.

Raise your right hand if you hear the /l/ sound, and your left hand if you hear the /r/ sound.

○ l 과 r로 시작하는 단어들 사이의 차이점을 주목하세요.

Notice the difference between words that begin with "l" and with "r".

○ /e/ 소리와 /i/ 소리를 비교해 봅시다.

Let's compare the /e/ sound with the /i/ sound.

○ 각 쌍의 첫 번째 단어에는 /e/ 소리가 있고, 두 번째 단어에는 /i/ 소리가 있어요.

The first word in each pair has the /e/ sound, and the second word has the /i/ sound.

○ /ʃ/ 소리와 /s/ 소리의 차이를 구별할 수 있어야 해요.

You must be able to tell the difference between the /ʃ/ sound and the /s/ sound.

○ /f/ 소리에서는 두 입술 사이로 공기가 빠져나오지만, /b/ 소리 에서는 공기가 안 빠져나와요.

In a /f/ sound, air comes out through your lips, but in a /b/ sound, no air comes out.

🔖 입 모양과 혀의 위치 ————————————

○ 입을 더 크게 벌리세요.   Open your mouth wider.

○ 입을 약간 벌리세요.   Have your mouth slightly open.

○ 입술을 약간 옆으로 당기세요.   Spread your lips slightly.

○ 입술을 둥글게 하세요.   Make your lips round.

○ 혀를 내미세요.   Stick out your tongue.

○ 혀를 움직이지 마세요.   Don't move your tongue.

○ 혀끝을 이 사이에 넣으세요.   Place your tongue between your teeth.

○ 내 혀를 보세요.   Watch my tongue.

○ 내 입술을 보세요.   Look at my lips.

○ 내 입술을 주의 깊게 보세요.   Watch my lips very carefully.

○ 내 입술 모양을 흉내 내 보세요.   Copy my lips.

○ 내 입 모양을 자세히 보세요.   Watch my mouth closely.

○ 내 입이 거의 움직이지 않는 것을 보세요.   See how my mouth hardly moves.

○ 내 혀가 어떤 식으로 이에 닿는지 보세요.   Notice how my tongue touches my teeth.

○ 소리를 낼 때 입 모양에 주의하세요.   Pay attention to your mouth as you make the sounds.

○ 짝과 마주 보고 연습하세요.   Face your partners and practice.

02 강세 및 억양
Stress and Intonation

T This time, pay attention to the stress.
     Notice which word I say more loudly.
     "This is YOUR bag, not mine."
     Where does the stress fall?

S "Your."

T Correct! Normally, if a word is important, you stress it.

T 이번에는 강세에 주의를 기울여 보세요. 내가 어떤 단어를 더 크게 말하는지 주목해 보세요. This is YOUR bag, not mine. 강세가 어디에 오죠? | **S** your에 와요. | **T** 맞았어요! 보통, 어떤 단어가 중요하면 거기에 강세를 줍니다.

🔖 강세

○ 이 단어에는 몇 개의 음절이 있나요?　How many syllables does this word have?

○ 강세는 모음에 옵니다.　A stress falls on a vowel.

○ 이 단어는 어디에 강세가 있죠?　Where is the accent in this word?

○ 강세가 어디에 오나요?　Where does the stress fall?

○ 어디에 강세를 줄까요?　Where do we put the stress?

○ 이 단어에서는 어디에 강세가 오죠?　Where does the accent fall in this word?

○ 이 단어에서 강세가 어디에 오는지 들어 보세요.　Listen to where the stress comes in this word.

○ 세 번째 음절에 강세가 들리나요?　Can you hear the stress on the third syllable?

○ 첫 번째 강세를 찾아보세요.　Find the primary stress.

○ 두 번째 강세를 찾아보세요.　Find the second stress.

○ 두 번째 강세는 어디에 있나요?	**Where is the secondary stress?**
○ 여기에 강세를 주세요.	**Stress it here.**
○ 이 단어는 두 번째 음절에 강세가 옵니다.	**This word is accented on the second syllable.**
○ 이 단어는 중요하니까 강세를 주어야 해요.	**This word is important, so you must stress it.**
○ 중요하지 않으면 강세를 주지 마세요.	**If it's not important, don't stress it.**
○ 읽으면서 강세를 표시하세요.	**Mark the stress as you read.**
○ 잘 듣고 단어에 강세를 표시하세요.	**Listen carefully and put the stress on the words.**
○ 새로운 단어를 적을 때는 단어의 강세를 표시하세요.	**Write down the word stress when you record new words.**
○ 이 단어에 강세를 잘못 줬어요.	**You have stressed this word incorrectly.**
○ 이 부분을 더 크게 말해야 해요.	**You have to say this part louder.**
○ 이 음절을 다른 것보다 더 크게 말하세요.	**Say this syllable louder than the others.**
○ 강세에 주의해서 다시 읽으세요.	**Pay attention to the stress and read it again.**
○ 입에 익을 때까지 강세가 있는 음절을 과장해서 말하세요.	**Exaggerate the stressed syllable until it becomes natural for you.**
○ 강세를 받는 음절이 들리면 손뼉을 칩시다.	**Let's clap when you hear a stressed syllable.**
○ 강세를 받는 단어에서 손뼉을 치세요.	**Clap the stressed words.**
○ 손뼉을 치면서 리듬을 느껴 보세요.	**Feel the rhythm as you clap.**

억양

- 내 목소리가 올라가는 방식을 잘 들어 보세요.

  Listen to the way my voice goes up.

- 이 문장 끝에서 억양이 어떻게 올라가는지 잘 들어 보세요.

  Listen how the intonation goes up at the end of this sentence.

- 억양에 주의해서 말해 보세요.

  Speak out paying attention to the intonation.

- 원어민의 억양을 잘 듣고 그대로 따라 해 보세요.

  Listen carefully to the intonation of the native English speaker and try to copy it.

- 억양을 연습할 때는 과장해도 좋아요.

  It's OK to exaggerate when you practice the intonation.

- 손으로 억양을 표시해 보세요.

  Indicate the intonation with your hands.

- 내가 손으로 억양 곡선을 그려 볼게요.

  Let me draw the intonation curves with my hand.

- 남자가 목소리를 이렇게 올렸어요.

  The man raised his voice like this.

- 목소리가 내려가는 것을 알아챘나요?

  Did you notice the voice going down?

- 억양을 올려야 해요.

  You need to raise the intonation.

- 이 문장 끝에서는 목소리를 내려야 해요.

  You must let your voice fall at the end of this sentence.

- 이 경우에는 문장 끝에서 목소리가 내려가야 해요.

  In this case, your voice has to fall down at the end of the sentence.

- 억양이 올라가는 부가의문문은 진짜 질문입니다.

  A tag question with a rising intonation is a real question.

- 부가의문문에서 목소리를 내리면 확인을 원하는 거예요.

  If your voice falls down in a tag question, it means that you want a confirmation.

활동별 Part III
Teaching
Activities 지도

Unit 1
연습문제 및 시험
Exercises and Tests

연습문제 풀기
Doing Exercises

01

> T   If you have finished, I want you to do the exercise
>   on page 10. I'll give you 10 minutes.
> S   Done.
> T   Wow, already? That was quick!
>   Try the next exercise on the next page as well.
>
> **T** 다 끝났으면 10쪽에 있는 연습문제를 하길 바랍니다. 10분을 주겠어요. | **S** 다 했어요. | **T** 우아, 벌써?
> 정말 빠르네요! 다음 페이지에 있는 그다음 연습문제도 해 보세요.

🔖 문제 풀이 시키기 ────────────

- 여기 연습문제가 몇 개 있어요.　　　Here are some exercise questions.

- 연습문제를 풀어 보세요.　　　　　Please answer the exercise questions.

- 이제 연습문제를 풀어 봅시다.　　　Let's do the exercise now.

- 연습문제 12번을 풀어 보세요.　　　Try exercise 12.

- 10쪽에 있는 연습문제를 풀어 보세요. I want you to do the exercise on page 10.

- 연습문제 6번에 있는 질문에　　　　Answer the questions in exercise 6.
  답하세요.

- 연습문제 B로 넘어가세요.　　　　　Go on to exercise B.

- 1번부터 5번까지 풀어 봅시다.　　　Let's do numbers 1 to 5.

- 처음 다섯 개의 문제만 하세요.　　　Just do the first five questions.

- 첫 번째 파트만 하세요.　　　　　　Just do the first part.

- 두 번째 파트는 하지 마세요.　　　　Leave out the second part.

o 두 번째 문제는 건너뛰세요.   Skip the second question.

o 모든 문제를 다 풀어 보세요.   Answer all the questions.

o 이 연습문제는 10분을 주겠어요.   I'll give you 10 minutes for this exercise.

o 나와서 3번을 풀어 보세요.   Please come out and do number 3.

o 다 했으면 다음 연습문제도 풀어 보세요.   Try the next exercise as well if you have finished it.

o 다음 페이지에서 연습문제를 찾아보세요.   Find the exercise on the next page.

📕 문제 같이 풀기 _____

o 연습문제를 한번 봅시다.   Let's have a look at the exercise.

o 연습문제를 같이 해 봅시다.   Let's do the exercise together.

o 문제에 대답해 봅시다.   Let's answer the questions.

o 첫 번째 문제부터 시작해 봅시다.   Let's start with the first question.

o 연습문제를 같이 풀어 볼까요?   Shall we go through the exercise together?

o 문제를 다 같이 풀어 보는 게 어때요?   Why don't we go over the questions all together?

o 문제 2번으로 넘어갑시다.   Let's go on to question 2.

o 세 번째 문제로는 나중에 다시 돌아올 거예요.   We'll come back to the third question later.

o 다 함께 하기를 원해요?   Do you want to do it all together?

02 답 확인하기
Checking the Answers

T	Have you all finished? Then let's check the answers.
	What's the answer to number 1?
S	The answer is (b).
T	That's the right answer.
	Now, Minho, what did you pick for number 2?
S	I picked (a).
T	Do you think (a) is the right answer?
	Hmm... Any other answers?

T 다 끝냈어요? 그럼 답을 확인해 봅시다. 1번 답은 뭐죠? | **S** 답은 (b)예요. | **T** 정답입니다. 그럼 민호, 2번에는 무슨 답을 골랐어요? | **S** (a)를 골랐어요. | **T** (a)가 정답이라고 생각해요? 음⋯ 다른 답 있나요?

📑 답 확인하기

○ 답을 확인해 봅시다.	Let's check the answers.
○ 답이 무엇인지 알아봅시다.	Let's find out what the answers are.
○ 답을 빨리 확인해 봅시다.	Let's quickly run through the answers.
○ 답은 20쪽에 있습니다.	The answers are on page 20.
○ 답은 20쪽에서 확인하세요.	Check your answers on page 20.
○ 답은 20쪽에서 찾을 수 있어요.	You can find the answers on page 20.
○ 1번 답은 무엇인가요?	What's the answer to number 1?
○ 1번부터 답을 불러 주세요.	Call out the answers starting from number 1.
○ 2번 답을 소리 내서 읽어 볼래요?	Could you read out the answer to number 2?

이 문제의 답이 (a)인가요 (b)인가요?	Was the answer to this question (a) or (b)?
2번에는 무엇을 골랐어요?	What did you pick for number 2?
2번에 뭐라고 했어요?	What did you say to number 2?
2번에 뭐라고 썼어요?	What have you written for number 2?
2번 문제의 답을 뭐라고 했나요?	What do you have for question number 2?
6번에 뭐라고 답했나요?	What did you answer to question 6?
답이 3번이라고 생각하는 사람?	Who thinks the answer is number 3?
다른 답 있나요?	Any other answers?
여러분이 맞는지 확인해 봅시다.	Let's check out if you're right.
5번 문제의 답은 4번입니다.	The answer to question 5 is number 4.
2번은 답이 될 수 없어요.	Number 2 can't be the answer.
2번은 왜 답이 될 수 없다고 생각해요?	Why do you think number 2 can't be the answer?
답이 왜 3번인지 설명할 수 있는 사람?	Who can explain why the answer is 3?
이 문제는 약간 헷갈렸어요.	This question was a little confusing.
답을 맞혔나요?	Did you get the answer right?
어떤 것이 정답이라고 생각해요?	Which do you think is the right answer?
답이 한 개 이상인 문제가 있었나요?	Were there any questions with more than one answer?

🔖 채점하기

짝과 시험지를 바꾸세요.	Change your test paper with your neighbor.
맞았으면 동그라미를 치세요.	Draw a circle if you got it right.
이 문제를 맞힌 사람은 손을 드세요.	Raise your hand if you got this question right.
어떤 문제를 틀렸는지 확인하세요.	Check which questions you have got wrong.

○ 시험지를 채점하면서 틀린 답을 고치세요.	Correct the wrong answers as you mark your papers.
○ 한 문제당 10점씩입니다.	It's 10 points for each question.
○ 총점을 우측 상단 코너에 쓰세요.	Write your total score in the top-right corner.
○ 친구의 점수를 시험지 위에 써 주세요.	Please write your friend's score at the top of his or her paper.
○ 여러분의 시험지를 채점해서 나눠 줄 거예요.	I'll mark your papers and hand them out.

🔖 점수 확인하기 _____

○ 점수를 확인해 봅시다.	Let's check the score.
○ 점수를 계산해 보세요.	Count up your points.
○ 점수를 더해 보세요.	Add up your scores.
○ 총점이 어떻게 되나요?	What's the total?
○ 몇 점인가요?	What's your score?
○ 몇 점 받았어요?	How many points did you get?
○ 몇 개 맞혔나요?	How many did you get right?
○ 몇 개 틀렸어요?	How many did you get wrong?
○ 다 맞힌 사람?	Who got everything right?
○ 다 틀린 사람?	Who got everything wrong?
○ 한 개 틀린 사람 손들어 보세요.	Put your hand up if you have got one wrong.

03 시험 일정 알리기
Announcing the Test Schedule

T   You'll take an exam next week.

S   Oh, no. Not again!

T   It's a simple test to check how hard you have studied.
Don't worry, it won't be difficult.

S   What do we have to study?

T   Please study from lesson 4 to lesson 6.
The exam questions are based on what you have
learned in the textbook. Please prepare well for the
exam.

T 다음 주에 시험을 볼 거예요. | **S** 아, 싫어요. 또요! | **T** 여러분이 얼마나 열심히 공부했는지 확인하는 간단한 시험이에요. 걱정하지 마세요. 어렵지 않을 거예요. | **S** 무엇을 공부해야 돼요? | **T** 4과에서 6과까지 공부하세요. 시험 문제는 교과서에서 배운 것에서 나와요. 시험 준비 잘 하세요.

📑 시험 예고

o 내일 듣기 시험을 보겠어요.   We'll have a listening test tomorrow.

o 다음 시간에 단어 시험을 보겠어요.   We're going to have a word test in our next
class.

o 이 과가 끝나면 간단한
쪽지시험을 보겠어요.   We'll have a short quiz at the end of this
lesson.

o 한 과가 끝나면 복습하는
시험을 볼 거예요.   We're going to have a review test after each
lesson.

o 여러분이 얼마나 열심히 공부
했는지를 확인하는 시험이에요.   It's a test to check how hard you have
studied.

○ 이번 주 목요일에 시험이 있어요.	There will be a test this Thursday.
○ 다음 주에 시험을 볼 거예요.	You'll take an exam next week.
○ 다음 주에 중간고사가 있는 거 다 알죠?	Do you all know that we have a mid-term exam next week?
○ 2주 후에 기말고사가 있을 거예요.	You'll have a final exam in two weeks.
○ 다음 주부터 학년말 고사가 시작됩니다.	Year-end exams start from next week.
○ 어휘 시험과 독해 시험을 볼 거예요.	You're going to have a vocabulary test and a reading test.
○ 말하기 시험으로 인터뷰를 할 거예요.	We'll do an interview for the speaking test.
○ 쓰기 시험은 에세이로 대체할 거예요.	We'll replace the writing test with an essay.
○ 이 시험은 점수가 매겨질 거예요.	This test will be graded.
○ 이 시험 점수는 중간고사에 포함될 거예요.	Your score for this test will be included in your mid-term exam.
○ 시험이 끝나고 일주일 후에 성적표를 받게 될 거예요.	You will receive your report cards a week after the test.

📑 시험 범위

○ 시험 범위는 1과에서 3과까지 입니다.	The exam covers lessons 1 to 3.
○ 1과부터 3과까지 공부하세요.	Please study lessons 1 to 3.
○ 이 부분은 시험에 나올 거예요.	This part will be dealt with in the test.
○ 시험은 여러분의 숙제와 교과서 에서 나옵니다.	The test is based on your assignments and the textbook.
○ 시험 문제는 여러분이 지금까지 배운 것에서 나와요.	Test questions are based on what you have learned so far.

○ 1 번부터 5번 문제는 리스닝 교재에서 나옵니다.	Questions 1 to 5 are from the listening textbook.
○ 다음 주에 시험을 치를 테니 5과의 새로운 표현과 단어를 모두 외우세요.	Memorize all the new expressions and words in lesson 5 because we'll have a test next week.
○ 이 부분은 아주 중요하니까 체크해 두세요.	Please check this part because it's really important.
○ 이 부분을 공부할 때는 특히 주의하세요.	Take extra care when you study this part.
○ 책 뒤에 있는 어휘 파트도 공부하세요.	You should also study the vocabulary part at the back of the book.

🔖 시험 대비 ──────────────

○ 시험 준비 잘 하세요.	Please prepare well for the exam.
○ 내일 있을 시험에 잘 대비하고 있죠?	Are you preparing well for the test tomorrow?
○ 제발 미리미리 시험공부 하세요.	Please do study in advance for the test.
○ 말하기 시험을 준비하세요.	Please prepare for the speaking test.
○ 듣기 시험을 위해서는 CD를 열심히 들으세요.	Listen hard to the CD for the listening test.
○ 본문을 외워야 할 거예요.	You'll have to memorize the text.
○ 시험 준비를 할 때 새로운 표현에 주의하세요.	Pay attention to the new expressions when you prepare for the test.
○ 공부를 열심히 했으면 어렵지 않을 거예요.	It won't be hard if you have studied hard.
○ 모두 결과에 만족할 수 있도록 열심히 준비하세요.	Prepare well so that everyone can be satisfied with the results.
○ 컴퓨터용 사인펜을 준비하세요.	Please have your computer pens ready.

04 시험 보는 규칙
Rules for Taking a Test

> **T**   You'll take the exam for 45 minutes.
> Bring your watch with you and check your time.
>
> **S**   Are we allowed to go to the bathroom during the test?
>
> **T**   No, you're not allowed.
> And you have to turn off your mobile phones during the test. Also, you can't make corrections on the OMR cards, so be careful when you mark your answers.
>
> **T** 45분 동안 시험을 볼 거예요. 시계를 가져와서 시간을 확인하세요. | **S** 시험 도중에 화장실에 가도 되나요? | **T** 아뇨, 안 돼요. 그리고 시험 보는 동안에는 핸드폰도 꺼야 합니다. 또한, OMR 카드에는 수정할 수 없으니까 답을 표기할 때 조심하세요.

🔖 시험 보는 규칙 설명

○ 시험은 한 시간 동안 볼 거예요.   You'll take the exam for an hour.

○ 시험은 약 45분 동안 치를 거예요.   It'll take about 45 minutes for the test.

○ 시험 사이에 10분간의 휴식 시간을 가질 거예요.   We'll have a ten-minute break between the tests.

○ 시계를 가져와서 시간을 확인하세요.   Bring your watch with you and check your time.

○ 종료 시간 10분 전에 알려 주겠어요.   I'll let you know 10 minutes before the time is up.

○ 시험 보는 동안에는 화장실에 갈 수 없어요.   You are not allowed to go to the bathroom during the exam.

- 시험 보는 동안에는 핸드폰을 끄세요.Turn off your mobile phones during the test.

- 핸드폰을 끄고 가방에 넣으세요.　　Turn your cell phones off and put them in your bags.

- 답안지에는 컴퓨터용 사인펜만 사용할 수 있어요.　　You can only use computer pens on the answer sheet.

- OMR 카드에는 수정할 수 없어요.　　You can't make corrections on the OMR cards.

- 답안지에 실수하지 않도록 주의하세요.　　Be careful not to make mistakes on your answer sheets.

- 답안지는 한 번만 교체할 수 있어요.　You can exchange your answer sheet just once.

- 시험지에 낙서하지 마세요.　　Don't scribble on the test paper.

- 시험지를 찢거나 구기지 마세요.　　Don't rip or crumple your test paper.

- 시험 중에는 이야기를 하면 안 됩니다.　　You should not talk during the test.

- 다른 사람들과 문제를 의논하면 안 됩니다.　　You must not discuss the questions with others.

- 질문이 있으면 조용히 손만 드세요.　If you have any questions, just raise your hand silently.

- 듣기평가 시간에는 절대적으로 조용히 하세요.　　Be absolutely quiet during the listening test.

- 종이 울리면 쓰는 것을 멈추세요.　　Stop writing when the bell rings.

- 모든 사람들이 끝나기 전에는 교실을 나갈 수 없습니다.　　You may not leave the classroom before everyone has finished.

📍 부정행위 단속 ──────────────

- 뒤를 보지 마세요.　　Don't look back.

- 돌아보지 마세요.　　Don't turn around.

○ 시험 중에 고개를 돌리지 마세요.	Don't turn your heads during the test.
○ 친구와 이야기하지 마세요.	Don't talk with your friends.
○ 의심스러운 행동을 하지 마세요.	Don't do anything suspicious.
○ 책상 위에 아무것도 쓰지 마세요.	Don't write anything on your desks.
○ 서랍에 손을 넣지 마세요.	Don't put your hands in your drawers.
○ 서랍에 아무것도 없는지 확인하세요.	Be sure that there's nothing in your drawers.
○ 다른 사람의 답을 보지 마세요.	Don't look at other people's answers.
○ 친구에게 자신의 답을 보여 주지 마세요.	Don't show your answers to your friends.
○ 부정행위를 하면 절대 안 됩니다.	You must not cheat.
○ 부정행위는 나쁜 짓이에요.	Cheating is a bad thing.
○ 부정행위를 하는 사람은 아무런 점수도 못 받습니다.	Those who cheat will get no points.
○ 부정행위를 하는 사람은 퇴실시킬 거예요.	People who cheat will be asked to leave the classroom.
○ 시험 중에 말하는 사람은 부정행위를 한 것으로 간주하겠습니다.	People who talk during the exam will be considered to be cheating.

TIP BOX 시험 명칭

중간고사	mid-term exam	성취도 평가	achievement test
기말고사	final exam	능력시험	proficiency test
형성평가	formative test	객관식 시험	objective test
쪽지시험	quiz	주관식 시험	subjective test
수행평가	performance assessment	선다형 시험	multiple-choice test
배치고사	placement test	자유 해답형 시험	open-ended test
진단평가	diagnostic test	논술형 시험	essay test

05 시험 감독
Directing

T It's time for the test now.
Put away everything on your desk.
You only need a pencil and an eraser.

T I'm going to hand out the test papers and answer sheets now.

S Shall I pass them to the back?

T Yes, please.
When you get your exam paper, write your name and wait. Don't turn the pages before I tell you to start.

T 이제 시험 볼 시간이에요. 책상 위에 있는 것을 모두 치우세요. 연필과 지우개만 있으면 됩니다. | T 이제 시험지와 답안지를 나누어 주겠어요. | S 뒤로 돌릴까요? | T 네, 그렇게 하세요. 시험지를 받으면 이름을 쓰고 기다리세요. 내가 시작하라고 하기 전에는 페이지를 넘기지 마세요.

🔖 시험 시작하기

○ 이제 시험을 볼 시간입니다.　　　Time for the test now.

○ 책을 치우세요.　　　Put your books away.

○ 책상을 깨끗하게 하세요.　　　Please clean your desks.

○ 책상 위에 있는 것을 모두 치우세요. Put away everything on your desk.

○ 모든 것을 가방 속에 집어넣으세요. Put everything into your bags.

○ 연필과 지우개만 있으면 돼요.　　　You only need a pencil and an eraser.

○ 시험지를 나누어 주겠어요.　　　I'll pass out the test papers.

○ 이제 시험지와 답안지를 나누어 주겠어요.	I'm going to hand out the test papers and answer sheets now.
○ 아직 시험지를 돌리지 마세요.	Don't pass the test papers yet.
○ 답안지를 뒤로 넘기세요.	Please pass back the answer sheets.
○ 한 장씩 갖고 나머지는 뒤로 돌리세요.	Take one and pass the rest to the back.
○ 모두 하나씩 받았어요?	Did everybody get one?
○ 시험지를 받으면 이름을 쓰고 기다리세요.	When you get your exam paper, write your name and wait.
○ 시험지를 받으면 바로 시작하세요.	Start as soon as you receive your exam paper.
○ 내가 시작하라고 할 때까지 기다리세요.	Wait till I tell you to start.
○ 내가 시작하라고 하기 전에는 페이지를 넘기지 마세요.	Don't turn the pages before I tell you to start.
○ 이제 시작하세요.	Start now.
○ 이제 시작해도 됩니다.	You may begin now.
○ 답안지에 표기를 시작하세요.	Start marking on your answer sheets.
○ 화장실에 꼭 가야 하는 사람은 손을 드세요.	If you must go to the bathroom, raise your hand.
○ 답안지를 교체하고 싶으면 조용히 손을 드세요.	If you want to exchange your answer sheet, silently raise your hand.

🔖 시험 종료하기 ────────────

○ 5분 남았어요.	You have five minutes left.
○ 시간이 거의 다 됐어요. 정리하세요.	Time is nearly over. Please wrap up.
○ 답안지에 표기하세요.	Mark on your answer sheets.

o 답안지 표기를 끝내 주세요.   Please finish marking your answer sheets.

o 실수가 있는지 다시 확인하세요.   Check again for any mistakes.

o 다 끝낸 사람은 답을 다시 확인 해 보세요.   Those who have finished, please check your answers again.

o 반, 번호, 이름을 제대로 썼는지 확인하세요.   Check if you have written your class, number, and name correctly.

o 미안하지만 이제 답안지를 바꿔 줄 수 없어요.   Sorry, I can't exchange your answer sheet now.

o 일단 종이 울리면 답안지에 표기 할 수 없으니 유의하세요.   Be aware that once the bell rings, you may not mark on your answer sheets.

o 다 끝냈어도 자리에 앉아 있으세요.   If you have finished, please remain seated.

o 종이 울리면 나가도 됩니다.   You may leave when the bell rings.

o 시간 다 됐어요.   Time's up.

o 그만 쓰세요.   Stop writing.

o 연필을 내려놓으세요.   Pencils down, please.

o 이제 펜을 내려놓으세요.   Put your pens down now.

o 모두 머리 위에 손을 올리세요.   Everybody, put your hands on your head.

o 이제 답안지를 걷겠어요.   I'm going to collect your answer sheets now.

o 답안지를 뒤에서 걷어 오세요.   Collect the answer sheets from the back.

o 시험지는 가지고 있고 답안지는 제출하세요.   Keep the test papers and turn in the answer sheets.

06 성적 발표
Announcing the Test Results

T   I have your test results in my hand.

S   Did we do well?

T   Not really. Your test score is not good enough.
       Was the test too difficult for you?

S   Kind of.

T   The average is 68 out of 100.
       Here, I'll give out your report cards.

T 내 손에 여러분의 성적이 있어요. | **S** 우리 잘했나요? | **T** 별로. 여러분의 시험 점수가 썩 좋지는 않아요. 시험이 여러분에게 너무 어려웠나요? | **S** 조금요. | **T** 평균이 100점 만점에 68점이에요. 자, 성적표를 나누어 주겠어요.

성적표 및 성적 확인

o 성적이 나왔어요.   Your exam results have come out.

o 성적을 알려 주겠어요.   I'll let you know the test results.

o 오늘 성적이 나올 거예요.   Your test results will come out today.

o 오후에 듣기 성적을 받게 될 거예요.   You'll get your listening test results in the afternoon.

o 성적표를 나누어 주겠어요.   I'll give out your report cards.

o 점수를 확인해 보세요.   Please check your score.

o 결과가 제대로 나왔는지 확인해 보세요.   Please check whether your result is correct.

o 시험 점수에 이상이 있는지 살펴보세요.   See if there's anything wrong with your test score.

○ 결과에 잘못된 점이 있다고 생각하는 사람 있나요?	Is there anyone who thinks there's something wrong with the result?
○ 점수가 잘못됐다고 생각하면 나한테 오세요.	If you think the score is wrong, please come to me.
○ 성적표에 부모님의 사인을 받은 다음 나한테 다시 가져오세요.	Get your parents to sign the report card and bring it back to me.

▧ 성적에 대한 논평

○ 시험을 잘 봤어요.	You aced the test.
○ 중간고사 결과가 좋아요.	Your mid-term exam result is good.
○ 우리 반이 일등을 했어요.	Our class won the first place.
○ 시험 결과가 나빠요.	Your exam result is bad.
○ 시험 점수가 별로 좋지 않아요.	Your test score is not good enough.
○ 시험이 여러분에게 너무 어려웠나요?	Was the exam too difficult for you?
○ 평균이 100점 만점에 68점이에요.	The average is 68 out of 100.
○ 여러분 점수가 평균보다 15점이 높아요.	Your score is 15 points higher than the average.
○ 80점 이상 받은 사람은 손을 들어 보세요.	People who have got over 80 points, raise your hands.
○ 지난번보다 잘한 사람은 손을 들어 보세요.	Put your hand up if you did better than the last time.
○ 100점 받은 사람이 열 명 있군요.	There are 10 people who got 100 points.
○ 몇 등이에요?	What's your ranking?
○ 수학 점수가 몇 점이죠?	What's your math score?
○ 소윤이가 일등을 했군요.	Soyoon took the first place.
○ 이번 시험을 정말 잘 봤어요.	You really did a good job in this test.
○ 이번에 성적이 많이 올랐네요.	You have improved a lot this time.

| 이번 시험에서 점수가 5점이 떨어졌어요. | Your score has gone down five points in this test. |

- 이번 시험에서 점수가 5점이 떨어졌어요.　　Your score has gone down five points in this test.
- 다음번에는 더 잘하겠다고 약속하세요.　　Promise me you'll do better next time.
- 다음번에는 같은 실수를 하지 않도록 노력하세요.　　Try not to make the same mistakes next time.
- 시험 점수가 전부는 아니지만 여전히 매우 중요하긴 해요.　　Test scores are not everything but still, they're very important.

TIP BOX 자주 사용되는 시험 지시문

Read the directions carefully.	지시사항을 잘 읽으세요.
Listen and answer.	듣고 답하세요.
Find the right answer.	맞는 답을 찾으시오.
Choose the correct answer.	맞는 답을 고르시오.
Choose the best answer.	가장 적절한 답을 고르시오.
Pick the best response.	가장 적절한 대답을 고르시오.
Choose the wrong word.	틀린 단어를 고르시오.
Complete the sentence.	문장을 완성하시오.
Fill in the gaps. / Fill in the blank.	빈칸을 채우시오.
Correct the underlined part.	밑줄 친 부분을 바르게 고치시오.
Choose the sentence that is written correctly.	바르게 쓰인 문장을 고르시오.
Read the passage and choose the best answer to each question.	글을 읽고 각 질문에 가장 알맞은 답을 고르시오.
Choose the sentence that best describes the picture.	그림을 가장 잘 묘사하고 있는 문장을 고르시오.
Choose the word that means the same as the underlined word.	밑줄 친 단어와 같은 뜻을 가진 단어를 고르시오.
Choose the word that is the opposite of the given word.	주어진 단어와 반대되는 단어를 고르시오.
Choose the word that fits into the blank in each sentence.	각 문장의 빈칸에 알맞은 단어를 고르시오.

Unit 2

개별 활동 및 그룹 활동
Individual Work and Group Work

개별 활동 · 짝 활동
Individual Work · Pair Work

> **T**   Let's do some pair work.
>
>   Find a partner and get into pairs.
>
>   Juwon, why are you standing there like that?
>
> **S**   I don't have a partner.
>
> **T**   Oh, don't worry. If you don't have one, I'll be yours.
>
> **S**   Thank you.
>
> **T**   Now, everybody, one person is the doctor and the
>
>   other is the patient.
>
> **T** 짝 활동을 좀 합시다. 파트너를 찾아서 짝을 지으세요. 주원아, 넌 왜 거기에 그렇게 서 있지? | **S** 저는 짝이 없어요. | **T** 이런, 걱정하지 마. 짝이 없으면 내가 짝이 되어 줄게. | **S** 고맙습니다. | **T** 자, 여러분, 한 사람은 의사고, 다른 한 사람은 환자입니다.

🔖 개별 활동

○ 이건 개별 활동이에요.	It's individual work.
○ 혼자 하세요.	Work alone.
○ 혼자서 해야 합니다.	You have to work by yourselves.
○ 혼자 힘으로 해야 합니다.	You have to do it on your own.
○ 단독으로 해 보세요.	Please do it independently.
○ 혼자 하려고 노력하세요.	Try to do it by yourself.
○ 짝을 방해하지 마세요.	Don't disturb your neighbor.
○ 짝과 상의하지 마세요.	Don't discuss with your partner.
○ 다른 친구들에게 묻지 마세요.	Don't ask other friends.

ㅇ 아직 나한테 물어보지 마세요.	Don't ask me yet.
ㅇ 자기 것을 옆 사람에게 보여 주지 마세요.	Don't show yours to your neighbor.
ㅇ 다른 사람 것을 보지 마세요.	Don't look at other people's work.
ㅇ 이건 개별 경쟁이에요.	It's an individual competition.
ㅇ 누가 가장 빠른지 보겠어요.	Let me see who's the fastest.

🔖 짝 활동

ㅇ 짝 활동을 합시다.	Let's do pair work.
ㅇ 이것은 짝 활동이에요.	This is a pair activity.
ㅇ 이 활동에는 짝이 필요해요.	You need a partner for this activity.
ㅇ 짝끼리 하세요.	Work in pairs. / Do it in pairs.
ㅇ 짝을 찾으세요.	Find a partner. / Get a partner.
ㅇ 두 명씩 짝을 지으세요.	Please get into pairs. / Please pair up.
ㅇ 옆에 앉은 친구와 하세요.	Work with your friend sitting next to you.
ㅇ 짝과 같이 해야 합니다.	You need to work with a partner.
ㅇ 친구와 함께 하세요.	Work together with a friend.
ㅇ 다들 짝이 있나요?	Do you all have a partner?
ㅇ 누가 짝이 없나요?	Who hasn't got a partner?
ㅇ 짝이 없으면 내가 짝이 되어 줄게요.	If you don't have a partner, I'll be yours.
ㅇ 짝끼리 대화를 연습하세요.	Practice the dialogue in pairs.
ㅇ 짝과 함께 연습문제를 풀어 보세요.	Do the exercise with your partner.
ㅇ 이제 짝과 역할을 바꾸세요.	Now, change the roles with your partner.
ㅇ 이번엔 짝을 바꿔 봅시다.	This time, let's change partners.
ㅇ 어떤 쌍이 가장 잘하는지 보겠어요.	I'll see which pair is the best.

02 그룹 활동
Group Work

T	I'll divide you into several groups.
	Let's see... I need five groups.
	So, that makes six people in each group.
S	Do we get to choose which group to join in?
T	Do you want to do so?
S	Yes!
T	Alright, make five groups of six, now!

T 여러분을 몇 개의 그룹으로 나눌 거예요. 어디 봅시다… 다섯 개의 그룹이 필요해요. 그러면 각 그룹에 여섯 명씩 있어야겠네요. | **S** 어느 그룹에 들어갈지 우리가 선택하게 되나요? | **T** 그렇게 하고 싶어요? | **S** 네! | **T** 좋아요, 여섯 명씩 다섯 개의 그룹을 만드세요. 지금요!

🔖 그룹 활동

○ 그룹 활동을 할 거예요.	We're going to do group work.
○ 그룹별로 하세요.	Work in groups.
○ 이것은 그룹별로 해야 돼요.	We need to get this done in groups.
○ 다음 과제는 조별로 해야 돼요.	You have to do the next task in groups.
○ 조원들과 의논해 보세요.	Discuss with your group members.
○ 그룹 내에서 해결책을 찾아야 해요.	You have to find a solution within your group.
○ 조원들을 인터뷰한 다음에 표를 채우세요.	Interview your group members and fill in the chart.
○ 팀워크가 중요합니다.	Teamwork is important.

팀워크가 좋아야만 성공할 수 있어요.	You can succeed only when you have good teamwork.
협동적이어야 합니다.	You have to be cooperative.
서로 협동을 해야 돼요.	You have to cooperate with each other.
돌아가면서 하세요.	Take turns.
한 사람도 빠지지 않도록 하세요.	Make sure that nobody is left out.
가장 잘한 팀원에게는 칭찬 스티커를 두 장씩 주겠어요.	I'll give two praise stickers each to the best team members.
각 조는 결과를 발표할 거예요.	Each group will present the results.
조장이 발표를 할 거예요.	Group leaders will do the presentation.
이 조부터 시작해 볼까요?	Shall we start with this group?
다음 그룹, 준비해 주세요.	The next group, please get prepared.
여러분 팀이 A파트를 합니다.	Your team will do part A.
뒤쪽 줄이 먼저 하세요.	Back rows first.
이번에는 앞쪽 줄만 하세요.	This time, just the front rows.

🔖 그룹 구성하기

몇 개의 그룹으로 나눕시다.	Let's get into some groups.
여러분을 몇 개의 그룹으로 나눌 거예요.	I'll divide you into several groups.
반을 절반으로 나눌 거예요.	I'll split the class in half.
반을 다섯 개의 그룹으로 나눕시다.	Let's divide the class into five groups.
모두 열여섯 명이니까, 각 조에 네 명씩이에요.	We're 16 in total. That makes four people in each group.
한 조에 여섯 명입니다.	A group has six people in it.
여섯 개의 조가 필요해요.	We need six groups.

○ 6인 5조가 필요합니다.	We need five groups of six.
○ 네 개의 팀을 만드세요.	Make four teams.
○ 세 개의 그룹을 만드세요.	Please form three groups.
○ 다섯 명씩 모이세요.	Five people get together.
○ 각 조에 다섯 명씩이에요.	Five students in each group, please.
○ 다섯 명씩 앉으세요.	Please sit in groups of five.
○ 1번부터 7번까지는 A조입니다.	Number 1 to 7 are in Group A.
○ 이쪽 반은 A고, 나머지 반은 B예요.	This half is A and the other half is B.
○ 이 여섯 명이 A팀이에요.	These six students are Team A.
○ 이 두 줄이 한 팀입니다.	These two rows are one team.
○ 여기 이 줄, 여러분이 한 팀이에요.	This row here, you are one team.
○ 정민, 지영, 소희가 같은 조예요.	Jeongmin, Jiyoung, and Sohee are in the same group.
○ 앗, 두 명이 남네요.	Oh, we have two left.
○ 어느 조에 들어가고 싶어요?	Which group would you like to be in?
○ 나머지 두 사람은 4조에 합류합니다.	The remaining two people will join Group 4.
○ 각자의 그룹으로 이동하세요.	Please get into your groups.
○ 모두 자신의 그룹을 찾아가세요.	Everyone, go and find your groups.
○ 찬성하는 사람들은 오른쪽으로, 반대하는 사람들은 왼쪽으로.	People who agree, to the right side and who disagree, to the left side.

🔖 책상 및 자리 배치 ──────────────

○ 각 그룹은 세 개의 책상이 필요해요.	Each group needs three desks.
○ 책상을 그룹별로 배열하세요.	Please arrange your desks into your groups.
○ 책상을 붙이세요.	Put the desks together.

o 책상을 돌리세요.	Turn your desks around.
o 책상을 원형으로 배열하세요.	Put your desks into a circle.
o 책상을 U자 형태로 놓으세요.	Please put your desks into a U shape.
o 여러분의 그룹과 함께 앉으세요.	Sit with your group.
o 원형으로 앉으세요.	Please sit in a circle.
o A팀은 저기 가서 앉으세요.	Team A, go and sit over there.
o B팀은 이쪽으로 와서 앉으세요.	Team B, come and sit over here.
o 모두 이 팀처럼 만들어 보세요.	Everybody, make a team like this team.
o 이제 모든 그룹이 만들어졌어요.	Now, we have all the groups formed.

🏴 그룹 구성원의 역할 정하기 ─────────────

o 각 조는 대표가 필요해요.	Each group needs a representative.
o 각 조는 대표를 뽑으세요.	Each group, please select a leader.
o 여러분이 직접 대표를 뽑을래요?	Would you like to pick the leader yourself?
o 내가 여러분 대신 대표를 골라 주길 원해요?	Do you want me to choose the leader for you?
o 발표자도 필요해요.	You also need a presenter.
o 시간을 체크하는 사람도 뽑읍시다.	Let's choose someone who checks the time.
o 상의하고 결정할 시간을 1분 주겠어요.	I'll give you one minute for you to discuss and decide.
o 누가 이 팀의 대표인가요?	Who's the leader in this team?
o 누가 A그룹을 대표하나요?	Who represents Group A?
o 이제 모두 팀장이 있나요?	Do you all have a team leader now?
o 그룹 대표들은 모두 일어서 보세요.	All the group leaders, please stand up.
o 팀 이름을 만드세요.	Make a team name.

o 팀 이름을 결정했나요?　　　Have you decided your team name yet?

o 팀원은 팀장의 지시를 따라야　Team members should follow the leader's
  합니다.　　　　　　　　　　directions.

■ 수준별 활동 ─────────────────────

o 세 개의 그룹은 각각 다른 과업을　All three groups are going to do a different
  수행할 거예요.　　　　　　　task each.

o 각 그룹은 약간씩 다른 활동지를　Each group will receive slightly different
  받을 거예요.　　　　　　　　worksheets.

o A 그룹은 1번 활동지를 보고,　Group A, look at the worksheet No.1 and
  B그룹은 2번 활동지를 보세요.　Group B, you look at the worksheet No. 2.

o 각 그룹에 대한 지시사항이　　I have different directions for each group.
  다릅니다.

o 이 그룹은 1번 과제를 수행하세요.　This group will do task No. 1.

o 저쪽 그룹은 두 번째 과제를 해야　That group has to do the second task.
  합니다.

o A 조는 빈칸을 채워야 하고,　　Group A has to fill in the gaps while Group
  B조는 모든 문장을 써야 해요.　B writes down all the sentences.

o 다른 조를 따라 해 보았자　　　It's useless to follow other groups.
  소용없어요.

o 각 조가 결과물을 발표할　　　It's time for each group to present their
  시간입니다.　　　　　　　　work.

Unit 3

유아 및 초등학생을 위한 활동

Activities for Young Learners

01 알파벳 · 파닉스
Alphabet · Phonics

T	How many letters are there in the alphabet?
S	26 letters.
T	Correct! Today, we'll learn to write small letters. I hope you all remember how to write capital letters. Before we start, let's sing the alphabet song we learned last time. Point to the letters as you sing the song.

T 알파벳에 몇 개의 글자가 있죠? | **S** 스물여섯 개요. | **T** 맞았어요! 오늘은 소문자 쓰는 법을 배울 거예요. 대문자 쓰는 법은 여러분 모두 기억하고 있기를 바랍니다. 시작하기 전에 지난번에 배운 알파벳 노래를 불러 봅시다. 노래를 부르면서 글자를 가리켜 보세요.

알파벳 지도

o 알파벳에는 총 스물여섯 글자가 있어요.　There are 26 letters in the alphabet.

o 대문자를 배워 봅시다.　Let's learn capital letters.

o 이제 소문자를 봅시다.　Now, let's have a look at small letters.

o 이것은 A입니다.　This is an "A".

o '에이'라고 읽어요.　You read it "/ei/".

o 나를 따라 읽어 보세요, '에이'.　Repeat after me, "/ei/".

o 대문자와 소문자를 짝지어 보세요.　Match capital letters with small letters.

o 이 글자들을 알파벳 순서대로 나열하세요.　List these letters in alphabetical order.

○ 이 글자로 시작되는 단어를 고르세요. Choose the words starting with this letter.

○ a 다음에 오는 것은 무엇이죠? What comes after "a"?

○ c 앞에 오는 글자는 무엇이죠? Which letter comes before "c"?

○ 대문자와 소문자를 구별할 수 있겠어요? Can you tell the difference between capital letters and small letters?

○ 이게 대문자인지 소문자인지 맞혀 보세요. Please guess whether this is a capital letter or a small letter.

○ 소문자 l의 모양은 대문자 I와 비슷해요. Small "l" looks similar to capital "I".

○ b 와 d, p와 q를 혼동하지 않도록 주의하세요. Be careful not to get confused with "b" and "d", and "p" and "q".

🔖 알파벳 쓰기

○ 이제 알파벳을 써 봅시다. Now, let's write the alphabet.

○ 대문자는 이렇게 써요. This is how you write capital letters.

○ 소문자 a를 쓸 수 있는 사람? Who can write a small "a"?

○ 연습지의 점선을 따라서 알파벳을 써 보세요. Trace the dots on the worksheet to write the alphabet.

○ 연습지에 대문자를 따라 써 보세요. Trace capital letters on the worksheet.

○ 소문자는 대문자보다 작게 써야 해요. You have to write small letters smaller than capital letters.

○ 칠판에 대문자를 써 보겠어요? Would you like to write capital letters on the blackboard?

○ 짝을 지어 몸으로 알파벳 글자를 만들어 볼까요? Shall we make alphabet letters with our bodies in pairs?

○ 찰흙으로 알파벳 글자를 만들어 보겠어요. We're going to make alphabet letters with clay.

○ 집에서 알파벳을 다섯 번 써 오세요. **Please write the alphabet five times at home.**

○ 줄이 쳐진 영어 공책을 준비하세요. **Please prepare a lined English notebook.**

🔖 알파벳 노래 ────────────────

○ 알파벳 노래가 있어요. **There's an alphabet song.**

○ 알파벳 노래를 틀어 줄게요. **I'll play the alphabet song.**

○ 알파벳 노래는 이렇게 시작됩니다. **The alphabet song goes like this.**

○ 다 같이 알파벳 노래를 불러 봅시다. **Let's sing the alphabet song all together.**

○ 알파벳 노래를 부르면서 알파벳을 써 보세요. **Write the alphabet as you sing the alphabet song.**

○ 알파벳 노래를 부르면서 글자를 가리켜 보세요. **Point at the letters as you sing the alphabet song.**

🔖 모음의 소리 ────────────────

○ 이것들은 모음이라고 불러요. **These are called vowels.**

○ 영어에는 몇 개의 모음이 있죠? **How many vowels are there in English?**

○ 영어에는 다섯 개의 모음이 있어요. **There are five vowels in English.**

○ 모음을 모두 말해 볼래요? **Would you like to list all the vowels?**

○ 이 글자는 무슨 소리가 나죠? **What sound does this letter make?**

○ 이 a는 /æ/ 소리가 나요. **This "a" has an /æ/ sound.**

○ 우리말의 'ㅐ' 소리와 비슷해요, 그렇죠? **It's similar to "ㅐ" in our language, right?**

○ 입을 크게 벌리고 /a/ 소리를 내보세요. **Open your mouth wide and say /a/.**

○ 이 i는 /i/ 소리가 나요. **This "i" sounds like /i/.**

- 여기서 /i/ 소리는 짧게 발음 해야 돼요.

  The /i/ sound here should be pronounced short.

- 장모음과 단모음을 구별해야 합니다.

  You have to distinguish long vowels from short vowels.

- 장모음은 길게 발음하고, 단모음은 짧게 발음하세요.

  Pronounce long vowels long and short vowels short.

- 이건 길게 발음됩니다.

  This is pronounced long.

- 이 소리들은 짧게 발음하세요.

  Pronounce these sounds short.

- 단모음 /o/와 장모음 /oː/를 발음해 보세요.

  Pronounce the short /o/ and long /oː/ sound.

- 장모음 /uː/는 어떻게 발음할까요?

  How do you pronounce a long /uː/ sound?

📑 단어 속 모음

- /i/ 소리가 들어 있는 단어를 찾아보세요.

  Find the words that have an /i/ sound.

- /æ/ 소리로 시작하는 단어를 생각해 보세요.

  Think of a word that starts with an /æ/ sound.

- /a/ 소리가 들어 있는 단어에는 어떤 것이 있나요?

  What are the words that have an /a/ sound?

- /a/ 소리가 들어 있는 단어를 하나 말해 보세요.

  Tell me a word with an /a/ sound.

- /a/ 소리가 가운데 들어 있는 단어를 생각해 보세요.

  Think of a word that has an /a/ sound in the middle.

- pin, bin, lip에 /i/ 소리가 들어 있어요.

  There is an /i/ sound in "pin", "bin", and "lip".

- cat에 있는 a는 /a/ 소리가 아니고 /æ/ 소리예요.

  The "a" in "cat" is not an /a/ sound but an /æ/ sound.

- rain과 tail에 있는 ai를 보세요.

  Look at the letters "ai" in "rain" and "tail".

o gum에 있는 모음 소리는 무엇 인가요? | What's the vowel sound in "gum"?

o 다른 모음 소리를 가진 단어를 고르세요. | Pick out a word that has a different vowel sound.

📑 자음의 소리 ───────────────

o 이제 자음을 배워 봅시다. | Now, let's learn the consonants.

o 영어에는 스물한 개의 자음이 있어요. | There are 21 consonants in English.

o b는 어떤 소리가 나죠? | What sound does "b" make?

o b는 /b/ 소리가 나요. | "B" has a /b/ sound.

o m이 단어 끝에 올 때는 /m/ 소리가 나요. | When an "m" comes at the end of a word, it has an /m/ sound.

o 이것은 끝에 올 때 다르게 발음됩니다. | It is pronounced differently when it comes at the end.

o c는 두 개의 다른 소리가 납니다. soft c와 hard c로요. | "C" has two different sounds. Soft c and hard c.

o soft c는 /s/ 소리가 나고, hard c는 /k/ 소리가 나요. | A soft "c" has a /s/ sound, and a hard "c" has a /k/ sound.

o x로 시작하는 단어는 많지 않아요. | Not many words start with an "x".

o x가 단어 끝에 오면 /ks/ 소리가 납니다. | When an "x" comes at the end of a word, it has a /ks/ sound.

o /z/ 소리는 주의해서 내야 해요. | You have to be careful with the /z/ sound.

o /v/ 소리를 발음할 때는 윗니로 아랫입술을 살짝 물어야 해요. | You have to slightly bite your lower lip with your upper teeth when you pronounce the /v/ sound.

o /f/ 소리도 마찬가지예요. | It goes the same with the /f/ sound.

o 내 입술을 잘 보고 흉내 내어 보세요. | Look closely at my lips and try to copy them.

○ 이 소리는 우리말에는 없어요.   We don't have this sound in our language.

📕 단어 속 자음 ────────────

○ 단어 속 자음을 한번 봅시다.   Let's have a look at the consonants in words.

○ 이 단어는 어떤 소리로 시작하죠?   What sound does this word start with?

○ b로 시작하는 단어를 생각할 수 있나요?   Can you think of some words that start with a "b"?

○ boy, bat, bin, 좋아요. 또 어떤 것이 있나요?   "Boy", "bat", "bin", good. What else?

○ 이 단어들은 모두 같은 자음으로 시작해요.   These words all start with the same consonant.

○ /t/ 소리로 끝나는 단어를 찾아 보세요.   Find the words that end with a /t/ sound.

○ 어떤 단어가 /k/ 소리로 끝나죠?   Which word ends with a /k/ sound?

○ 그 단어는 /t/ 소리로 끝나는 것이 아니라 /p/ 소리로 끝납니다.   That word does not end with a /t/ sound but with a /p/ sound.

○ /f/ 소리가 들어 있는 단어를 고르세요.   Pick the words with a /f/ sound in it.

○ /f/ 소리가 들어 있는 단어의 그림에 동그라미를 치세요.   Circle the pictures with the /f/ sound in the word.

○ soft c로 시작하는 단어에는 뭐가 있죠?   What are the words that start with a soft "c"?

○ city, circle, cymbals는 모두 soft c로 시작합니다.   "City", "circle", "cymbals" all start with a soft "c".

○ giraffe의 g는 soft g인가요 hard g인가요?   Is the "g" in "giraffe" a soft "g" or a hard "g"?

🚩 이중자음 _____

o 때로는 두 개 이상의 자음이 겹치는   Sometimes, more than two consonants
   경우가 있습니다.   stick together.

o 이중자음이 있는 단어를 찾아   Find the words with double letter
   보세요.   consonants.

o chair, plane, ski, drink는 모두   "Chair", "plane", "ski", "drink" all start with
   이중자음으로 시작해요.   double letter consonants.

o 이중자음으로 끝나는 단어를 봅시다. Let's have a look at the words that end with
                                     blended consonants.

o cash, back, pianist가 있네요.   "Cash", "back", "pianist". Did you find them
   모두 다 찾았어요?   all?

o 이중자음 bl은 /bl/ 소리가 납니다.   A double letter consonant "bl" has a /bl/
                                      sound.

o ph는 어떤 소리가 날까요?   What do you think "ph" will sound like?

o ph는 /f/ 소리가 나요.   "Ph" sounds like /f/.

o kn가 내는 소리는 아주 흥미로워요. The sound "kn" makes is very interesting.

o k는 knife에서 소리가 나지 않아요. "K" isn't pronounced in the word "knife".

o tr 발음은 주의해야 합니다.   Be careful when you pronounce "tr".

o t와 h가 만나면 어떤 소리가 날까요? When a "t" meets an "h", what sound will it
                                      make?

o fl로 시작하는 단어를 다섯 개 쓰세요. Write down five words starting with "fl".

o 이 카드들을 보세요. 공통된   Look at these cards. What are the common
   이중자음이 뭐죠?   blended consonants?

o 맞아요. 이 단어들은 모두 tw로   You're right. These words all start with "tw".
   시작해요.

TPR 활동
Total Physical Response

T We're going to do an exciting activity.
You have to use your body a lot, so we'll move around the classroom.

S Sounds fun.

T This is how it works.
I'll say something and you have to do it.
For example, if I say, "Jump!", you have to jump like this.

T 신나는 활동을 할 거예요. 여러분의 신체를 많이 사용해야 하기 때문에 교실을 돌아다닐 거예요. | **S** 재미있을 것 같아요. | **T** 이 활동은 이렇게 하는 거예요. 내가 뭐라고 하면 여러분은 그대로 해야 해요. 예를 들어, 내가 jump!라고 하면, 여러분은 이렇게 뛰어야 해요.

🔖 TPR 활동 소개

o 이 활동은 TPR이라고 부릅니다.　　This activity is called TPR.

o 이것은 아주 재미있는 활동이에요.　This is a very fun activity.

o 이 게임에서는 여러분의 신체를　　You have to use your body for this game.
　사용해야 합니다.

o 교실을 돌아다니면서 즐길 거예요.　We're going to move around the classroom and have some fun.

o 내가 뭐라고 말하면 여러분은　　　I'll say something and you have to do it.
　그대로 해야 합니다.

o 내가 명령을 하면 여러분은　　　　I'll command and you have to follow the
　지시를 따라야 해요.　　　　　　　directions.

○ 내가 각 명령에 대한 동작을 보여 줄게요.	I'll show you the actions for each command.
○ 보세요, 내가 뭘 하고 있죠?	Look, what am I doing?
○ 내가 하는 것을 해 보세요.	Do what I'm doing.
○ 내 동작을 따라 하세요.	Copy my motion.
○ 나를 잘 보고 나랑 똑같이 하세요.	Watch me carefully and do exactly the same thing as me.
○ 내가 말한 대로 하세요.	Do as I say.
○ 내가 jump라고 말하면, 여러분은 이렇게 뛰어야 해요.	So when I say, "Jump!", you have to jump like this.
○ 내가 fold your arms라고 말하면, 여러분은 이렇게 해야 해요.	When I say, "Fold your arms!", you have to do like this.
○ 보세요, 나는 이것을 책상 '위에' 놓고 있어요.	Look, I'm putting this "on" the desk.
○ 맞았어요. 그렇게 하는 거예요.	That's it, like that.

🚩 교실 사물 관련 명령 ───────────────

○ 책을 펼치세요.	Open the book.
○ 책을 덮으세요.	Close your book.
○ 책상을 두드리세요.	Tap the desk.
○ 연필을 집으세요.	Hold the pencil.
○ 연필로 선을 그리세요.	Draw a line with the pencil.
○ 필통에서 연필을 꺼내세요.	Take out the pencil from the pencil case.
○ 종이를 자르세요.	Cut the paper.
○ 종이를 반으로 접으세요.	Fold the paper in half.
○ 지우개를 떨어뜨리세요.	Drop the eraser.

○ 주사위를 굴리세요.	Roll the dice.
○ 가방을 내려놓으세요.	Put down your bag.
○ 그것을 휴지통에 버리세요.	Throw it in the bin.
○ 재킷을 입으세요.	Put on your jacket.
○ 창문을 여세요.	Open the window.
○ 문을 닫으세요.	Close the door.
○ 문고리를 잡으세요.	Grab the doorknob.
○ 빨간 분필을 집으세요.	Pick up the red chalk.

🔖 신체 · 동작 관련 명령 ─────────────────

○ 일어서세요.	Stand up.
○ 앉으세요.	Sit down.
○ 뛰세요.	Jump.
○ 코를 만지세요.	Touch your nose.
○ 무릎을 만지세요.	Touch your knees.
○ 나를 보세요.	Look at me.
○ 눈을 감으세요.	Close your eyes.
○ 두 눈을 깜빡이세요.	Blink both eyes.
○ 미소를 지으세요.	Smile.
○ 크게 웃으세요.	Laugh loudly.
○ 입을 벌리세요.	Open your mouth.
○ 입을 가리키세요.	Point to your mouth.
○ 왼쪽 귀를 잡아당기세요.	Pull your left ear.
○ 머리카락을 잡아당기세요.	Pull your hair.
○ 나에게 손을 흔드세요.	Wave at me.

○ 팔짱을 끼세요.	Fold your arms.
○ 손을 드세요.	Raise your hands.
○ 손을 등 뒤로 하세요.	Put your hands behind your back.
○ 박수를 두 번 치세요.	Clap twice.
○ 계속 박수 치세요.	Keep clapping.
○ 짝과 악수를 하세요.	Shake hands with your partner.
○ 머리를 끄덕이세요.	Nod your head.
○ 머리를 흔드세요.	Shake your head.
○ 머리를 긁으세요.	Scratch your head.
○ 다리를 꼬세요.	Cross your legs.
○ 오른발을 들어 올리세요.	Lift your right foot.
○ 한 발로 서세요.	Stand on one foot.
○ 뒤로 도세요.	Turn around.
○ 왼쪽으로 도세요.	Turn to your left.
○ 오른쪽으로 돌아서 똑바로 가세요.	Turn right and go straight.
○ 칠판으로 가세요.	Go to the blackboard.
○ 문 쪽으로 걸어가세요.	Walk to the door.
○ 뒤로 가세요.	Go to the back.
○ 더 가까이 오세요.	Come closer.
○ 더 멀리 가세요.	Go further.
○ 춤추세요.	Dance.
○ 발을 구르세요.	Stamp your feet.
○ 한 줄로 서세요.	Stand in a line.

▶ 전치사 관련 명령

○ 의자 위에 앉으세요.	Sit on the chair.
○ 그것을 책상 위에 올려놓으세요.	Put it on the desk.
○ 그것을 상자 안에 넣으세요.	Put it in the box.
○ 서랍 안에 손을 넣으세요.	Put your hands in your drawers.
○ 거울 속을 보세요.	Look into the mirror.
○ 그것을 지붕 너머로 던지세요.	Throw it over the roof.
○ 그것을 머리 위로 쓰세요.	Put it over your head.
○ 그것을 책 밑에 숨기세요.	Hide it under the book.
○ 그것을 필통 옆에 놓으세요.	Place it by the pencil case.
○ 시계를 가리키세요.	Point at the clock.
○ 펜을 집으세요.	Pick up the pen.
○ 펜을 내려놓으세요.	Put down the pen.
○ 그것을 의자 사이에 놓으세요.	Put it between the chairs.
○ 교실을 가로질러 걸어가세요.	Walk across the classroom.

03 스토리텔링
Storytelling

T   Shush, please be quiet.
     Someone's knocking on the door.

S   Shh!

T   Shall we open the door?
     Let's check who's at the door.

S   Yes!

T   Look, can you see the elves singing?
     Here goes the song.

T 쉿, 조용히 하세요. 누가 문을 두드리고 있어요. | **S** 쉿! | **T** 문을 열어 볼까요? 누가 문 앞에 있는지 확인해 봅시다. | **S** 네! | **T** 보세요, 요정들이 노래를 부르고 있는 게 보이나요? 자, 노래 나갑니다.

🔖 스토리텔링 수업

ㅇ 이제 스토리텔링 시간입니다.   It's storytelling time now.

ㅇ 스토리텔링 시간입니다. 도서관으로 오세요.   Time for storytelling. Please come to the reading room.

ㅇ 책을 가지고 나한테 가까이 앉으세요.   Get your books and sit close to me.

ㅇ 카펫 위에 원형으로 앉으세요.   Sit on the carpet in a circle.

ㅇ 뒤에 앉은 친구들 잘 보여요?   Can you see well at the back?

ㅇ 다음 읽기 시간에는 이 책을 가져오세요.   Please bring this book for our next reading class.

ㅇ 다음 시간까지 1~10쪽을 읽으세요.   Read pages 1 to 10 before coming to the next class.

○ 내가 책을 읽어 줄 때는 조용히 들으세요.

Please listen silently when I read the book to you.

📑 책 소개하기 ─────────────────

○ 이것이 오늘 우리가 읽을 책이에요.

This is the book we're going to read today.

○ 내가 큰 책을 가져왔어요.

I have brought a big book.

○ 와, 이건 엄청나게 큰 책이네요.

Wow, this is a huge book.

○ 이 큰 책으로 스토리텔링을 할 거예요.

I'm going to do the storytelling with this big book.

○ 다 같이 제목을 읽어 보세요.

Please read the title all together.

○ 오늘 읽을 책은 "The Graffalo" 입니다.

The book we are going to read today is called "The Graffalo".

○ 이 책을 이미 읽은 사람 있나요?

Has anyone read this book already?

○ Graffalo가 뭐라고 생각해요?

What do you think the Graffalo is?

○ 이 책은 누가 쓴 것 같아요?

Who do you think wrote this book?

○ 그림은 누가 그렸을까요?

Can you guess who drew the pictures?

○ 이 이야기를 쓴 사람은 Roald Dahl이에요.

The person who wrote this story is Roald Dahl.

○ 이 작가에 대해서 전에 들어 본 적 있나요?

Have you ever heard of this writer before?

○ 그는 지난번에 읽은 "The BFG"를 쓴 작가예요.

He is the writer who wrote "The BFG" that we read last time.

○ J. K. Rowling에 대해서 무엇을 알고 있나요?

What do you know about J. K. Rowling?

○ 이 작가는 다른 유명한 이야기도 썼는데, 뭐였는지 기억나요?

This writer has written another famous story. Do you remember what it was?

📑 책 표지 보기 _____

○ 아직 책장을 넘기지 마세요.	Don't turn over yet.
○ 와, 책 표지가 예쁘네요, 그렇죠?	Wow, the book cover is pretty, isn't it?
○ 난 책 표지가 마음에 들어요.	I like the book cover.
○ 표지에 손을 대고 감촉을 느껴 보세요.	Touch the cover and feel it.
○ 어떤 느낌이죠?	What do you feel?
○ 표지를 한번 봅시다.	Let's have a look at the cover.
○ 표지에 뭐가 보이나요?	What do you see on the cover?
○ 표지에 있는 창문을 열어 보세요.	Open the window on the cover.
○ 안에 무엇이 보이죠?	What do you see in there?
○ 제목이 보이나요?	Can you see the title?
○ 제목이 '빨간 모자'라고 되어 있어요.	The title reads, "Little Red Riding Hood".
○ 구석에 있는 이것은 뭐죠?	What's this on the corner?
○ 여기에 토끼가 보여요?	Can you see a rabbit here?
○ 할아버지가 무엇을 만들고 있죠?	What is the grandfather making?
○ 이 소녀는 무엇을 입고 있나요?	What's this girl wearing?
○ 배경을 보세요.	Have a look at the background.
○ 여기가 어디인 것 같아요?	Where do you think this is?
○ 학교라는 걸 어떻게 알죠?	How do you know it's a school?

📑 이야기 추측하기 _____

○ 이 책이 어떤 내용일 것 같아요?	What do you think this book will be about?
○ 이 이야기에서 무슨 일이 일어날 것 같아요?	What do you think will happen in this story?

○ 이 이야기가 어떤 내용일지 나는
알 것 같은데, 여러분은 어때요?   I think I know what the story will be about.
                                 How about you?

○ 이야기를 추측해 볼 수 있는 사람?   Who can guess the story?

○ 상상력을 발휘해 보세요.   Use your imagination.

○ 괴물 이야기인 것 같아요?   Do you think it's a story of a monster?

○ 그럴 수도 있겠네요.   It's possible.

○ 재미있는 추측이에요.   It's an interesting guess.

○ 누가 나쁜 사람인 것 같아요?   Who do you think is the bad guy?

○ 이 소녀는 왜 뛰고 있다고 생각해요?   Why do you think this girl is running?

○ 이건 해피엔딩일까요?   Do you think it'll be a happy ending?

○ 어떤 이야기인지 확인해 봅시다.   Let's check what the story is about.

○ 정말 괴물 이야기인지 알아봅시다.   Let's see if it really is a story of a monster.

○ 재미있는 이야기일 것 같지 않나요?   Don't you think it's going to be an
                                        interesting story?

📕 책 읽기 시작

○ 이제 책장을 넘기세요.   Now, turn over.

○ 이야기 속으로 여행할 준비가
되었나요?   Are you ready to travel into the story?

○ 이제 책을 펴 봅시다.   Let's open the book now.

○ 이제 시작합시다.   Now, let's get started.

○ 이제 책을 읽읍시다.   Let's read the story now.

○ 이제 이야기를 읽어 줄까요?   Shall I read the story now?

○ 이제 여러분에게 책을 읽어
주겠어요.   I'll read the book for you now.

📕 등장인물 소개하기 ────────────────

- 첫 페이지에 뭐가 보이죠?   What do you see on the first page?

- 첫 페이지에 등장인물들이   You can see the characters on the first
  나와 있어요.   page.

- 이 사람들이 누구라고 생각해요?   Who do you think these people are?

- 이들이 우리 책의 등장인물이에요.   They are the characters in our book.

- 등장인물들을 살펴봅시다.   Let's go over the characters.

- 등장인물이 몇 명이 있죠?   How many characters are there?

- 다 같이, 첫 번째 등장인물이   Everybody, who's the first character?
  누구죠?

- 소년의 이름이 뭐죠?   What's the boy's name?

- 우리 주인공의 이름은 Robin이에요.   Our main character's name is Robin.

- 신데렐라에게는 두 명의 언니가   Cinderella has two sisters.
  있어요.

- 우리가 지금까지 몇 마리의   How many animals have we met so far?
  동물들을 만났죠?

- 어떤 등장인물이 가장 마음에   Which character do you like the most?
  들어요?

- 이제 등장인물들의 이름을   Now do you know all the names of the
  모두 알겠어요?   characters?

- 다 같이 등장인물들의 이름을   Let's read the names of the characters loud
  크게 읽어 봅시다.   all together.

📕 인물 특성 묘사하기 ────────────────

- 할머니가 어떻게 생겼어요?   What does the grandma look like?

- 도둑이 참 무섭게 생겼네요, 그렇죠?   The thief looks very scary, doesn't he?

○ 토끼를 보세요. 귀엽지 않나요?	Have a look at the rabbit. Isn't it cute?
○ 이 사람의 옷차림을 보세요.	Look at this man's dress.
○ 누가 가장 예뻐요?	Who is the prettiest?
○ 한 명은 키가 크고, 다른 한 명은 작네요.	One is tall and the other is short.
○ 한 명은 날씬하고, 다른 한 명은…?	One is thin and the other is...?
○ 어떤 동물이 키가 가장 크죠?	Which is the tallest animal?
○ 이 소년은 어떤 사람일 것 같아요?	What do you think the boy will be like?
○ 왜 그가 불쌍하다고 생각해요?	Why do you think he is poor?

🔖 스토리텔링 ───────────────────

○ 쉿, 조용히 하세요. 누가 문을 두드리고 있어요.	Shh, please be quiet. Someone's knocking on the door.
○ (책장을 넘기며) 문을 열어 볼까요?	(Opening the book) Shall we open the door?
○ 네가 내 대신 책장을 열어 보겠니?	Would you like to open the page for me?
○ 여러분이 조용히 해야만 요정들이 이야기하는 것을 들을 수 있어요.	You can hear the elves talk only when you are quiet.
○ 보세요, 그림에서 요정들이 노래를 부르고 있는 게 보이죠?	Look, can you see the elves singing in the picture?
○ 그들이 부른 노래가 뭐죠?	What's the song they sang?
○ 노래가 재미있지 않나요? 함께 불러 볼까요?	Isn't the song interesting? Shall we sing all together?
○ 시계가 몇 시를 알렸나요?	What time did the clock tell?
○ 우리 Gingerbread Man을 따라가 볼까요?	Shall we follow the Gingerbread Man?
○ 그들이 어떤 대화를 나누고 있는 것 같아요?	What do you think they are talking about?

o 다음에 무슨 일이 벌어질 것 같아요? What do you think will happen next?

o 다음 페이지에서 늑대에게 무슨 일이 생길까요? What will happen to the wolf on the next page?

o 다음 페이지를 펴 볼게요. 짠! I'll open the next page. Tada!

o 어머나! 이 그림 좀 보세요. Oh my godness! Look at this picture.

o 이제 알겠죠. 소년이 왜 뛰고 있었죠? Now you know. Why was the boy running?

o 총 다섯 명이 되었어요. 이제 무가 뽑힐 것 같아요? It makes five in total. Do you think the turnip will come out now?

o 정민, 네 추측이 맞았구나. Jeongmin, your guess was right.

o 아, 그렇게 된 거였군요! Ah, so that's what happened!

📕 읽은 후의 활동

o 이 이야기에 대해 어떻게 느꼈어요? How did you feel about the story?

o 이야기를 듣고 느낀 점을 말해 보세요. Tell me how you felt after listening to the story.

o 이 이야기가 우리에게 주려는 교훈이 무엇인 것 같아요? What do you think this story is trying to teach us?

o 이 이야기는 우리에게 부지런해야 한다고 말하고 있어요. This story tells us that we have to be diligent.

o 여러분의 추측이 맞았나요? Was your guess right?

o 어떤 장면이 가장 재미있었나요? Which scene was the most interesting?

o 감동적이었나요? Was it touching?

o 여러분이 똑같은 상황에 처해 있다면 어떻게 하겠어요? What would you do if you were in the same situation?

o 여러분이 작가라면 이야기를 어떻게 끝맺겠어요? If you were the writer, how would you end the story?

o 가장 마음에 드는 장면을 그려 볼래요?	Would you like to draw a picture of your favorite scene?
o 이해하지 못한 단어가 있었나요?	Were there any words you didn't understand?
o 은지를 위해 이 단어를 설명해 줄 수 있는 사람?	Who can explain this word for Eunji?
o 이제 다 같이 이야기를 읽어 봅시다.	Let's read the story all together now.
o 여러분이 이야기를 이해했는지 확인해 보겠어요.	I'll check whether you have understood the story or not.
o 이제 O.X 퀴즈를 풀 거예요.	We're going to have an O.X quiz now.

04 연극
Play

T	Guys, let's do a rehearsal.
	Get into your position.
S	We're ready.
T	OK, be careful not to forget your lines.
	Try to speak naturally and use many gestures.
S	Sure thing!
T	Ready, get set, go!

T 여러분, 시연을 해 봅시다. 자기 위치로 가세요. | **S** 준비됐어요. | **T** 좋아요, 대사를 잊어버리지 않도록 주의하세요. 자연스럽게 말하고 제스처를 많이 사용하도록 노력하세요. | **S** 물론이죠! | **T** 준비, 시작!

🏷 연극 제안하기

○ 연극을 만들어 봅시다.	Let's make a play.
○ 이제 연극을 만들어 볼 거예요.	Now we're going to make a play.
○ 연극을 해 봅시다.	Let's put on a play.
○ 이걸로 연극을 할 수 있어요.	We can perform a play with this.
○ 이 이야기로 연극을 해 볼까요?	Shall we do a play with the story?
○ 이 이야기로 연극을 만드는 게 어때요?	Why don't we make a play with this story?
○ 이 이야기는 연극을 만들기에 좋아요.	This story is good for making a play.
○ 여러분이 실제로 이 연극을 공연할 거예요.	You're going to actually perform this play.

📑 배역 정하기 ─────────────────────

○ 배역을 정합시다.

Let's decide the roles.

○ 배역이 몇 개 있나요?

How many roles are there?

○ 몇 명의 배우가 필요하죠?

How many actors do we need?

○ 등장인물이 열 명이니까 모두
열 명의 배우가 필요해요.

There are 10 characters, so we need 10 actors all together.

○ 여러분들끼리 배역을
정하고 싶나요?

Would you like to decide the roles among yourselves?

○ 내가 역할을 지정해 줄까요?

Shall I assign your roles?

○ 누가 왕자를 하고 싶어요?

Who wants to be the prince?

○ 누가 늑대가 되겠어요?

Who's going to be the wolf?

○ 누가 이 역할에 가장 잘 어울릴
것 같아요?

Who do you think best suits this role?

○ 이 역할에 딱 어울릴 만한 사람을
추천해 주세요.

Please recommend a person who best fits for this role.

○ 이 역할에는 목소리가 저음인
사람이 필요해요.

We need a person with a low voice for this role.

○ 염소 1을 해 보겠어요?

Do you want to try Goat 1?

○ 인원이 너무 많네요. 햄릿 역을
두 명이 합시다.

We have too many people. Let's have two Hamlets.

○ 이야기를 소개할 내레이터가
필요해요.

We need a narrator to introduce the story.

○ 각자 역할을 하나씩 맡았나요?

Do you have a role each?

○ 이 그룹에서는 누가 백설공주예요?

Who is Snow White in this group?

○ 모두가 원하는 배역을 맡을 수는
없어요.

Not everyone can get the roles you want.

○ 배역이 마음에 들지 않아도 최선을
다해 주세요.

Although you don't like your role, please do your best.

○ 이제 대사를 연습하겠습니다.	Now we'll practice the lines.
○ 자신의 대사를 읽어 보세요.	Please read your lines.
○ 모두 자신의 대사를 암기하세요.	Everyone, please memorize your lines.
○ 걱정하지 마. 네 역할은 대사가 많지 않아.	Don't worry, your role doesn't have many lines.

📑 연극 준비하기 ─────────────────

○ 소품이 필요해요.	We need some props.
○ 연극에서 소품의 역할도 아주 중요해요.	The role of props is very important in a play, too.
○ 소품을 통해서 상황과 이야기를 쉽게 이해할 수 있습니다.	We can easily understand the situation and the story through the props.
○ 이 장면에는 어떤 소품들이 필요할까요?	What kind of props do we need for this scene?
○ 우리 주변에서 쉽게 찾을 수 있는 것들을 활용합시다.	Let's use the things we can easily find around us.
○ 이 화분은 멋진 나무가 될 수 있겠네요.	This plant can be a great tree.
○ 이 탁자는 저쪽에 놓으세요.	Please place this table over there.
○ 여기 의상이 준비됐어요.	I have the dresses ready here.
○ 백설공주는 이 드레스를 입으세요.	Snow White, please wear this dress.
○ 이제 분장을 할 거예요.	We're going to do makeup now.
○ 모두 분장을 마쳤나요?	Have you all finished your makeup?
○ 시연을 해 볼까요?	Shall we do a rehearsal?
○ 모두 자기 위치로 가서 준비하세요.	Everyone, go to your places and get ready.
○ 커튼 뒤에서 기다리세요.	Please wait behind the curtains.
○ 요정들은 탁자 밑에 숨으세요.	Elves, hide under the table, please.

🔖 연극 연습하기 _____

- o 좀 더 큰 소리로 말하세요.　　　　Please talk a bit louder.
- o 좀 더 자연스럽게 말해 보세요.　　Try to speak more naturally.
- o 진짜 유령인 것처럼 연기하세요.　Act as if you were a real ghost.
- o 자신이 진짜 공주인 척하세요.　　Pretend you are a real princess.
- o 난쟁이들은 지금 춤을 춰야 합니다.　Dwarves have to dance now.
- o 제스처를 더 많이 사용하세요.　　Use more gestures.
- o 동작을 좀 더 크게 하세요.　　　Try to use bigger gestures.
- o 역할을 바꾸겠어요.　　　　　　We're going to change the roles.
- o 이제 역할을 바꿔 봅시다.　　　Let's change the roles now.
- o 대사에 감정을 넣으세요.　　　　Put your feelings into your lines.
- o 대사를 잊어버렸어요?　　　　　Have you forgotten your lines?
- o 대사를 잊어버리지 않도록　　　Be careful not to forget your lines.
  주의하세요.
- o Rick, 네가 대사를 할 차례야.　Rick, it's your turn to do the lines. What
  대사가 뭐였지?　　　　　　　were your lines?
- o 관객들을 바라보세요.　　　　　Please face the audience.
- o 연기를 할 때는 관객들이 잘 들을　Please talk loudly when you act, so that the
  수 있도록 크게 말하세요.　　　audience can hear you well.
- o 연극이 끝나면 관객들에게　　　Bow to the audience when the play is over.
  인사하세요.

TIP BOX 연극 관련 단어

배우	actor / actress
감독	director
관객	audience
공연	performance
연기	acting
장면	scene
배역	role
대사	lines
연극 대본	playscript
무대	stage
무대 의상	stage costume
무대 효과	stage effect
소품	prop
분장	makeup
시연	rehearsal

TIP BOX 문구류 관련 단어

책가방	school bag / book bag / backpack
책	book
공책	notebook
연습장	composition book
메모지	note pad
수첩	diary / organizer / journal
연필	pencil
볼펜	ball pen / ball-point pen
만년필	fountain pen
색연필	color pencil / colored pencil
사인펜	felt-tip pen
지우개	eraser
수정펜	correction pen
수정테이프	correction tape
필통	pencil case
연필꽂이	pencil cup
연필깎이	sharpener
칼	knife
가위	scissors
풀	glue
딱풀	glue stick
클립	paper clip
압정	thumbtack / pushpin
펀치	paper punch
스테이플러	stapler
바인더	binder
자	ruler
삼각자	set square
각도기	protractor
컴퍼스	compass
계산기	calculator
온도계	thermometer
마커	marker
보드 마커	board marker
형광펜	highlighter

스케치북	sketch book / drawing pad	벼루	inkstone
도화지	drawing paper	지점토	clay
크레용	crayon	교구	learning material
물감	paint / colors	교과서	textbook
붓	brush / paintbrush	참고서	reference book
색종이	colored paper	시험지	exam paper
화선지	chinese drawing paper	인쇄물	handout
먹	ink-stick	사전	dictionary

Unit 4
게임 활동
Games

게임하기
Playing Games

T　　We have some spare time.
　　　Would you like to play a game?
S　　Great!
T　　Let's play this board game. This is really fun.
　　　Do you know how to play this game?
S　　No.
T　　Alright then, let me tell you the rules.

T 시간이 조금 남았네요. 게임 하고 싶어요? | **S** 좋아요! | **T** 이 보드 게임을 합시다. 정말 재미있어요. 이 게임 어떻게 하는지 알아요? | **S** 아뇨. | **T** 좋아요, 그럼 규칙을 알려 줄게요.

📖 게임 수업

o 게임을 합시다.	Let's play a game.
o 게임을 할 시간이에요.	It's time for a game.
o 게임 할래요?	Care for a game?
o 게임 하고 싶어요?	Would you like to play a game?
o 어떤 게임을 하고 싶어요?	Which game do you want to play?
o 보드 게임을 할까요?	Shall we play a board game?
o 숨바꼭질을 합시다.	Let's play hide-and-seek.
o 재미있는 게임을 할 거예요.	We're going to play an exciting game.
o 이건 진짜 재미있는 게임이에요.	This is a really fun game.
o 먼저 연습해 볼까요?	Shall we practice first?

그룹별로 게임을 할 거예요.	We'll play a game in groups.
그룹 경쟁을 할 거예요.	We'll have a group competition.
이기는 팀은 선물을 받을 거예요.	The winning team will get a present.
두 팀으로 나뉘어 보세요.	Get into two teams.
팀장을 뽑으세요.	Please choose a team leader.
이제 시작합시다.	Let's get started now.
게임 재미있나요?	Are you enjoying the game?
게임이 끝났어요.	The game is over.
게임이 재미있었어요?	Was the game fun?
다시 합시다.	Let's play it again.
다시 하고 싶나요?	Do you want to play it again?
다른 게임을 하고 싶어요?	Do you want to play another game?

🔖 게임 규칙

이 게임 어떻게 하는지 알아요?	Do you know how to play this game?
게임 규칙을 말해 줄게요.	Let me tell you the rules of the game.
게임 규칙을 설명해 줄 수 있는 사람?	Can anybody explain the rules?
규칙을 알면 옆 친구에게 설명해 주세요.	If you know the rules, please explain it to your neighbors.
규칙을 잘 따라야 해요.	You have to follow the rules well.
우선, 게임 하는 방법을 설명할게요.	First, I'll tell you how to play the game.
먼저 시범을 보여 줄게요.	Let me demonstrate first.
이 게임에는 여섯 명의 선수가 필요해요.	We need six players for this game.
두 명이 한 팀이 될 거예요.	Two people will become a team.

○ 답을 맞힐 때마다 1점을 얻습니다.	Every time you give the right answer, you get one point.
○ 답이 틀리면 1점이 감점됩니다.	You'll lose one point if you answer wrong.
○ 이 게임의 목적은 가능한 한 많은 점수를 따는 거예요.	The idea of this game is to score as many points as you can.
○ 20점을 먼저 얻는 팀이 게임에 이깁니다.	The first team to get 20 points wins the game.
○ 20점을 먼저 얻는 사람이 이깁니다.	The first person to score 20 points wins.
○ 결승선에 먼저 도착하는 사람이 이깁니다.	The first person who gets to the finish line wins.
○ 답이 틀리면 게임에서 아웃됩니다.	You'll be out of the game if you give a wrong answer.
○ 친구에게 답을 알려 주면 절대 안 돼요.	You must not tell the answer to your friend.

🚩 게임 진행 ───────────────────

○ 누가 먼저 할래요?	Who would like to go first?
○ 먼저 해 볼래요?	Would you like to go first?
○ 어서 해 보세요.	Go ahead.
○ 누구 차례죠?	Whose turn is it?
○ 이제 내 차례예요.	It's my turn now.
○ 차례를 기다리세요.	Please wait your turn.
○ 주사위를 던지세요.	Throw the dice.
○ 게임판에 주사위를 던지세요.	Throw the dice on the board.
○ (동전) 앞면인가요, 뒷면인가요?	Heads or tails?
○ 가위바위보를 합시다.	Let's do rock, scissors, and paper.
○ 가위 바위 보!	Rock, scissors, paper!

o 준비, 시작!	Ready, go!
o 속도를 내세요.	Speed up.
o 한 번 더 해 보세요.	One more try.
o 이것이 마지막 기회예요.	This is your last chance.
o 한 차례 쉽니다.	You lose a chance.
o 아웃입니다.	You're out.
o 맞혔어요!	You got it!

🚩 심판 및 점수

o 이 게임에는 심판이 한 명 필요해요.	We need a referee for this game.
o 심판을 뽑으세요.	Please pick a referee.
o 내가 심판을 볼게요.	I'll be the referee.
o 이 팀에서는 누가 심판을 할 건가요?	Who's going to be the referee in this team?
o 심판은 공정해야 해요.	Referees must be fair.
o 반칙을 하면 안 돼요.	You must not cheat.
o 상대편 팀의 답을 보지 마세요.	Don't look at the other team's answer.
o 이 팀은 반칙을 했기 때문에 탈락이에요.	This team dropped out because they cheated.
o 심판들은 반칙하는 팀에게 경고를 주세요.	Referees, give a warning to the cheating team.
o 경고 받는 팀은 벌점을 받을 거예요.	The team that gets a warning will get a penalty point.
o 이 팀에 3점을 줍니다.	Three points for this team.
o 각각 2점씩 줄게요.	I'll give you two points each.
o 이건 보너스 문제예요. 맞히면 5점을 추가로 받을 거예요.	This is a bonus question. You'll get an extra five points if you get it right.

o 칠판에 점수를 기록하세요.　　　　　Record the scores on the blackboard.

o 지금까지의 점수를 확인해 볼까요?　Shall we check the points so far?

🏴 게임 결과 ─────────────────────────────

o 최종 점수가 몇 점이죠?　　　　　　 What's the final score?

o 모두 몇 점을 얻었어요?　　　　　　 How many points did you get altogether?

o 어느 팀이 가장 많은 점수를 받았죠? Which team got the most points?

o 어느 팀이 꼴찌인가요?　　　　　　 Which team is the last?

o 어느 팀이 이겼는지 결정하겠어요.　I'll decide which team won.

o 이 팀이 제일 먼저 끝냈어요.　　　 This team was the first to finish it.

o 승자가 나왔어요.　　　　　　　　 We've got a winner.

o 선재가 먼저 10점을 얻었으니까　　 Sunjae got 10 points first, so he's the
　승자예요.　　　　　　　　　　　　 winner.

o 네가 이겼어.　　　　　　　　　　 You won.

o 네가 승자야.　　　　　　　　　　 You are the winner.

o 유감이지만 네가 졌어.　　　　　　 Sorry, you lost.

o 동점이네요.　　　　　　　　　　　It's a tie.

o 비겼어요.　　　　　　　　　　　　It's a draw.

o 아무도 게임을 이기지 못했어요.　　Nobody won the game.

o 여러분 팀이 우승입니다.　　　　　 Your team is the winner.

o 축하해요. 여러분 팀이 이겼어요.　 Congratulations. Your team won.

o 상은 A팀에게 갑니다.　　　　　　 The prize goes to team A.

o 이긴 팀에게 큰 박수를 쳐 줍시다.　Let's give a big hand to the winning team.

02 다양한 게임
Various Games

T	Let's play hangman.
S	I love this game.
T	You all know the rules, right?
S	Yes!
T	Great. Here's the secret word. Six letters. Now, who would like to go first?
S	Me! An "a".
T	Sorry, there's no "a" in this word.

T 행맨 게임을 해 봅시다. | **S** 이 게임 너무 좋아요. | **T** 모두 규칙은 알죠? | **S** 네! | **T** 좋아요. 여기 비밀 단어예요. 여섯 글자예요. 자, 누가 먼저 할래요? | **S** 저요! a요. | **T** 미안하지만, 이 단어에 a는 없어요.

🔖 그림 맞추기 퍼즐

○ 퍼즐을 준비했어요.
I have prepared a puzzle for you.

○ 각 그룹은 뒤에서 퍼즐을 하나씩 가져오세요.
Each group, please bring a puzzle from the back.

○ 조각을 맞춰서 그림을 완성하세요.
Put the pieces together to complete the picture.

○ 퍼즐을 다 맞추면 그림이 하나 나올 거예요.
You'll get a picture when you finish the puzzle.

○ 퍼즐을 먼저 완성하는 팀이 이깁니다.
The first team to complete the puzzle wins.

○ 먼저 끝내는 팀이 상을 받을 거예요.
The team that finishes first will get a prize.

o 조각을 잃어버리지 않도록
조심하세요.

Be careful not to lose the pieces.

o 퍼즐을 빨리 완성하려면 서로
도와야 할 거예요.

You'll have to help each other to
complete the puzzle quickly.

o 벌써 퍼즐을 완성했나요?

Have you finished the puzzle yet?

o 조각이 몇 개 남았나요?

How many pieces do you have left?

o 다섯 조각만 더 맞추면 이쪽 팀이
이기겠어요.

Five more pieces to go and this team will
win.

o 퍼즐을 끝내면 '다 했어요!'라고
외치세요.

Shout "Finished!" when you finish your
puzzle.

o 어떤 그림이 나왔죠?

What picture did you get?

o 그림의 이름을 영어로 말해 볼래요?

Can you tell me the name of the picture in
English?

🔖 단어 맞추기 퍼즐 _____

o 단어 맞추기 퍼즐을 하겠어요.

We're going to do a crossword puzzle.

o 아래에 있는 단어의 정의를 보고
퍼즐을 채우세요.

Look at the definitions of words below to
fill in the puzzle.

o 힌트를 읽고 알맞은 단어로
퍼즐을 채우세요.

Read the hints and fill in the puzzle with the
right words.

o 모르는 것은 건너뛰고 쉬운
것부터 채우세요.

Skip the ones you don't know and fill in the
easy ones first.

o 영영사전이 퍼즐을 푸는 데 도움이
될 거예요.

An English-English dictionary will help you
solve the puzzle.

🔖 카드 게임 _____

o 카드를 가지고 게임을 할 거예요.

We're going to play a game with some cards.

o 카드가 한 장만 남으면 '원 카드'를 외치세요.   Once you have only one card, shout "one card".

o 그림과 단어를 맞춰 보세요.   Match the pictures with the right words.

o 카드에 있는 그림과 단어를 기억해야 해요.   You have to remember the pictures and the words on the cards.

o 이 카드의 뒤에는 무슨 그림이 있었는지 기억하나요?   Do you remember the picture behind this card?

o 카드를 가장 많이 가지고 있는 사람이 승자예요.   The one who has the most cards is the winner.

o 카드를 제일 먼저 다 버리는 사람이 게임에 이깁니다.   The person who throws away all the cards first wins the game.

o 이건 보너스 카드예요. 강력한 힘을 가지고 있죠.   This is a bonus card. It has a strong power.

o 카드의 내용을 외우세요.   Memorize what the card says.

o 카드 뒤의 숫자를 기억하세요.   Remember the number on the back of your card.

o 그림이 같거나 숫자가 같으면 됩니다.   It can either be the same picture or the same number.

o 일치하는 카드를 찾으세요.   Find a matching card.

o 카드에 쓰여 있는 대로 행동하세요.   Do what the card says.

o 카드를 칠판에 붙이세요.   Please post the card on the blackboard.

▨ 카드 가지기 · 버리기 · 뒤집기 ————————

o 모두 카드를 여섯 장씩 가지세요.   Everybody, take six cards each.

o 딜러는 선수들에게 카드를 다섯 장씩 나누어 주세요.   Dealers, please give out five cards each to the players.

o 손에 몇 장의 카드를 가지고 있어요?   How many cards do you have in your hand?

○ 위에서 카드 한 장을 가져가세요.	Take one card from the top.
○ 카드 더미에서 한 장씩 가져가세요.	Take a card from the pile.
○ 옆 사람에게서 카드를 한 장씩 뽑으세요.	Take a card from the person sitting next to you.
○ 카드를 자기 앞에 놓으세요.	Put the card in front of you.
○ 카드를 두 장 버리세요.	Throw away two cards.
○ 정말 이 카드를 버리고 싶어요?	Do you really want to throw away this card?
○ 카드를 버리면서 그 카드의 이름을 영어로 말하세요.	Throw away a card and say the name of it in English.
○ 몇 장의 카드가 남았어요?	How many cards do you have left?
○ 카드를 뒤집으세요.	Turn the card over.
○ 카드를 바닥에 놓으세요.	Put the card on the ground.
○ 카드를 뒤집어서 내려놓으세요.	Put down your card upside down.
○ 카드를 다시 숨기세요.	Hide your card again.
○ 뒤집힌 카드가 몇 장이죠?	How many cards are facing down?
○ 카드를 섞어 놓으세요.	Shuffle the cards.

🔖 빙고 게임

○ 빙고 게임을 할 시간입니다.	It's time for a bingo game.
○ 빙고판을 나누어 줄게요.	I'll give you out a bingo board each.
○ 내가 불러 주는 단어에 색칠을 하세요.	Color the words I call out.
○ 내가 불러 주는 번호를 줄을 그어 지우세요.	Cross out the numbers I call out.
○ 다섯 개의 줄이 그어지면 손을 드세요.	Raise your hands when you get five lines crossed out.

세로줄도 되고 가로줄도 됩니다.	It can either be a vertical line or a horizontal line.
대각선도 됩니다.	Diagonal lines are fine, too.
단어가 빙고판에 없으면 아무것도 하지 마세요.	If you don't have the word on your bingo board, don't do anything.
세 줄이 끝나면 바로 '빙고'를 외치세요.	Shout out "Bingo" as soon as you finish three lines.
큰 소리로 '빙고'를 외치세요.	Call out "Bingo" with a loud voice.
아주 빨리 외쳐야 해요.	You should shout very quickly.
먼저 외치는 사람이 게임에 이깁니다.	The person who shouts first wins the game.
여기 빙고가 나왔어요.	We've got a bingo here.
두 사람이 동시에 '빙고'를 외쳤네요.	Two people have shouted "Bingo" at the same time.
이쪽이 조금 더 빨랐어요.	This side was a bit faster.
내가 빙고판을 확인해 보겠어요.	Let me check your bingo board.
미안하지만, 이 단어는 불러 준 기억이 없는데요.	Sorry, I don't remember calling out this word.
아직 빙고를 외치지 못한 사람?	Who hasn't shouted "Bingo" yet?
이번엔 누가 나를 대신해서 빙고 단어를 불러 볼래요?	This time, who would like to call out the bingo words instead of me?

🚩 맞히기 게임 ─────────────

이것은 맞히기 게임이에요.	This is a guessing game.
답을 빨리 찾아야 하는 스피드 게임이에요.	It's a speed game where you have to find the answer quickly.
답을 가장 많이 맞힌 팀이 게임에 이깁니다.	The team that gets most answers right wins the game.

○ 자원자 한 명이 필요해요.	I need a volunteer.
○ 각 팀에서 한 사람씩 나오세요.	One person from each team, please come out.
○ 내가 칠판에 단어를 하나 쓸 거예요.	I'll write a word on the board.
○ 여기 서 있는 이 사람은 그 단어를 맞혀야 해요.	This person standing here must guess the word.
○ 문제를 풀기 위해 질문을 할 수 있어요.	You can ask some questions to solve the problem.
○ 앉아 있는 사람들은 이 단어를 말하면 안 됩니다.	People sitting down mustn't say this word.
○ 단어를 말하지 말고 힌트를 주세요.	Give hints without saying the word.
○ 몸동작이나 소리를 이용해도 돼요.	You can also use gestures or sounds.
○ 몸동작은 사용하지 말고 말로 설명하세요.	Explain with words without using gestures.
○ 우리말로 설명하면 안 돼요.	You must not explain it in Korean.
○ 제한 시간은 3분입니다.	The time limit is three minutes.
○ 제한 시간 내에 가능한 한 많이 맞혀야 해요.	You have to guess as many as you can within the time limit.
○ 모를 경우엔 그냥 '통과'라고 하세요.	If you don't know, just say "pass".
○ '통과'라고 하고 다음 단어로 넘어가세요.	Say "pass" and go on to the next word.
○ 힌트를 줄게요.	I'll give you a hint.
○ 스포츠와 관련이 있어요.	It has something to do with sports.
○ 모든 힌트를 다 들을 때까지 기다리세요.	Wait till you listen to all the hints.
○ 맞힐 수 있는 기회는 다섯 번 있어요.	You have five guesses.
○ 단어를 먼저 말하는 팀이 게임에 이깁니다.	The team which says the word first wins the game.

○ 단어를 먼저 맞히는 사람에게는 선물이 있어요.	I have a present for the person who guesses the word first.
○ 이번 것을 맞히는 사람이 다음 문제를 냅니다.	The person who guesses this one will throw the next question.
○ 단어를 보여 줄게요. 이게 답이었어요.	I'll show you the word. This was the answer.

🚩 행맨 게임 ─────────────────────

○ 행맨 게임을 합시다.	Let's play hangman.
○ 이 게임에서 여러분은 비밀 단어를 알아내야 해요.	In this game, you have to find out the secret word.
○ 여러분은 내가 생각하고 있는 단어를 맞혀야 해요.	You have to guess the word I'm thinking of.
○ 여러분은 단어의 글자 수만 알아요.	All you know is the number of letters in the word.
○ 내가 칠판에 밑줄을 몇 개 그릴 거예요.	I'll draw some underlines on the blackboard.
○ 각각의 밑줄은 한 개의 글자를 나타내요.	Each underline represents one letter.
○ 이 단어는 여섯 개의 밑줄이 있으니까 여섯 글자로 된 단어라는 거죠.	This word has six underlines, which means it is a six-letter word.
○ 비밀 단어에 있을 것 같은 글자를 맞혀야 해요.	You have to guess a letter that might be in the secret word.
○ 추측이 맞으면 그것을 밑줄 위에 쓰겠어요.	If your guess is correct, I'll write it on the underline.
○ 단어에 들어 있는 모든 글자를 맞히면 이깁니다.	If you guess all the letters in the word, you win.
○ 단어의 뜻을 말하면 추가 점수를 얻게 돼요.	If you tell the meaning of the word, you'll get an extra point.

o 추측이 틀릴 때마다 행맨의 일부를 그릴 거예요.

Each time you give a wrong guess, I'll draw a part of the hangman.

o 단어를 맞히기 전에 행맨이 완성되면 집니다.

If the hangman is completed before you guess the word, you lose.

o 총 열 번의 기회가 있어요.

You have ten chances in total.

o 열 번 안에 단어를 맞혀야 해요.

You have to guess the word within ten tries.

o 힌트를 주자면, 대개 모음이 좋은 추측이에요.

To give you a tip, vowels are usually good guesses.

o 영어에서 가장 많이 사용되는 열두 글자는 ETAOIN SHRDLU 입니다.

ETAOIN SHRDLU are the 12 most commonly used letters in the English language.

o 한번 맞혀 보겠어요?

Would you like to take a guess?

o 좋은 추측이었어요.

That was a good guess.

o 잘했어요, 이 단어에 두 개의 a가 있어요.

Good, there are two "a"s in this word.

o 이 단어에 b는 없어요.

There's no "b" in this word.

o 안됐지만, 추측이 틀렸네요.

Sorry, your guess was wrong.

o 이제 다른 글자를 해 보세요.

Now, try another letter.

o 맞혔어요!

You guessed it right!

o 맞았어요!

You've got it!

o 비밀 단어는 promise였어요.

The secret word was "promise".

o 이런, 실패했어요.

Oh, you failed.

o 모든 기회를 다 썼어요.

You've used all your chances.

Unit 5

예체능 및
요리 활동

Music, Sports, Arts and Cooking

음악 및 율동
Music and Dance

01

T We are going to sing a song today.
   First, listen to the song.
S I like this song!
T Glad you like it.
   Now, let's learn the words.
   Listen carefully to the words.
   Repeat the words after me.

T 오늘은 노래를 부를 거예요. 먼저, 노래를 들어 보세요. | **S** 이 노래 좋아요! | **T** 좋다니 다행이네요. 이제 가사를 배워 봅시다. 가사를 잘 들어 보세요. 나를 따라 가사를 말해 보세요.

🔖 음악 수업 _____

o 이제 음악을 좀 해 볼 시간이에요.   Time for some music now.

o 노래 부르는 시간이에요.   It's time to sing a song.

o 오늘은 노래를 부를 거예요.   We are going to sing a song today.

o 아주 좋은 팝송을 가르쳐 줄 거예요.   I'll teach you a very nice pop song.

o 노래 부르는 것을 좋아하나요?   Do you like singing?

o 새로운 노래를 배워 볼까요?   Shall we learn a new song?

o 지난 시간에 배운 노래를   Do you remember the song we learned last
  기억하나요?   time?

o 다음번에는 여러분이 좋아하는   We'll sing your favorite pop song next time.
  팝송을 부를 거예요.

o 추천할 노래가 있나요?   Do you have any songs to recommend?

○ 오늘 노래의 제목은 '마지막 크리스마스'입니다.	The title of today's song is "Last Christmas".
○ 전에 이 노래를 들어 봤나요?	Have you ever heard of this song before?
○ 이 노래는 사랑에 대한 거예요.	This song is about love.
○ 노래 부르기 시합을 해 볼까요?	Shall we do a singing competition?
○ 노래를 잘하는 팀에게는 스티커를 줄 거예요.	I'll give out stickers to the team that sings well.

🔖 가사 확인

○ 스크린에 가사가 있어요.	The lyrics are on the screen.
○ 가사를 잘 들어 보세요.	Listen carefully to the words.
○ 나를 따라 가사를 말해 보세요.	Repeat the words after me.
○ 가사를 설명해 줄게요.	Let me explain the words for you.
○ 가사를 해석해서 무슨 노래인지 알아봅시다.	Let's translate the words and see what the song is about.
○ 노래 부르기 전에 가사를 읽어 봅시다.	Let's read the words before we sing the song.
○ 가사를 한 줄씩 읽어 봅시다.	Let's read the words line by line.
○ 각 줄의 끝에 있는 단어가 운이 맞는 게 보이나요?	Can you see the words rhyming at the end of each line?
○ 가사를 다 외웠나요?	Have you memorized the words?
○ 가사를 조금 바꿔 봅시다.	Let's change the words a little bit.

🔖 노래 듣기

○ 신나는 챈트를 들려 줄게요.	I'll let you hear an exciting chant.

○ 리듬이 아주 신나요, 그렇죠? The rhythm is very exciting, isn't it?

○ 챈트에서는 리듬이 정말 중요해요. Rhythm in a chant is really important.

○ Michael Jackson의 노래입니다. Here's a song by michael jackson.

○ 먼저, 노래를 들어 보세요. First, listen to the song.

○ 멜로디를 먼저 들어 보세요. Listen to the melody first.

○ 지금 틀어 줄 거예요. 잘 들으세요. I'll play it now. Listen carefully.

○ 자, 나갑니다. Here it goes.

○ 이 노래는 이렇게 시작됩니다. This song starts like this.

○ 이건 이렇게 시작됩니다. It goes like this.

○ 노래가 어떤가요? 좋아요? How is the song? Do you like it?

○ 여러분이 이미 알고 있는 노래예요, You already know the song, don't you?
그렇죠?

○ 여러분이 이미 알고 있는 곡조예요. You already know this tune.

🔖 노래 부르기 ─────────────────────────

○ 나를 따라 부르세요. Sing after me.

○ 나와 함께 불러 봐요. Sing along with me.

○ CD를 따라 불러 봅시다. Let's sing after the CD.

○ 모두 함께 부르세요. Everyone, sing all together.

○ 모두 함께 노래를 불러 봅시다. Let's sing the song all together.

○ 같이 불러 볼까요? Shall we sing together?

○ 함께 챈트를 해 봅시다. Let's chant together.

○ 한 줄씩 불러 봅시다. Let's sing, line by line.

○ 한 줄씩 챈트를 해 봅시다. Let's chant, line by line.

○ 한 줄씩 나를 따라 하세요. Repeat after me, line by line.

○ 누가 나와 함께 불러 볼래요?   Who would like to sing with me?

○ 내가 함께 불러 줄게요.   I'll sing with you.

○ John, 같이 노래하세요.   John, join in the singing.

○ 내가 피아노를 칠 테니 여러분은 노래를 부르세요.   I'll play the piano and you sing.

○ 두 팀으로 나뉘어 챈트를 합시다.   Let's chant in two teams.

○ 우선, A팀이 먼저 부릅니다.   To start with, team A sings first.

○ 이쪽 그룹은 A파트를 부르고, 저쪽 그룹은 B파트를 부르는 거예요.   This group sings part A, and that group sings part B.

○ 남학생들은 후렴을 할 거예요.   Boys will do the chorus.

○ 마지막으로 다시 한번 불러 봅시다.   Let's sing again for one last time.

○ 리듬에 맞춰서 박수를 쳐 볼까요?   Shall we clap our hands to the rhythm?

○ 이 단어가 들릴 때마다 박수를 치세요.   Clap whenever you hear this word.

○ 리듬에 맞춰 두드려 봅시다.   Let's tap to the rhythm.

○ 처음에는 가락만 흥얼거려 보세요.   At first, just hum the tune.

○ 가사가 기억이 안 나면 그냥 흥얼거리세요.   If you don't remember the words, just hum.

○ 처음엔 느리게 하다가 점점 빠르게 부르세요.   Sing slowly at first, and then sing faster and faster.

○ 노래를 부르다가 내가 '그만' 이라고 외치면 멈추세요.   Sing along and stop when I shout "stop".

○ 노래 부를 때는 입을 크게 벌리는 거 잊지 마세요.   Don't forget to open your mouth wide when you sing.

○ 하는 척하지 말고 크게 부르세요.   Don't just pretend, sing loud.

○ 부끄러워하지 마세요. 자신 있게 큰 소리로 부르세요.   Don't be shy. Sing confidently with a loud voice.

🔖 율동 및 춤 _____

○ 이 노래에는 율동이 있어요.	There are some motions to this song.
○ 이제 율동을 배워 볼까요?	Shall we learn the motions now?
○ 첫 번째 율동은 이렇게 하는 거예요.	The first motion goes like this.
○ 춤 전체를 보여 줄게요.	I'll show you the full dance.
○ 율동을 따라 해 보세요.	Follow the motions.
○ 따라 할 수 있겠어요?	Can you follow it?
○ 음악에 맞춰 춤을 춥시다.	Let's dance to the music.
○ 율동과 함께 챈트를 해 봅시다.	Let's chant with the motions.
○ 모두 함께 율동을 해 봅시다.	Let's do the motions all together.
○ 큰 원을 만드세요.	Make a big circle.
○ 파트너와 마주 보세요.	Face your partners.
○ 손을 허리에!	Hands on your waist!
○ 파트너와 팔짱을 끼세요.	Arm in arm with your partners, please.
○ 다 같이 몸을 흔들어 보세요.	Rock your body all together.
○ 머리를 이렇게 흔드세요.	Shake your head like this.
○ 무릎을 구부리세요.	Bend your knees.
○ 힘차게 발을 구르세요.	Stamp your feet very hard.
○ 손뼉을 두 번 치세요.	Clap your hands twice.
○ 오른쪽으로 한 번, 왼쪽으로 세 번.	One time to the right and three times to the left.
○ 팔을 쭉 뻗으세요.	Stretch your arms.
○ 팔을 이렇게 흔드세요.	Wave your arms like this.
○ 엉덩이를 흔드세요.	Shake your hips.
○ 발동작도 하세요.	Do the steps as well.

○ 스텝을 이렇게 밟아 보세요.　　　Do the steps like this.

○ 탭댄스를 배울 거예요.　　　We'll learn how to tap-dance.

○ 이 부분에서는 이렇게 춤을 추세요.　Dance like this at this part.

○ 박수를 치고 파트너를 바꾸세요.　Clap your hands and change your partners.

○ 동작을 크게 하세요!　　　Big motions, please!

○ 율동이 참 재미있어요, 그렇죠?　The motions are really fun, aren't they?

○ 율동을 할 때는 신나는 생각을　Think of exciting things when you do the
　하세요.　　　motions.

○ 이제 여러분 자신의 율동을　Make your own motions now.
　만들어 보세요.

운동
Sports

T   Have you all put your sneakers on?
S   Yes.
T   What do we have to do before we do any kind of exercise?
S   Warming up!
T   That's right. Let's warm up.
We are going to have a running race today.
Let's see how fast you can run.

T 모두들 운동화 신었어요? | **S** 네. | **T** 무슨 운동을 하든 그 전에는 뭘 해야 하죠? | **S** 준비운동이요! | **T** 맞아요. 준비운동을 합시다. 오늘은 달리기 경주를 할 거예요. 여러분이 얼마나 빨리 달릴 수 있는지 한번 봅시다.

▣ 운동 준비 ─────────────────────────

○ 체육복을 입어야 합니다.　　　　　You should wear your tracksuits.

○ 체육복으로 갈아입으세요.　　　　Get changed into your gym suits.

○ 다들 운동화 신었어요?　　　　　Have you all put your sneakers on?

○ 운동화를 꼭 신어야 합니다.　　　You must wear your trainers.

○ 흰 양말을 신으세요.　　　　　　Please wear white socks.

○ 신발끈이 풀렸네요.　　　　　　Your shoe laces are undone.

○ 다음 주부터는 여름 체육복을　　Wear your summer tracksuits from next
　입으세요.　　　　　　　　　　week.

○ 운동장으로 나갈 거예요.　　　　We'll go out to the playground.

○ 준비운동을 합시다.	Let's do a warm-up exercise.
○ 준비운동을 좀 하세요.	Please do some warming up.
○ 뛰기 전에 준비운동을 합시다.	Let's warm up before we run.
○ 어떤 운동을 하든지 그 전에는 항상 준비운동을 하세요.	Always warm up before doing any kind of exercise.
○ 숨을 들이쉬고… 내쉬고… 들이쉬고… 내쉬고.	Breathe in... and out... in... and out.
○ 몸이 안 좋은 사람은 저쪽에서 쉬어도 됩니다.	People who don't feel well can take a rest over there.

🚩 체육 활동

○ 줄넘기를 할 거예요.	We'll jump rope.
○ 줄넘기를 멈추지 말고 20번 하세요.	Jump rope 20 times without stopping.
○ 달리기 경주를 할 거예요.	We are going to have a running race.
○ 최대한 빨리 달려야 해요.	You have to run as fast as you can.
○ 여러분이 얼마나 빨리 달릴 수 있는지 한번 봅시다.	Let's see how fast you can run.
○ 제자리에!	On your marks!
○ 준비… 땅!	Get set... go!
○ 100미터 달리기를 제일 잘하는 사람이 누구죠?	Who's the best at the 100m race?
○ 100미터 달리기 기록이 어떻게 돼요?	What's your record for the 100m race?
○ 이어달리기를 합시다.	Let's run in relays.
○ 이어달리기 경주를 해 볼까요?	Shall we do a relay race?
○ 첫 번째 주자가 이 선에 도착하면 다음 주자에게 배턴을 넘겨주세요.	When the first racer reaches this line, pass the baton to the next racer.

○ 배턴을 떨어뜨리지 않도록 조심하세요.	Be careful not to drop the baton.
○ 이어달리기 경주에서는 협동심이 아주 중요해요.	Cooperation is really important in a relay.
○ 높이뛰기를 합시다.	Let's do high jump.
○ 저기서 달려와서 이 선에서 점프하는 거예요.	Run from there and jump at this line.
○ 선을 밟지 않도록 하세요.	Try not to step on the line.
○ 선을 넘어가지 마세요.	Don't go over the line.
○ 윗몸일으키기를 하세요.	Do sit-ups.
○ 팔굽혀펴기를 하세요.	Do push-ups.
○ 철봉에 최대한 오래 매달리세요.	Hold onto the bar as long as you can.
○ 멀리뛰기를 합시다.	Let's do the broad jump.
○ 누가 가장 멀리 뛰었죠?	Who jumped the furthest?
○ 공을 너무 세게 던지지 마세요.	Don't throw the ball too hard.
○ 공을 상대에게 토스해 주세요.	Toss the ball to your partner.
○ 공에 맞으면 아웃이에요.	If you are hit by the ball, you're out.
○ 줄을 서세요.	Get in line, please.
○ 구령을 따르세요.	Follow my command.
○ 어떤 스포츠를 가장 좋아해요?	What's your favorite sport?
○ 축구 경기는 선수가 몇 명이 필요하죠?	How many players do we need for a soccer game?
○ 다음번에는 배드민턴을 하겠어요.	We'll play badminton next time.
○ 라켓 가져오는 거 잊지 마세요.	Don't forget to bring your rackets.

미술 및 공예
Arts and Craft

03

T   Look at me. What do you think I'm drawing?

S   A clown.

T   You're right.

     Now, I want you to draw what I say.

     Draw a house in the middle of your paper.

S   Like this?

T   Yes, you're doing great.

     Next, draw a tree on the right side of the house.

     Color the tree red and yellow.

T 나를 보세요. 내가 무엇을 그리고 있는 것 같아요? | **S** 광대요. | **T** 맞았어요. 이제 내가 말하는 것을 그려 보길 바랍니다. 종이 한가운데에 집을 하나 그리세요. | **S** 이렇게요? | **T** 네, 잘하고 있어요. 다음에는 집 오른쪽에 나무를 하나 그리세요. 나무를 빨갛고 노랗게 색칠하세요.

📕 그리기

○ 그림을 그려 봅시다.   Let's draw a picture. / Let's do some drawing.

○ 무엇을 그리고 싶어요?   What do you want to draw?

○ 자신의 모습을 그리세요.   Draw a picture of yourself.

○ 꽃을 그려 보세요.   Please draw some flowers.

○ 자로 선을 그리세요.   Draw a line with a ruler.

○ 내가 무엇을 그리는지 맞춰 보세요.   Guess what I'm drawing.

○ 내가 무엇을 그리고 있는 것 같아요?   What do you think I'm drawing?

○ 내가 말하는 것을 그리세요.   Draw what I say.

○ 내가 말하는 대로 그려 보세요.	Please draw as I tell you to.
○ 들은 대로 그리세요.	Draw what you hear.
○ 지시를 따라 그림을 그리세요.	Follow the directions to draw the picture.
○ 상상력을 발휘해 보세요.	Use your imagination.
○ 책에 그리세요.	Draw it in the book.
○ 연필로 그리세요.	Draw it with a pencil.
○ 너무 작게 그리지 마세요.	Don't draw it too small.
○ 집에 문을 그려 넣으세요.	Draw in a door to your house.
○ 입을 그려 넣으세요.	Draw in a mouth.
○ 스케치북을 펼치세요.	Open your sketchbook.
○ 종이를 한 장씩 가지세요.	Take one sheet of paper.
○ 종이에 그림을 그릴 거예요.	You are going to draw a picture on the paper.
○ 종이를 이렇게 돌리세요.	Turn the paper like this.
○ 종이를 이쪽으로 돌리세요.	Please turn the paper this way around.
○ 손을 허공에 들어 올려 그림을 그리세요.	Put your hand in the air and draw the picture.

🔖 색칠하기 ────────────────────

○ 크레용을 꺼내세요.	Take out your crayons.
○ 붓을 준비하세요.	Please have your brushes ready.
○ 색연필이 필요해요.	You need some colored pencils.
○ 모두 색연필을 준비했나요?	Have you all got your colored pencils ready?
○ 이번 시간에는 물감과 붓을 이용할 거예요.	We're going to use paint and brushes in this lesson.
○ 색을 바꿀 때마다 붓을 씻어 주세요.	Please wash your brush whenever you change colors.

o 물을 엎지르지 않도록 조심하세요.　Be careful not to spill the water.

o 이제 그림에 색칠하세요.　Now, color your pictures.

o 색칠을 해 봅시다.　Let's do some coloring.

o 바다를 파란색으로 칠하세요.　Color the sea blue.

o 무슨 색이든 여러분이 좋아하는　Color it with whatever color you like.
　것으로 칠하세요.

o 원하는 대로 그림에 색칠하세요.　Color the picture as you like.

o CD에서 말하는 대로 그림에　Color the picture as the CD tells you to.
　색칠하세요.

o 집에는 무슨 색을 이용할 거예요?　What color are you going to use for the
　house?

o 무슨 색이 이 물고기에 어울릴 것　What color do you think is good for this
　같아요?　fish?

o 하늘을 파란색으로 칠할 필요는　You don't have to color the sky blue.
　없어요.

o 색깔 실험을 해 볼까요?　Shall we do an experiment with the colors?

o 두세 가지 색들을 섞어 보세요.　Mix two or three colors together.

o 파랑과 노랑을 섞으면 무슨 색이　What color do you get when you mix blue
　되나요?　and yellow?

o 빨강과 파랑을 섞으면 보라색을　You can get purple when you mix red with
　얻을 수 있어요.　blue.

o 보라색이 없는 사람?　Who hasn't got a purple color?

o 그 하늘은 색이 참 예쁘네요.　That sky has a beautiful color.

o 무지개의 일곱 가지 색을 말해　Can you name the seven colors in the
　볼래요?　rainbow?

📕 만들기

○ 종이 장미를 어떻게 접는지 보여 주겠어요.	I'll show you how to fold a paper rose.
○ 종이를 펼치세요.	Open up the paper.
○ 가위와 색종이를 꺼내세요.	Take out your scissors and colored papers.
○ 풀이 필요할 거예요.	You'll need some glue.
○ 두꺼운 종이에 원을 그리고 잘라 내세요.	Draw a circle on the paperboard and cut it out.
○ 선을 따라 자르세요.	Cut along the line.
○ 칼로 자르세요.	Please cut it with a knife.
○ 그림을 오려 내세요.	Cut out the picture.
○ 종이를 대각선으로 자르세요.	Cut the paper diagonally.
○ 가위로 가운데를 자르세요.	Cut it in the middle with your scissors.
○ 칼을 사용할 때는 조심하세요.	Be careful when you're using your knives.
○ 종이 두 장을 풀로 붙이세요.	Stick the two pieces of paper together with the glue.
○ 그것을 상자에 붙이세요.	Stick it on the box.
○ 여기에 풀을 칠하세요.	Glue it here.
○ 이렇게 붙이면 돼요.	You can stick it like this.
○ 오려 낸 다음 풀로 붙이세요.	Cut them out and then glue them together.
○ 그것은 투명 테이프로 붙이세요.	Stick it with clear tape.
○ 글루건으로 종이에 이것을 붙이세요.	With the glue gun, stick this on the paper.
○ 카드를 반으로 접으세요.	Fold the card in half.
○ 여기를 이렇게 접으세요.	Fold it here like this.
○ 양쪽 귀퉁이를 접으세요.	Fold both corners.

o 반대쪽으로 접어야 해요.	You have to fold it the other way round.
o 이제 다른 쪽으로 반을 접으세요.	Now, fold the paper in half to the other side.
o 이쪽 끝과 저쪽 끝이 가운데에서 만날 수 있도록 종이를 접으세요.	Fold the paper so that this end and that end can meet in the middle.
o 점선을 따라 종이를 접으세요.	Fold the paper along the dotted line.
o 점선은 접어야 한다는 뜻이에요.	A dotted line means that you have to fold it.
o 실선은 잘라야 한다는 뜻이에요.	A solid line means that you have to cut it.
o 접은 종이를 펼치세요.	Unfold the paper.
o 펼치면 뭐가 나오나요?	What do you get when you unfold it?
o 종이를 뒤집으세요.	Turn the paper over.
o 종이를 이렇게 돌리세요.	Rotate the paper like this.
o 끝에 구멍을 뚫으세요.	Punch a hole at the end.
o 구멍으로 리본을 빼내서 묶으세요.	Pull out the ribbon through the hole and tie it.
o 단단히 고정되었나요?	Is it firmly fixed?
o 그 정도면 충분해요. 이제 떨어지지 않을 거예요.	That's enough. It won't fall off now.
o 이것은 아주 멋진 작품이군요.	This is a wonderful piece of art.

그림 및 사진을 이용한 활동
Activities Using Pictures and Photos

T   Take a look at the picture on page 12.

S   It's a palace.

T   You got it! It's an old palace.
     Here, I have some more pictures of old palaces.

S   Wow, did you take the photos?

T   No, I found them on the Internet.

T 12쪽에 있는 그림을 한번 보세요. | **S** 궁이네요. | **T** 맞았어요! 고궁이죠. 여기, 고궁 사진을 몇 개 더 가져왔어요. | **S** 와, 선생님께서 찍으신 거예요? | **T** 아뇨, 인터넷에서 찾았어요.

🚩 그림 및 사진 보기

o 이 그림을 보길 바랍니다.   I want you to look at this picture.

o 그림을 봅시다.   Let's take a look at the pictures.

o 12쪽의 그림을 보세요.   Take a look at the picture on page 12.

o 우린 12쪽의 그림을 보고 있어요.   We're looking at the picture on page 12.

o 오른쪽에 있는 사진을 보세요.   Have a look at the photo on the right.

o 이 도형을 보세요.   Look at this diagram.

o 칠판의 도표를 봅시다.   Let's look at the chart on the blackboard.

o 화면에서 그림을 확인해 봅시다.   Let's check the picture on the screen.

o 표가 보이나요?   Can you see the table?

o 그림이 뚜렷하게 보이나요?   Can you see the picture clearly?

o 그림이 잘 보이지 않으면 말하세요.   Tell me if you can't see the picture well.

🔖 그림 및 사진 보여 주기 ─────────────

○ 오늘 여러분에게 보여 줄 그림이
  몇 장 있어요.

I have some pictures to show you today.

○ 여러분을 위해 그림을 몇 장
  준비했어요.

I have prepared some pictures for you.

○ 이제 그림을 하나 보여 주겠어요.

Now, I'm going to show you a picture.

○ 여기에 또 다른 그림이 있어요.

Here's another picture.

○ 잘 보이도록 그림을 높이
  들어 볼게요.

I'll hold up the picture high for you.

○ 그림을 칠판에 붙여 볼게요.

Let me post the pictures on the blackboard.

○ 네 그림을 친구들에게 보여
  주겠니?

Would you like to show your picture to your friends?

○ 내 앨범에서 사진 세 장을 보여
  줄게요.

I'll show you three photos from my album.

○ 인터넷에서 이 사진들을
  다운받았어요.

I downloaded these photographs from the Internet.

○ 이 사진은 모두가 볼 수 있게
  뒤에 붙여 놓을 거예요.

I'll put up this picture at the back so that everyone can see it.

○ 사진을 만질 때 주의하세요.

Please be careful when you touch the photographs.

○ 사진에 지문이 너무 많이 묻는
  것이 싫어요.

I don't want too many fingerprints on my pictures.

🔖 그림 및 사진 설명하기 ─────────────

○ 이 그림을 설명해 줄게요.

Let me explain this picture.

○ 이것은 유화예요.

This is an oil painting.

○ 예쁜 고양이 그림이네요.

It's a picture of a pretty cat.

o 소년이 전화를 걸고 있어요. 보이나요? The boy is making a phone call. Can you see it?

o 이것이 그 유명한 모나리자예요. This is the famous Mona Lisa.

o 이것을 누가 그렸는지 아는 사람? Does anyone know who painted this?

o 이것은 모네라는 화가가 그렸어요. This is painted by an artist called Monet.

o 이 그림은 많은 것을 이야기하고 있어요. This picture tells us many things.

o 이 그림은 그녀의 방이 어떻게 생겼는지 보여 줍니다. This picture shows what her room looks like.

o 이 사진은 60년대 상황을 보여 줍니다. This picture shows how it was like in the 60's.

o 이 그림에서 동물원을 볼 수 있어요. In this picture you can see a zoo.

o 금연하라고 경고하는 포스터예요. It's a poster to warn you not to smoke.

o 내가 여행할 때 찍은 사진이에요. I took this picture when I was traveling.

o 이것들은 여러분이 가져온 사진이에요. These are the photos that you have brought.

o 여기를 보세요. 이건 내 가족사진 이에요. Look here. This is a picture of my family.

🔖 그림 및 사진 설명 활동 ───────────

o 그림을 묘사하세요. Please describe the picture.

o 그림을 설명해 보세요. Please explain your drawing.

o 이 사진에 대해 이야기해 봅시다. Let's talk about the photo.

o 사진 속의 사람을 묘사하세요. Describe the person in the photograph.

o 사진 속에 보이는 사물의 이름을 모두 나열하세요. List all the names of things you see in the picture.

- 친구들과 그림에 대해 말해 보세요. **Talk about the picture with your friends.**
- 그림에 대해서 1분 동안 이야기하세요. **Talk about the picture for one minute.**
- 그림에 대해 어떻게 생각하는지 말해 보세요. **Tell me what you think about the picture.**
- 이 사진에 대한 느낌을 적어 보세요. **Please write how you feel about this photo.**
- 사진을 언제 어디서 찍었는지 이야기해 보세요. **Tell us when and where you took your picture.**

🚩 그림 및 사진에 대해 질문하기 —————————————

- 그림에 대해서 몇 가지 질문을 하겠어요. **I'll ask you some questions about the picture.**
- 이 그림에 대해서 질문 있나요? **Do you have any questions about this picture?**
- 이 그림은 뭐죠? **What is this picture?**
- 이 그림에 뭐가 보이나요? **What do you see in this picture?**
- 그림 속에 있는 것을 말해 보세요. **Tell me what's in the picture.**
- 그림에서 어떤 일이 벌어지고 있나요? **What's happening in the picture?**
- 어디라고 생각해요? **Where do you think it is?**
- 몇 명의 아이들이 보이나요? **How many children do you see?**
- 그림에서 사람들이 무엇을 하고 있나요? **What are they doing in the picture?**
- 이 그림에서 우리는 무엇을 알 수 있죠? **What can we know from this picture?**
- 그림에 이상한 점이 있나요? **Is there anything strange in the picture?**

○ 이 그림에서 이상한 점이 보이나요?   Can you see something odd in this picture?

○ 그림에서 특이한 점을 눈치 챘나요?   Did you notice anything unusual in the picture?

○ 그림에서 이것이 무엇인지 알겠어요?   Can you guess what this thing is in the picture?

○ 사진 속의 건물이 눈에 익나요?   Is the building in the photo familiar to you?

○ 사진 속의 남자를 알아보겠어요?   Can you recognize the man in this photo?

○ 이 사진은 하루 중 언제 찍은 것 같아요?   What time of day do you think this picture was taken?

○ 어떻게 알 수 있어요?   How can you tell?

🔖 그림 및 사진을 이용해서 이야기 만들기 ──────────

○ 이 그림들로 이야기를 만들 수 있습니다.   We can make a story with these pictures.

○ 그림을 이용해서 이야기를 만드세요.   Create a story using the pictures.

○ 그림들을 가지고 대화를 만들어 보세요.   Please make a dialogue with the pictures.

○ 말풍선을 완성해 보세요.   Please complete the speech bubbles.

○ 말풍선 속에 대사를 넣으세요.   Fill in the lines in the speech bubbles.

○ 그림을 순서대로 맞춰 볼 수 있나요?   Could you put the pictures in order?

○ 그림을 시간 순서대로 정리해 봅시다.   Let's put the pictures in time order.

○ 그림을 보면서 가능한 한 많은 문장을 만들어 보세요.   Looking at the picture, make as many sentences as possible.

○ 이 그림들을 가지고 미니북을 만들어 봅시다.   Let's make a mini-book with these pictures.

○ 그림을 미니북에 붙이고 그 밑에 문장을 써 보세요.	Stick the pictures in the mini-book and write down the sentences underneath.

🔖 그림 및 사진 찾기·짝 맞추기 ─────────────

○ 그림에서 코끼리를 가리켜 보세요.	Point to the elephant in the picture.
○ 지도에서 우체국을 찾으세요.	Find the post office on the map.
○ 사진에서 앵무새가 어디 있는지 보여 주세요.	Show me where the parrot is in the photograph.
○ 내가 묘사하는 그림을 고르세요.	Choose the right picture that I am describing.
○ 이야기에 맞는 그림을 찾으세요.	Please find the picture that matches the story.
○ 지시를 듣고 알맞은 그림을 찾으세요.	Listen to the directions and find the matching picture.
○ 내 말을 잘 듣고 맞는 그림을 가리켜 보세요.	Listen to me carefully and point at the right picture.
○ 이것과 반대되는 그림을 찾으세요.	Find a picture that is opposite to this.
○ 각 나라 위에 알맞은 사진을 붙이세요.	Put the right photo above each country.
○ 신문에서 c로 시작하는 사물의 사진을 오려 내세요.	Cut out some pictures of the things that start with the letter "c" from the newspaper.
○ 그림과 알맞은 단어를 짝지어 보세요.	Match the pictures with the right words.
○ 그림에 맞는 문장을 찾으세요.	Find a sentence that matches the picture.
○ 그림에 맞는 단어를 써 보세요.	Write the right word for the picture.
○ 이 단어에 맞는 그림을 고르세요.	Choose the right picture for this word.
○ 조각을 맞춰서 사진을 완성하세요.	Put the pieces together and complete the photo.

○ 그림을 조금씩 보여 줄 테니
  무엇인지 맞혀야 해요.

I'll show you a picture bit by bit and you
have to guess what it is.

05 요리
Cooking

T	Did you wash the potatoes?
S	Yes, do we peel them now?
T	Yes, but be careful with the potato peeler.
S	Sure thing!
T	The other people in each group will boil the eggs. Put some water in the pot first.

T 감자를 다 씻었나요? | **S** 네, 이제 껍질을 벗길까요? | **T** 네, 하지만 감자칼 조심해요. | **S** 당연하죠! | **T** 각 조에 다른 사람들은 달걀을 삶을 거예요. 냄비에 물을 넣으세요.

🔖 요리 준비

○ 요리 시간이에요!	It's cooking time!
○ 여러분이 만들고 싶은 음식은 어떤 것인가요?	What's the food you want to cook?
○ 오늘은 닭고기 수프를 만들 거예요.	We are going to cook chicken soup today.
○ 쿠키를 구워 봅시다.	Let's bake cookies.
○ 먼저 손을 깨끗하게 씻고 오세요.	Go wash your hands first.
○ 긴 머리는 묶어 주세요.	Please tie your hair back if it's long.
○ 앞치마를 입으세요.	Wear your aprons.
○ 재료를 준비하세요.	Have the ingredients prepared.
○ 재료가 준비되었나요?	Are the ingredients ready?
○ 재료는 내가 준비하겠어요.	I'll have the ingredients ready.

o 이것들이 우리가 필요한 재료입니다. These are the ingredients we'll need.

o 조리법을 배워 봅시다. Let's learn the recipe.

o 조리법은 66쪽에 있어요. The recipe is on page 66.

o 조리법을 써 보세요. Write down the recipe.

o 조리법은 인터넷에서 찾아보세요. You can search for the recipe on the Internet.

o 영어로 된 조리법을 찾으세요. Search for the recipe written in English.

o 여러분의 조리법을 영어로 적으세요. Write your recipe in English.

o 채소를 먼저 씻어 주세요. Wash the vegetables first.

o 여러 번 씻어 주세요. Wash them several times.

o 과일은 차가운 물로 씻어 주세요. Wash the fruits with cold water.

o 감자는 요리하기 전에 씻어 주세요. We have to wash the potatoes before cooking it.

o 30분 동안 물에 담가 두세요. Soak it in water for 30 minutes.

o 고기는 냉장고에 보관해 주세요. Keep the meat in the refrigerator.

o 그건 냉장고에 있어요. It's in the fridge.

o 냉동실에 넣어 주세요. Put it in the freezer.

🔖 자르기

o 작은 조각으로 자르세요. Cut it into small pieces.

o 칼 조심하세요. Be careful with the knife.

o 감자 껍질을 벗기세요. Peel the potatoes.

o 삶은 달걀 껍데기를 까세요. Peel the hard boiled eggs.

o 과일을 작은 큐브 모양으로 자르세요. Cut the fruits into small cubes.

o 사과를 깍둑썰기 하세요. Dice the apple.

o 4등분 하세요. Cut it into four equal parts.

○ 한 입 크기로 고기를 자르세요.	Chop the meat into bite-size pieces.
○ 고기가 너무 두껍네요.	The meat is too thick.
○ 너무 얇게 썰지 마세요.	Don't slice it too thinly.
○ 당근을 채 썰어 봅시다.	Let's shred the carrot.
○ 오이를 얇게 썰어 보세요.	Slice the cucumber.
○ 오이를 스틱 모양으로 자르세요.	Cut the cucumber into sticks.
○ 고기를 다지세요.	Mince the meat.
○ 먼저 반으로 자르세요.	First, cut it in half.
○ 가위로 자르지 그래요?	Why don't you cut it with scissors?

🔖 조리하기

○ 모두 섞으세요.	Mix them all together.
○ 소스가 걸쭉해질 때까지 저어 주세요.	Stir the sauce until it thickens.
○ 5분 동안 끓이세요.	Boil it for 5 minutes.
○ 고기를 볶으세요.	Stir-fry the meat.
○ 새우를 튀겨 봅시다.	Let's deep fry the shrimp.
○ 잘 저으세요.	Stir well.
○ 양념을 넣으세요.	Put in the sauce.
○ 간장에 소고기를 재워 두세요.	Marinate the beef with soy sauce.
○ 소금을 조금 뿌리세요.	Sprinkle some salt.
○ 소금이 한 꼬집 필요해요.	We need a pinch of salt.
○ 물이 끓는 동안 양념을 만들어 봅시다.	Let's make the sauce while the water boils.
○ 거기에 마요네즈를 첨가하세요.	Add mayonnaise to it.
○ 삶은 달걀을 포크로 으깨세요.	Mash the boiled eggs with a fork.

○ 마지막으로 슬라이스 치즈를 얹으세요.	Finally, place the sliced cheese on top.
○ 센 불로 조리해 주세요.	Cook it with high heat.
○ 약 불로 줄여 주세요.	Reduce the heat to low.
○ 뚜껑을 닫고 약한 불에 끓여 주세요.	Close the lid and simmer on low heat.
○ 전자레인지에 3분간 돌려 주세요.	Microwave it for 3 minutes.

🔖 그릇에 담기 · 맛보기

○ 접시 위에 올려 주세요.	Put it on the plate.
○ 원하는 대로 접시를 꾸미세요.	Decorate the plate as you like.
○ 그릇에 스프를 담으세요.	Put the soup into the bowl.
○ 이제 한번 먹어 봅시다.	Let's taste it now.
○ 내가 한번 먹어 볼게요.	Let me try it.
○ 내가 먼저 먹어 볼게요.	I'll taste it first.
○ 한번 먹어 보겠어요?	Would you like to try it?
○ 한 입 먹어 볼래요?	Would you like to have a bite?
○ 맛이 어때요?	How does it taste?
○ 맛있어요.	It tastes good. / It's delicious.
○ 최고의 음식이네요!	It's the best food ever!
○ 우아, 거의 요리사네요.	Wow, you're almost a chef.
○ 맛이 없어요.	It tastes bad.
○ 맛이 이상해요.	It tastes weird.
○ 조금 짜네요.	It's a bit salty.
○ 너무 달아요.	It's too sweet.
○ 싱겁네요.	It tastes bland.

o 쓴맛이 나요.　　　　　　　It tastes bitter.

o 신맛이 나요.　　　　　　　It tastes sour.

o 나에게는 너무 맵네요.　　　It's too spicy for me.

o 약간 탔어요.　　　　　　　It's slightly burnt.

🔖 정리하기 · 설거지 ─────────────────────

o 이제 정리합시다!　　　　　　　　　　Let's tidy up now!

o 이제 설거지를 합시다.　　　　　　　　Let's do the dishes now.

o 설거지 하세요.　　　　　　　　　　　Please wash the dishes.

o 이 세제를 이용하세요.　　　　　　　　Use this detergent.

o 그 고무장갑을 끼세요.　　　　　　　　Wear those dishwashing gloves.

o 와, 엉망진창이군요.　　　　　　　　　Wow, what a mess.

o 저것들은 쓰레기통에 넣으세요.　　　　Put those into the trash can.

o 남은 채소는 이 용기에 담으세요.　　　Put the leftover vegetables in this container.

o 음식물 쓰레기는 이 쓰레기통에　　　　Put food waste into this bin.
　넣으세요.

o 냉장고에는 아무것도 남지 않도록　　　Nothing should remain in the fridge.
　하세요.

o 남은 음식은 냉장고에 넣으세요.　　　　Put the leftovers in the refrigerator.

o 식탁을 좀 닦아 주세요.　　　　　　　Please wipe the table.

Part IV

의사소통및

상호작용

Communication
and
Interaction

Unit 1

이해도 점검 및 확인 요청

Comprehension Check and Clarification Request

01 이해도 점검
Comprehension Check

T   Do you all understand it?

S   No.

T   OK, let's do it again.
    Find the subject and the verb in this sentence.

S   She, plays.

T   Good. Are you following me so far?

S   Yes.

T 모두들 이해하나요? | **S** 아뇨. | **T** 알았어요. 다시 합시다. 이 문장에서 주어와 동사를 찾아보세요. | **S** She, plays. | **T** 잘했어요. 여기까지는 잘 따라오고 있어요? | **S** 네.

🔖 이해했는지 확인하기

○ 모두들 이해하나요?	Do you all understand?
○ 이해했어요?	Have you got it? / Got it?
○ 이해되나요?	Do you get it?
○ 지금까지 이해가 되나요?	Do you get it so far?
○ 내 말 알겠어요?	Are you with me?
○ 내 말 잘 따라오고 있나요?	Are you following me?
○ 그것을 알아들었나요?	Did you catch that?
○ 납득이 되나요?	Does it make sense to you?
○ 내가 하는 말 이해하겠어요?	Do you understand what I'm saying?
○ 무슨 뜻인지 알겠어요?	Do you see what it means?

○ 요점을 알겠습니까?	Do you get the point?
○ 기억나요?	Does it ring a bell?
○ 이제 모든 걸 확실히 알겠어요?	Is everything clear now?
○ 이제 지시사항을 확실히 알겠어요?	Is the instruction clear now?
○ 우리가 뭘 하고 있는지 알겠어요?	Do you understand what we're doing?
○ 모두 뭘 해야 하는지 알고 있어요?	Do you all know what to do? / Does everyone know what you have to do?
○ 어떻게 해야 하는지 알아요?	Do you know how to do it?
○ 어떻게 되는 건지 알겠어요?	Do you know how it's done?

🔖 모르는 부분 확인하기 _____

○ 질문 있어요?	Do you have a question?
○ 누구 질문 있나요?	Does anyone have a question?
○ 지금까지 질문 있나요?	Any questions so far?
○ 질문할 것이 있는 사람 있나요?	Has anybody got anything to ask?
○ 이해가 안 되는 것 있나요?	Is there anything you don't understand?
○ 모르는 단어가 있나요?	Are there any words you don't know?
○ 어려운 표현이 있었나요?	Were there any difficult expressions?
○ 이해가 안 되는 사람은 손을 드세요.	Put your hands up if you don't get it.
○ 모르면 조용히 손만 드세요.	Just raise your hand silently if you don't know.
○ 확실히 모르겠거든 나에게 오세요.	If you are not sure, come to me.
○ 어떤 부분이 이해가 안 되나요?	Which part is it that you don't understand?
○ 도움이 필요한가요?	Do you need help?
○ 개인적인 도움이 필요한 사람 있나요?	Does anyone need personal help?

o 내 도움이 필요하면 알려 주세요.   Let me know if you need my help.

o 시우를 도와줄 수 있는 사람?   Who can help Siwoo?

o 설명이 더 필요한 사람?   Who needs more explanation?

o 다시 설명해 줄까요?   Would you like me to explain it again?

o 어려움이 있는 사람?   Who's having some difficulties?

o 어려움이 있는 사람은 손을 드세요.   Put your hand up if you are having trouble.

o 헤매고 있는 사람?   Who's lost?

o 헤매고 있나요?   Are you struggling?

o 여러분은 지금 뭘 해야 하는지 잘 모르는 것 같군요.   You seem to be unsure of what you have to do now.

o 무엇이든 이해가 안 되면 나에게 물어봐야 해요.   You have to ask me if you don't understand anything.

o 모르는 걸 물어보는 것을 부끄러워하지 마세요.   Don't be shy to ask what you don't know.

02 확인 요청
Clarification Request

> **T** I don't know what you're trying to say.
> Could you explain what you mean?
>
> **S** I mean, I goed to park yesterday.
>
> **T** Oh, you mean you went to the park yesterday?
> Have I understood you properly?
>
> **S** Yes, that's what I meant.
>
> **T** 무슨 말을 하려는지 모르겠어요. 무슨 의미인지 설명해 줄래요? | **S** 제 말은, 어제 공원에 갔다는 뜻이에요. | **T** 아, 어제 공원에 갔다는 뜻이로군요? 내가 제대로 이해했나요? | **S** 네, 그게 제가 말하려던 거예요.

🔖 명확하게 말하도록 요청하기

○ 미안해요, 못 들었어요.   Sorry, I didn't hear that.

○ 첫 부분을 놓쳤어요.   I missed the first part.

○ 뭐라고 말했죠?   What did you say?

○ 다시 말해 주세요.   Please say it again.

○ 다시요.   Again, please.

○ 한 번 더 반복해 줄래요?   Could you repeat that one more time?

○ 마지막 부분을 다시 말해 줄래요?   Could you repeat the last part?

○ 큰 소리로 말해 주세요.   Please speak up.

○ 무슨 뜻인지 잘 모르겠어요.   I'm not sure what you mean.

○ 무슨 말을 하려고 하는지 모르겠어요.   I don't know what you're trying to say.

○ 무슨 뜻인지 설명해 줄래요?   Could you explain what you mean?

o 조금만 더 자세히 말해 줄래요? Could you be a little bit more precise?

o 너무 길어요. 좀 더 짧게 대답해 It's too long. Could you make your answer
볼래요? a bit shorter?

o '조용히'를 의미하는 건가요? Do you mean "silently"?

o 쇼핑 갔었다고 말하려는 건가요? What you are trying to say is that you went
shopping?

o 피곤하다고 말하고 싶은 것 I think you want to say you are tired. Am I
같은데, 맞나요? right?

o 내가 어제 뭘 했는지 묻고 싶은 거죠? You want to ask what I did yesterday?

o 내가 제대로 이해했나요? Have I understood you properly?

📑 다시 설명하라고 요청하기 ──────────────

o 내가 방금 한 말 다시 해 보세요. Say again what I told you just now.

o 모두들, 무엇을 해야 한다고요? Everybody, what do you have to do?

o 다시, 지시사항이 뭐였죠? What were the instructions again?

o 지시사항을 요약해 보세요. Please summarize the instructions.

o 이것을 설명할 수 있나요? Can you explain this?

o 그것을 자세하게 설명해 주겠어요? Could you explain it in detail?

o 좀 더 쉬운 단어로 설명해 볼래요? Could you explain it with easier words?

o 그것을 친구들에게 설명해 Could you please explain it to your friends?
주겠어요?

o 그것이 무슨 의미인지 말해 볼래요? Would you like to tell me what it means?

o 이 부분을 어떻게 풀었는지 말해 Can you tell me how you solved this part?
주겠니?

o 우리가 지금 무엇을 하려는지 Please explain what we are about to do
설명해 보세요. now.

o 너희 그룹이 해야 하는 것을 말해 봐. Tell me what your group has to do.

Unit 2

피드백 및
오류 수정

Feedback and Error Correction

01 피드백
Feedback

T	Sorry, what did you say the answer was?
S	Because it hurt too much?
T	That's not the right answer.
	Can anyone else answer it?
S	Because the bill was too high?
T	Good try, but not quite right.
	Think about it a little more.

T 미안해요, 답이 뭐라고 했죠? | **S** 너무 아팠기 때문에? | **T** 맞는 답이 아니에요. 다른 사람이 대답해 보겠어요? | **S** 청구서가 너무 비싸서? | **T** 시도는 좋았는데, 정답은 아니에요. 조금 더 생각해 보세요.

🔖 답을 맞혔을 때

○ 빙고!	Bingo!
○ 맞아요.	Right. / You are right. / Correct! / That's correct.
○ 정답이에요.	That's the right answer.
○ 정확한 답이었어요.	That was the exact answer.
○ 그거예요!	That's it!
○ 바로 그거예요!	Exactly!
○ 정확히 맞았어요!	Exactly right!
○ 정확해요!	Precisely!
○ 완벽한 답이에요.	Perfect answer.

○ 완벽하게 맞았어요.	You are absolutely right.
○ 모든 답을 다 맞혔어요.	You've got everything right.
○ 이제 알아냈군요.	Now you've figured it out.
○ 잘 이해했군요.	You've understood it well.
○ 훌륭한 답이에요!	It's a fabulous answer!
○ 완벽해요. 한 단어도 틀린 게 없네요.	Perfect. Not a single word is wrong.

🔖 답이 틀렸을 때 ——————————————————

○ 틀렸어요.	You're wrong. / That's incorrect.
○ 정답이 아니에요.	That's not the right answer.
○ 틀린 답을 골랐네요.	You picked the wrong answer.
○ 미안하지만 틀렸어요.	Sorry, but you're incorrect.
○ 시도는 좋았는데, 정답은 아니에요.	Good try, but not quite right.
○ 멋진 추측이지만 정답은 아니에요.	Nice guess, but it's not the right answer.
○ 재미있는 발상이지만 맞지는 않네요.	Interesting idea, but it's not quite right.
○ 다른 방향으로 생각해 보는 게 어때요?	Why don't you think differently?
○ 거의 맞았어요.	You're very close.
○ 거의 맞힐 뻔 했어요.	That was so close.
○ 거의 맞았어요.	That's almost right. / You're nearly there.
○ 부분적으로는 맞아요.	Partly correct.
○ 그것과 비슷해요.	It's similar to that.
○ 다시 해 보세요.	Try again. / Give it another try.
○ 다시 해 볼래요?	Will you try it again?
○ 조금 더 생각해 보세요.	Think about it a little more.

○ 내가 원하는 답이 아니에요.   It's not the answer I want.

○ 내가 원했던 것은 아니에요.   That's not what I wanted.

○ 아주 작은 실수를 했어요.   You have made a small mistake.

🔖 기타 피드백 ────────────────

○ 다시 하세요.   Do it over. / Do it again.

○ 더 잘 하세요.   Do it better.

○ 더 노력하세요.   Try harder.

○ 더 열심히 연습하세요.   Practice harder.

○ 최선을 다하세요.   Do your best.

○ 이게 최선을 다한 거예요?   Is this your best?

○ 이게 최선이 아니라는 것은
  알잖아요.   You know this is not your best.

○ 열심히 노력하지 않았다는 걸
  알아요.   I know you haven't tried hard.

○ 이것보다 더 잘할 수 있었잖아요.   You could do better than this.

○ 다음번엔 더 잘 하세요.   Please do better next time.

○ 다음번엔 더 잘 하도록 노력해 보세요. Try to do better next time.

○ 공부를 더 열심히 해야겠어요.   You should study harder.

○ 글씨를 좀 더 깨끗하게 쓰면
  좋겠어요.   I would like you to write more clearly.

○ 여러분에게 실망했어요.   I'm disappointed in you.

○ 이건 오류투성이군요.   This is full of errors.

○ 이건 인정할 수 없어요.   I can't accept this.

○ 솔직히 이건 엉망이에요.   Frankly, this is awful.

○ 이건 내가 기대했던 것이 아니에요. This is not what I expected.

o 실수가 너무 많네요.	There are too many mistakes.
o 솔직히 여러분이 걱정스럽네요.	Honestly, I'm worried about you.
o 이건 점수를 줄 수가 없어요.	I can't give you a score for this.
o 미안하지만, 좋은 성적을 줄 수가 없어요.	Sorry, but you don't deserve a decent grade.
o 못 하는 거예요? 아니면 하기 싫은 거예요?	Can't you? Or don't you want to do it?
o 이렇게 하면 안 된다는 거 모르나요?	Don't you know that you shouldn't do it like this?
o 그러니까 잘 들으라고 했잖아요.	That's why I told you to listen carefully.
o 서두르지 마세요.	Don't rush.
o 예의를 좀 지켜 주세요.	Please show me some decency.
o 부끄러운 줄 알아야 해요.	You should be ashamed.
o 내 시간을 낭비하지 마세요.	Don't waste my time.

02 오류 수정
Error Correction

T	Everyone, let's have a look at what Yunho wrote. Is everything right?
S	Yes.
T	No, there's an error. Can you see it?
S	The spelling.
T	That's right. The second word is incorrect. There's a "p" missing. It should be "stopped".

T 여러분, 윤호가 쓴 것을 한번 봅시다. 다 맞았나요? | **S** 네. | **T** 아니에요, 오류가 하나 있어요. 보이나요? | **S** 철자요. | **T** 맞았어요. 두 번째 단어가 틀렸어요. p가 하나 빠졌네요. stopped가 되어야 합니다.

📕 교사가 직접 수정하기

o 여러분이 뭘 틀렸는지 한번 봅시다. Let's have a look at what you have got wrong.

o 여기가 잘못되었어요. There's an error here.

o 1번에 대한 답이 틀렸어요. Your answer to number 1 is wrong.

o 동사가 틀렸어요. You have the wrong verb.

o 동사가 필요한데, 이것은 명사네요. You need a verb, but this is a noun.

o 여기에는 과거시제를 써야 해요. You should use past tense here.

o 여기는 대문자로 시작해야죠. You should start with a capital letter here.

o 두 번째 단어가 틀렸어요. The second word is incorrect.

o 철자가 틀렸네요. The spelling is wrong.

o 이 단어의 철자를 잘못 썼네요. You have spelled this word wrong.

○ m이 하나 빠졌어요.	There's an "m" missing.
○ run을 ran으로 바꿔야 해요.	You should change "run" to "ran".
○ y를 i로 바꾸고 es를 붙여야 해요.	You should change the "y" into an "i" and add "es".
○ 아니에요, v가 아니라 f예요.	No, it's an "f", not a "v".
○ 마지막 글자를 지우세요.	Wipe out the last letter.
○ 지우고 다시 써 보세요.	Wipe it out and write it again.
○ 여러분의 실수를 내가 고쳐 볼게요.	Let me correct your mistake.
○ 여기, 이것이 옳은 문장이에요.	Here, this is the correct sentence.

🔖 학생 스스로 오류를 찾도록 하기

○ 이 문장이 맞나요?	Is this sentence right?
○ 답이 맞다고 생각해요?	Do you think the answer is right?
○ 여기에 고칠 게 있나요?	Is there anything to correct here?
○ 틀린 것을 찾을 수 있겠어요?	Can you find the error?
○ 틀린 것을 집어낼 수 있는 사람?	Who can pick the error?
○ 여러분 스스로 찾을 수 있어요.	You can find it yourself.
○ 어디가 틀렸죠?	Where has it gone wrong?
○ 어디가 틀렸는지 생각해 보세요.	Try to think where it's wrong.
○ 여기는 뭐가 틀렸죠? 잘 생각해 보세요.	What's wrong here? Think hard.
○ 뭔가 이상한 것 같지 않아요?	Don't you think something's strange?
○ 나는 뭔가 이상한 것이 보이는데요.	I see something strange.
○ 뭔가가 빠졌어요.	You're missing something.
○ 여기에 뭔가 빠진 게 보이나요?	Can you see something missing here?

o 잊은 것이 있어요.	You have forgotten something.
o 고쳐야 할 데가 한 군데 있어요.	There's one place you have to correct.
o 칠판에 쓴 문장을 보면 어디서 틀렸는지 알게 될 거예요.	Look at the sentence on the board, and you'll know where you've gone wrong.
o 다시 훑어보고 틀렸다고 생각하는 부분에 밑줄을 그으세요.	Go over it again and underline the part that you think is wrong.

🔖 학생 스스로 오류를 수정하게 하기 ──────────

o 다시 해 보세요.	Give it another try.
o 다시 해 보겠어요?	Could you try again?
o 다시 생각해 보세요.	Think again.
o 이제 고칠 수 있겠어요?	Now, can you correct it?
o 틀린 것을 찾아서 고쳐 보세요.	Find the error and correct it.
o 어서 틀린 것을 수정해 보세요.	Go ahead and correct the error.
o 이제 스스로 틀린 것을 수정해 보세요.	Now, correct your errors yourself.
o 혼자서도 고칠 수 있어요.	You can correct it yourself.
o 고치려고 해 보세요. 내가 도와줄게요.	Try to correct it and I'll help you.
o 힌트를 줄게요.	I'll give you a hint.
o 틀린 게 없도록 문장을 다시 써 보세요.	Please rewrite the sentence without the error.
o /s/ 소리일까요, 아니면 /z/ 소리일까요?	Do you think it's a /s/ sound or a /z/ sound?

🏴 친구들끼리 오류를 수정하게 하기 ─────────────

○ 시험지를 옆 사람과 바꾸세요.   Exchange your test papers with the person sitting next to you.

○ 서로의 답안지를 검토해 보세요.   Check each other's answer sheets.

○ 틀린 것이 보이면 수정해 주세요.   Correct the errors if you see any.

○ 짝에게 어디가 틀렸는지 알려 주세요.   Tell your partners where there's an error.

○ 짝에게 배우세요.   Please learn it from your partner.

○ 옆 친구를 가르쳐 주세요.   Please teach your neighbor.

○ 옆 친구들과 함께 문장을 고쳐 보세요. Correct the sentences with your neighbors.

○ 조원들과 상의해도 됩니다.   You may discuss with your group members.

○ 다른 사람의 실수는 더 잘 보일 거예요.   You'll be able to see other people's mistakes better.

○ 짝에게 답만 알려 주지 말고, 하는 방법을 알려 주세요.   Don't just tell your partner the answer. Tell her how to do it.

○ 동일이를 도와줄 사람?   Who would like to help Dongil?

○ 누가 동일이의 문장을 고쳐 볼래요? Who would like to correct Dongil's sentence?

○ 지현이에게 답이 왜 틀렸는지 설명해 주세요.   Please explain Jihyun why her answer is wrong.

○ 오늘은 지현이가 선생님이 되어서 여러분을 가르칠 거예요.   Today, Jihyun will become the teacher and teach you.

○ 때로는 여러분의 친구가 여러분에게 훌륭한 선생님이 될 수 있어요.   Sometimes your friends can be great teachers for you.

03 학생들의 태도에 대한 평가
Comments on Students' Behavior

Parent	Could you tell me how my girl's doing at school?
T	Soyoung is doing just fine.
	She's a very bright student. At the same time, she is warm-hearted and knows how to respect her elders.
Parent	Really? I was slightly worried because she's the only child in the family and she's kind of selfish at home.
T	You don't have to worry at all.
	She's very polite to others.

Parent 제 딸아이가 학교생활을 어떻게 하는지 알려 주시겠어요? | **T** 소영이는 잘하고 있어요. 아주 영리한 학생이에요. 동시에 마음이 따뜻하고 어른을 공경할 줄 알아요. | **Parent** 정말인가요? 애가 무남독녀인데다 집에서는 좀 이기적이라 약간 걱정했거든요. | **T** 전혀 걱정 안 하셔도 됩니다. 다른 사람들에게 아주 예의 바르게 행동해요.

📑 긍정적인 평가

ㅇ 넌 뭐든지 잘하는구나.	You are good at everything.
ㅇ 넌 뛰어나구나.	You are outstanding.
ㅇ 넌 신사답구나.	You are a gentleman.
ㅇ 넌 아주 현명하구나.	You are very wise.
ㅇ 너 아주 용감했어.	You were very brave.
ㅇ 넌 아주 열정적이야!	You are really enthusiastic!

o 넌 친구들 사이에서 인기가 참 좋구나. You are really popular among your friends.

o 아주 영리한 학생입니다. He is a very bright student.

o 매우 협동적이에요. He is very cooperative.

o 아주 책임감 있는 사람이에요. She is a very responsible person.

o 마음씨가 따뜻한 사람이에요. She is a warm-hearted person.

o 항상 최선을 다해요. He always tries his best.

o 친절한 사람이에요. He is a kind person.

o 아주 예의 바른 사람이에요. He is a very polite person.

o 웃어른을 공경할 줄 알아요. He knows how to respect elderly people.

o 리더십이 강해요. She has strong leadership.

o 남을 잘 배려하는 사람이에요. He is such a caring person.

o 매우 자기주도적인 사람이에요. She is a very self-directed person.

o 타의 모범이 됩니다. He is a good example to others.

o 사교성이 좋은 학생이에요. She is a sociable student.

o 창의적인 학생입니다. He is a creative student.

o 아주 너그러운 사람입니다. He is a very generous person.

o 명랑한 학생입니다. He is a cheerful student.

o 항상 낙관적이에요. She is always optimistic.

o 긍정적으로 생각할 줄 알아요. He knows how to think positively.

▌ 부정적인 평가 ────────────────────

o 넌 너무 이기적이야. You are too selfish.

o 넌 너무 냉정하구나. You are so cold.

o 넌 비겁해. You are a coward.

o 넌 거짓말쟁이구나. You are a liar.

o 그건 예의가 아니지.   That is impolite.

o 행동하기 전에 먼저 생각하세요.   Think before you act.

o 마음이 차가운 사람이에요.   He is a cold-hearted person.

o 책임감이 없어요.   He is irresponsible.

o 주의가 쉽게 산만해져요.   She gets easily distracted.

o 약간 폭력적이에요.   He is a bit violent.

o 아주 야비해요.   He is so mean.

o 예의가 없어요.   He has no manners.

o 공손하지 못한 사람이에요.   She is not a polite person.

o 태도가 나빠요.   She has bad behavior.

o 정직하지 못한 사람입니다.   He is a dishonest person.

o 나쁜 습관을 가지고 있어요.   She has bad habits.

o 다른 사람을 헐뜯어요.   He speaks ill of others.

o 약간 비관적이에요.   She is a bit pessimistic.

o 약간 너무 냉소적입니다.   He is a bit too sarcastic.

o 욕을 해요.   He uses bad language.

o 남을 배려하지 않아요.   He doesn't consider other people.

o 남들과 잘 어울리지 못합니다.   She does not get along well with others.

o 모든 것을 너무 사적으로 받아들여요. He takes everything so personally.

o 다른 학생들을 계속 짜증나게 합니다.He keeps annoying other students.

o 선생님을 존경할 줄 모릅니다.   He doesn't know how to respect teachers.

Unit 3
칭찬 및 꾸중
Complimenting and Scolding

01 칭찬
Complimenting

T   I'm impressed.
         Wow, how did you think of that?

S   I thought about it for three days.

T   Yes, I can tell you have been thinking a lot.
         It's very creative.
         This is a prize-winning idea.

T 감동받았어요. 와, 그걸 어떻게 생각해 냈죠? | **S** 사흘 동안 생각한 거예요. | **T** 알아요. 생각을 많이 했다는 걸 알 수 있어요. 정말 창의적이에요. 상을 받을 만한 아이디어예요.

▨ 일반적인 칭찬

○ 잘했어요!	Good! / Good job! / Well done! / You did well! / Way to go!
○ 아주 잘했어요!	Very good! / Great! / Great job!
○ 멋져요!	Nice! / That's nice!
○ 아주 멋져요!	Very nice!
○ 와우!	Wow!
○ 최고예요!	Excellent!
○ 좋아요!	Fine!
○ 훌륭해요!	Brilliant!
○ 멋있어요!	Cool!
○ 굉장해요!	Terrific! / Awesome! / Marvelous!

○ 뛰어나요!	Outstanding!
○ 바로 그거예요!	That's it!
○ 완벽해요!	Perfect! / That's perfect!
○ 환상적이네요!	Fantastic!
○ 놀라워요!	Amazing!
○ 멋지게 해냈네요!	A splendid job!
○ 인상적이에요!	Impressive!
○ 믿을 수가 없네요!	Unbelievable!
○ 네가 자랑스러워.	I'm proud of you.

🔖 아이디어가 창의적일 때 ─────────

○ 멋진 아이디어예요.	That's a great idea.
○ 훌륭한 아이디어예요.	It's an excellent idea.
○ 기발한 아이디어군요!	What a brilliant idea!
○ 그거 아주 창의적이네요!	That's very creative!
○ 이거 아주 독창적이에요!	This is very unique!
○ 좋은 생각이에요.	Good thinking.
○ 똑똑하네요.	That's clever.
○ 아주 흥미로워요.	Very interesting.
○ 이건 정말 특별하군요!	This is something special!
○ 또 다른 재미있는 방법이군요.	That's another interesting way of doing it.
○ 아이디어가 마음에 들어요.	I like your idea.
○ 요점이 마음에 들어요.	I like your point.
○ 작품이 아주 개성 있군요.	Your work has such personality.
○ 그거 아주 훌륭한 관찰이네요.	That's a very good observation.

○ 그거 흥미로운 관점이군요.   That's an interesting point of view.

○ 나도 미처 생각하지 못한 거예요.   Even I couldn't think of that.

○ 어떻게 그걸 생각해 냈죠?   How did you think of that?

○ 어떻게 그런 훌륭한 대답을 생각해 냈죠?   How did you come up with such a good answer?

○ 생각을 많이 했다는 것이 보이네요.   This shows you've been thinking a lot.

○ 이 모든 능력을 어디다 숨기고 있었어요?   Where have you been hiding all this talent?

📑 성적이 좋을 때

○ 좋은 성적을 받았어요.   You received good grades.

○ 이번에는 결과가 정말 좋아요.   Your results are really good this time.

○ 정말 열심히 공부했겠군요.   You must have studied really hard.

○ 네가 일등을 했어.   You scored the top spot.

○ 축하해요. 여러분 반이 일등을 했어요.   Congratulations, your class scored the top ranking.

○ 여러분의 결과가 정말 자랑스러워요.   I'm so proud of your results.

○ 여러분은 성공적으로 시험에 합격했어요.   You have successfully passed the exam.

○ 여러분 모두 시험에 합격해서 기뻐요.   I'm glad that all of you passed the test.

○ 보세요, 노력한 보람이 있죠!   You see, your effort paid off!

○ 여러분의 노력이 헛되지 않은 결과예요.   The results are worth all your hard work.

○ 이제 열심히 노력하면 된다는 것을 알겠죠.   Now you know you can do it if you try hard.

☑ 실력이 늘었을 때 ─────────────

○ 많이 향상됐어요.	You have improved a lot.
○ 많이 발전했어요.	You have made a lot of progress.
○ 정말로 점점 나아지고 있어요.	You are really getting better at this.
○ 매번 나아지고 있어요.	You are getting better all the time.
○ 지난번보다 훨씬 좋아졌군요.	This is much better than the last time.
○ 훨씬 좋아요.	Much better. / That's a lot better.
○ 훨씬 그럴싸하네요.	That's more like it.
○ 발전하고 있어요.	You are improving.
○ 따라잡고 있어요.	You are catching up.
○ 잘하고 있어요.	Nice going.
○ 계속 유지하세요.	Keep it up.
○ 계속 잘하세요.	Keep up the good work.
○ 썩 괜찮은 성과네요.	This is quite an accomplishment.
○ 훌륭한 발전이에요.	That's quite an improvement.
○ 이제 나보다 낫군요.	You are better than me now.
○ 할 수 있을 줄 알았어요.	I knew you could do it.
○ 해낼 줄 알았어요.	I knew you could make it.
○ 이제 제대로 가고 있어요.	You're on the right track now.
○ 드디어 열심히 노력한 보람이 있네요.	Finally, your hard work is paying off.
○ 잘하고 있다고 부모님께 전해 주세요.	You can tell your parents you're doing great.

☑ 수업 태도가 좋을 때 ─────────────

○ 오늘 태도가 정말 좋군요.	Your attitude is really good today.

정말 집중을 잘하는군요.	You are concentrating really well.
오늘은 공부를 아주 열심히 하네요.	You are studying so hard today.
와, 오늘 아주 적극적이네요.	Wow, you are so active today.
여러분 태도가 정말 좋았어요.	You behaved so well.
오늘 아주 좋은 태도 고마워요.	Thank you for such good behavior today.
협조적인 태도 고마워요.	Thank you for your cooperative attitude.
모두 다 숙제를 해 와서 몹시 기뻐요.	I'm so glad everyone has brought their homework.
태도가 좋아서 모두 칭찬 스티커를 한 장씩 받습니다.	Everyone gets a praise sticker for good behavior.
여러분 모두 오늘 잘했어요.	All of you did a great job today.
매일 이러면 좋겠네요.	I hope it's like this every day.
오늘 여러분과 함께해서 정말 즐거웠어요.	I was really happy to be with you today.
여러분은 지금까지 중에서 최고의 학생들이에요.	You are the best students ever.

📑 그룹 활동을 잘했을 때 ─────────────

멋진 팀 플레이였어요!	Nice team play!
훌륭한 팀워크네요.	It's wonderful teamwork.
멋진 협동이었어요!	What nice cooperation!
이 팀이 최고였어요.	This team was the best.
모두가 최선을 다했어요.	Everyone did their best.
이 그룹은 오늘 아주 열심히 했어요.	This group worked so hard today.
모든 그룹이 다 잘했어요.	All groups have done a great piece of work.
모든 팀원이 협동을 정말 잘했어요.	All the team members cooperated so well.

o 여러분은 진정한 팀워크가 무엇인지 You showed what real teamwork is.
　보여 주었어요.

o 넌 훌륭한 팀원이야. You're a great team member.

o 넌 멋진 리더야. You are a good leader.

🔖 발표나 대답을 잘했을 때 ──────────

o 완벽한 대답이었어요. That was a perfect answer.

o 똑똑한 대답이에요. That's a smart answer.

o 정말 멋진 발표네요! What a beautiful presentation!

o 훌륭한 발표였어요, 그렇죠? That was a great presentation, wasn't it?

o 깔끔한 발표였어요. That was a neat presentation.

o 발표를 정말 잘했어요. You really presented it well.

o 와, 준비를 아주 많이 했군요. Wow, you have prepared so much.

o 발표 자세도 좋았어요. Your presentation attitude was also good.

o 지금까지 중 최고의 발표였어요. That was the best presentation till now.

o 우아, 너무 감명 받았어요. Wow, I'm so touched.

o 떨지도 않았어요. She didn't even tremble.

o 큰 목소리로 정말 잘했어요. She did it really well with a loud voice.

o 모두들 그의 발표가 훌륭했다고 Don't you all think his presentation was
　생각하지 않아요? great?

o 큰 박수를 쳐 줍시다. Let's give him a big hand.

o 박수를 쳐 주세요. Please give him a clap.

o 한바탕 큰 박수를 쳐 줍시다. Let's give him a big round of applause.

📑 과제를 잘했을 때 ──────────────

o 이거 대단한 숙제네요.   This is great homework.

o 멋진 작품이에요.   It's a beautiful piece of work.

o 우아, 이거 정말 대단한데요!   Wow, this is really something!

o 이 부분이 마음에 들어요.   I like this part.

o 아주 통찰력이 있어요.   This is very perceptive.

o 노력한 흔적이 역력하네요.   I can see all the hard work.

o 이건 상을 받을 만한 작품이에요.   This is prize-winning work.

o 명료하고 간결하게 완성했네요!   Clear, concise, and complete!

o 이 숙제 정말 재미있게 읽었어요.   I really enjoyed reading this assignment.

o 여러분의 숙제가 아주 마음에 들었어요.   Your homework pleased me a lot.

o 여기에 많은 공을 들인 것 같군요.   It looks like you've put a lot of work into this.

o 이 문제를 푼 방식이 마음에 들어요.   I like the way you've solved this problem.

o 과제에서 깊은 감수성이 엿보이네요.   Your work shows a lot of sensitivity.

o 이 과제에 신중을 기했다는 것을 알 수 있어요.   I can tell you were very careful with this work.

o 미니북을 정말 잘 만들었어요.   You have made the mini book so well.

o 부모님께서 네 작품을 보면 뿌듯해 하시겠구나.   Your parents will be proud of your work.

o 네 작품을 학급 홈페이지에 게시할 거야.   I'm going to post your work on our class homepage.

o 친구들에게 이것을 꼭 보여 주세요.   Be sure to share this with your friends.

o 너무 훌륭해서 혼자 읽기 아깝네요. 친구들에게도 읽어 주겠어요?   This is too good to read just by myself. Would you like to read it to your friends, too?

o 친구들에게 네 비법을 말해 주면 좋을 것 같아.   I think you should tell your friends your secret recipe.

작문을 잘했을 때

o 멋진 작문이군요.   This is a lovely essay.

o 어휘 선택이 마음에 들어요.   I like your choice of words.

o 구성이 아주 탄탄하네요.   This is very well organized.

o 매우 유익하군요!   Very informative!

o 상당히 설득력이 있어요!   Very convincing!

o 훌륭한 논거예요!   Good reasoning!

o 문체가 아주 좋아요!   Great style!

o 주제를 잘 전개했군요!   A well-developed theme!

o 글이 매우 일관성이 있어요.   Your essay is very coherent.

o 세부사항을 잘 활용했어요.   Good use of details.

o 좋은 주제를 골랐네요.   You have chosen a good topic.

o 아주 창의적인 글이네요.   This is a very creative piece of writing.

o 훌륭한 시인이에요.   You're quite a poet.

o 작가를 해도 되겠어요.   You can be a writer.

o 셰익스피어만큼이나 잘 쓰네요.   You are as good as Shakespeare.

o 내용뿐만 아니라 글씨도 잘 썼어요.   Your handwriting as well as the content is beautiful.

o 생각이 아주 명확하게 전달되었어요.   You got your thoughts across very clearly.

o 운율을 맞추려고 열심히 노력한 것이 보이네요.   I can see how hard you tried to keep the rhyme.

o 멋진 리포트가 될 것 같아요.   Looks like it's going to be a good report.

o 정말 재미있어요. 다음 이야기가 너무 궁금하네요.   This is really interesting. I can't wait to read the next story.

🔖 타인을 도와주었을 때 _____

o 참 친절했어요.

That was so kind.

o 정말 친절하구나.

You're so sweet.

o 아주 사려 깊네요.

You are so considerate.

o 마음씨가 아주 따뜻하군요.

You are so warm-hearted.

o 날 도와줘서 고마워요.

Thank you for helping me.

o 친구를 도와준 것은 정말 잘한
일이에요.

It was really nice of you to help your friend.

o 여러분이 친구를 위해 한 일은
정말 고마운 일이었어요.

What you did for your friend was so sweet.

o 작은 호의였지만, 그 친구에게는
큰 의미가 있었을 거예요.

It was a small favor, but it must have meant
a lot to him.

o 그는 여러분의 도움을 절대
잊지 않을 거예요.

He'll never forget your help.

o 그 할머니에게 자리를 양보한
것은 정말 친절한 일이에요.

That was so kind of you to offer the seat to
that old lady.

o 기부금 고마워요.

Thank you for your donation.

o 여러분이 모은 돈 고마워요.

Thank you for all your money.

o 여러분은 방금 궁핍한 아이들을
수백 명 살렸어요.

You have just saved hundreds of children in
need.

02 꾸중
Scolding

T	What on earth is going on here?
S	David broke the window.
T	How? Tell me, David. How did you break the window?
S	I was playing with a ball.
T	Who told you that you could play with a ball in the classroom?
S	Sorry.
T	I'm not going to let it go this time. Follow me.

T 도대체 여기 무슨 일이죠? | **S** David가 유리창을 깼어요. | **T** 어떻게요? 말해 봐요, David. 유리창을 어떻게 깼죠? | **S** 공을 가지고 놀고 있었어요. | **T** 누가 교실에서 공을 가지고 놀아도 된다고 했어요? | **S** 죄송해요. | **T** 이번엔 그냥 넘어가지 않겠어요. 따라오세요.

🔖 꾸짖기

○ 누가 이랬나요?	Who did this?
○ 이건 뭐예요?	What's this?
○ 왜 이랬어요?	Why did you do this?
○ 무슨 일이에요?	What's going on?
○ 뭐가 문제죠?	What's wrong with you?
○ 지금 뭐 하고 있는 거죠?	What do you think you're doing now?
○ 도대체 이게 무슨 일이죠?	What on earth is happening here?
○ 감히 어떻게 이런 일을 하나요?	How dare you do this?
○ 누가 이렇게 해도 된다고 했나요?	Who told you that you could do this?

ㅇ 이런 행동은 뭐예요?	What is this behavior?
ㅇ 집에서도 이렇게 행동해요?	Do you behave like this at home, too?
ㅇ 그건 나쁜 행동이라고 생각해요.	I think it's bad behavior.
ㅇ 그러면 안 돼요.	You are not supposed to do that.
ㅇ 그런 것쯤은 알잖아요.	You know better than that.
ㅇ 이렇게 하지 말았어야 한다는 걸 알잖아요.	You know you shouldn't have done this.
ㅇ 이건 학생이 할 수 있는 행동이 아니잖아요.	This is not something a student can do.
ㅇ 교칙을 위반했어요.	You broke the school rules.
ㅇ 교칙에 위반되는 거예요.	It's against the school regulations.
ㅇ 모두가 규칙을 지켜야 해요.	Everyone should obey the rules.
ㅇ 거짓말하지 마세요.	Don't lie.
ㅇ 변명하지 마세요.	No excuses.
ㅇ 말대꾸하지 마세요.	Don't talk back.
ㅇ 지금 말대꾸하는 거예요?	Are you talking back to me?
ㅇ 모르는 척하지 마세요.	Don't pretend you don't know.
ㅇ 부끄러운 줄 아세요.	You should be ashamed.
ㅇ 다시는 이런 일이 생기지 않도록 하세요.	Don't let it happen again.
ㅇ 내가 그냥 넘어갈 거라고 생각하지 마세요.	Don't think I'm going to let it pass.
ㅇ 이번엔 그냥 넘어가지 않겠어요.	I'm not going to let it go this time.
ㅇ 다음번에도 이러면 용서하지 않겠어요.	Next time you do this, I won't forgive you.
ㅇ 걔를 비난하지 마. 네가 비난 받아야 할 사람이야.	Don't blame him. You're the one to be blamed.

남이 자신을 존중해 주길 바란다면 먼저 남을 존중하세요.	Respect others first if you want others to respect you.
큰 목소리로 대답 안 할 거예요?	Aren't you going to answer loudly?
내가 공손하게 말하라고 하지 않았나요?	Didn't I tell you to speak politely?
내가 부모님과 통화할까요?	Shall I call your parents?
부모님과 얘기 좀 해야겠어요.	I think I'll have to talk with your parents.
내가 뭐라고 했어요?	What did I tell you?
내 말을 잘 들었으면 이런 일이 없잖아요.	It wouldn't have happened if you had listened to me.
뭘 잘못했는지 모르겠다고 말하는 건가요?	Are you telling me you don't know what you did wrong?

🔖 경고하기

그만하세요.	Stop doing it.
내가 지켜보고 있어요.	I'm watching you.
말조심하세요.	Watch your mouth. / Watch what you say.
그거 하지 마세요.	Please don't do that.
밖을 보지 말라고 했어요.	I told you not to look outside.
하고 있는 거 지금 당장 멈추세요.	Stop what you are doing right now.
이번이 마지막 기회예요.	This is the last chance.
한 번만 더 하면 혼납니다.	If you do that one more time, you're in trouble.
방금 전에 그만하라고 말했어요.	I told you to stop a minute ago.
내가 몇 번이나 하지 말라고 했죠?	How many times have I told you not to do it?
지금 두 번째 그렇게 하지 말라고 말하고 있어요.	This is the second time I'm telling you not to do it.

○ 경고하는 거예요.	I'm warning you.
○ 이건 경고예요.	This is a warning.
○ 이번이 마지막 경고예요.	This is the last warning.
○ 한 번만 더 경고하면 나가야 됩니다.	One more warning and you're out.
○ 세 번 경고하면 처벌 받습니다.	Three warnings and you'll be punished.
○ 옐로카드예요.	A yellow card for you.
○ 옐로카드 두 장이면 레드카드예요.	Two yellow cards make a red card.
○ 레드카드를 받으면 처벌을 받을 거예요.	If you get a red card, you'll be punished.

🔖 벌주기 _____

○ 앞으로 나오세요.	Come to the front.
○ 교실 뒤로 나가세요.	Go to the back of the classroom.
○ 교실 밖으로 나가세요.	Get out of the classroom.
○ 내가 들어오라고 할 때까지 복도에 서 있으세요.	Stand in the corridor until I tell you to come in.
○ 준비되기 전에는 교실에 들어오지 마세요.	Don't come in the classroom before you're ready.
○ 종이 칠 때까지 거기 그렇게 있으세요.	Stay there like that until the bell rings.
○ 남은 시간 동안 내 옆에 서서 공부하게 될 거예요.	You're going to study standing next to me for the rest of this lesson.
○ 앞으로 나와서 벽을 바라보세요.	Come out and face the wall.
○ 벽을 보고 가만히 서 있으세요.	Stand still facing the wall.
○ 똑바로 서세요.	Stand straight.
○ 일어나서 손을 들고 있어요.	Stand up and put your hands up.

가서 생각하는 의자에 앉으세요.	Go and sit on the thinking chair.
눈을 감으세요.	Close your eyes.
수업 마치고 나 좀 봅시다.	See me after class.
수업 마치고 나를 따라오세요.	Follow me after class.
벌로 일주일 동안 교실 청소를 하세요.	As a punishment, clean the classroom for a week.
일주일 더 청소하세요.	Do the cleaning for another week.
반성문을 쓰세요.	Write what you did wrong.
사과 편지를 쓰세요.	Write a letter of apology.
무엇을 잘못했는지 쓰세요.	Write down what you have done wrong.
정확히 무슨 일이 있었는지 상세하게 적으세요.	Write what exactly happened in detail.
뭘 잘못했는지, 왜 그랬는지, 앞으로 어떻게 할 것인지 적으세요.	Write down what you did wrong, why you did it, and what you're going to do from now on.
사실을 말할 때까지 이러고 있을 거예요.	You'll stay like this till you tell the truth.
오늘 집에 못 갑니다.	You are not going home today.
부모님께 전화해야겠어요.	I'll have to call your parents.
내가 어떤 벌을 내리면 좋겠어요?	How would you like me to punish you?
교감선생님께서 여러분에게 벌을 주실 거예요.	The vice-principal will give you a punishment.

🔖 지각했을 때 ——————————————

지금이 몇 시죠?	What time is it?
수업시간에 늦었어요.	You're late for class.
또 늦었네요.	You are late again.

ㅇ 왜 늦었어요?	Why are you late?
ㅇ 왜 항상 늦어요?	Why are you always late?
ㅇ 늦은 이유가 뭐예요?	What is your reason for being late?
ㅇ 어디 갔다 왔어요?	Where have you been?
ㅇ 늦게 일어났나요?	Did you get up late?
ㅇ 늦잠 잤어요?	Did you oversleep?
ㅇ 다음번에는 지각하지 마세요.	Don't be late next time.
ㅇ 다시는 지각하지 마세요.	Don't be late again.
ㅇ 학교에 지각하면 안 돼요.	You shouldn't be late for school.
ㅇ 시간에 맞춰서 오도록 해요.	Try to be on time.
ㅇ 지금부터는 시간에 맞춰 오세요.	Be on time from now on.
ㅇ 수업은 10분 전에 시작됐는데, 어디 있었어요?	The class started 10 minutes ago. Where were you?
ㅇ 지각한 사람들은 한 시간 늦게 집에 갈 거예요.	Those who were late will go home one hour later.
ㅇ 이 반에는 지각하는 사람이 정해져 있는 것 같군요.	I think there's a regular late-comer in this class.
ㅇ 주의하세요, 지각하는 것은 습관이에요.	Be careful, being late is a habit.

🔖 딴짓을 할 때

ㅇ 거기 무슨 일이에요?	What's going on there?
ㅇ 거기서 뭐 하고 있어요?	What are you doing there?
ㅇ 지금 뭐 하고 있는 거죠?	What do you think you're doing now?
ㅇ 누가 자고 있어요?	Who's sleeping?

○ 일어나세요! 아직 자는 시간이 아니에요.	Wake up! It's not bed time yet.
○ 졸리면 책 가지고 뒤에 가서 서세요.	Go and stand at the back with your book if you're sleepy.
○ 껌 씹지 마세요.	Don't chew gum.
○ 수업시간에 숙제 하지 마세요.	Don't do homework during the lesson.
○ 누가 내 수업시간에 숙제를 하라고 했어요?	Who told you to do homework in my class?
○ 수업시간에 문자 보내지 마세요.	Don't send text messages during the class.
○ 세 명이 대답 안 했어요.	Three people didn't answer.
○ 방금 누가 휘파람 불었죠?	Who just whistled?
○ 누가 계속 흥얼거리고 있어요?	Who keeps humming?
○ 누가 계속 지우개 조각을 던지나요?	Who keeps throwing bits of eraser?
○ 또 다시 휴대폰이 보이면 압수할 거예요.	If I see your mobile phone again, I'll take it away.
○ 일주일 동안 이 휴대폰을 압수합니다.	I'll keep this cell phone for one week.
○ 그 물건이 내 눈에 한 번만 더 보이면, 그건 내 거예요.	If I see that one more time, it's mine.
○ 게임 카드를 다시 꺼내면 버릴 거예요.	If you take out the game cards again, I'll throw them away.
○ 내가 봤어요. 조심하세요.	I saw it. Be careful.

◪ 싸웠을 때

○ 둘이 왜 싸웠어요?	Why did you two fight?
○ 왜 싸우고 있었어요?	Why were you fighting?
○ 또 싸웠어요?	You had a fight again?
○ 누가 먼저 시작했어요?	Who started first?

○ 왜 그랬는지 말해 보세요.	Tell me why you did it.
○ 왜 그 친구를 때렸어요?	Why did you hit him?
○ 왜 그 친구를 놀렸어요?	Why did you make fun of him?
○ 왜 Tom을 연필로 찔렀어요?	Why did you poke Tom with a pencil?
○ 왜 그 친구한테 지우개 조각을 던졌어요?	Why did you throw pieces of eraser at him?
○ 지민이가 나한테 말한 것이 사실인가요?	Is it true what Jimin has told me?
○ 어떻게 된 일인지 정확히 말해 보세요.	Tell me exactly what happened.
○ 내가 절대 싸우지 말라고 말하지 않았나요?	Didn't I tell you never to fight?
○ 내가 서로 사이좋게 지내라고 말하지 않았나요?	Haven't I told you to get along with each other?
○ 다시는 안 싸우겠다고 약속했잖아요.	You promised not to fight again.
○ 다른 사람을 험담하지 마세요.	Don't speak ill of others.
○ 폭력은 절대로 용납할 수 없어요.	Violence can never be accepted.
○ 친구가 그만하라고 할 때 멈췄어야죠.	You should have stopped when he told you to.
○ 대화로 문제를 풀었어야죠.	You should have talked the problem over.
○ 친구한테 그런 말을 하면 안 되는 거였어요.	You shouldn't have said such a thing to him.
○ 어떤 이유로든 때리면 안 되는 거였어요.	You shouldn't have hit him, no matter what the reason.
○ 친구가 다쳤으면 어쩔 뻔 했나요?	What would you have done if he was hurt?
○ 둘 다 잘못이 있어요.	Both of you are to be blamed.
○ 그 친구의 입장이 되어 보세요.	Put yourself in his shoes.
○ 여러분도 똑같은 상황이었으면 기분 나빴을 거예요.	You would have felt bad in the same situation.

친구에게 사과하세요.	Apologize to your friend.
지금 화해하길 바랍니다.	I want you to make up now.
악수하세요.	Shake hands.
또 다시 이런 일이 생기면 어떻게 할까요?	What shall I do if this kind of thing happens again?
이 일을 너희 부모님 모두에게 알려 드려야겠구나.	I think I should tell this to both of your parents.

🔖 혼나는 이유를 이해시키기

뭘 잘못했다고 생각해요?	What do you think you did wrong?
뭘 잘못했는지 알죠?	You know what you have done wrong, right?
잘못한 게 뭔지 말해 보겠니?	Can you tell me what it is that you have done wrong?
모두들 이 친구가 뭘 잘못했는지 알아요?	Everyone, do you know what he did wrong?
내가 왜 일어서라고 했나요?	Why did I tell you to stand up?
네가 왜 혼나고 있는지 말해 봐.	Tell me why you're being scolded.
내가 아무 이유 없이 벌주고 있다고 생각하니?	Do you think I'm punishing you for no reason?
왜 벌을 받고 있는지, 무엇을 잘못했는지 곰곰이 생각해 보세요.	Think hard why you're being punished and what you have done wrong.
난 네 잘못이라고 생각해.	I think it's your fault.
경고를 했는데도 또 그랬잖아.	I have warned you, and yet you did it again.
넌 자꾸만 규칙을 어기는구나.	You keep breaking the rules.
이 교실에서 지켜야 하는 규칙이 뭐죠?	What are the rules you have to follow in this classroom?

○ 넌 규칙을 어겼기 때문에 혼나는 거야.

You are getting told off because you broke the rules.

○ 수업시간에 떠들었기 때문에 여기 오라고 했어요.

I told you to come here because you were chatting during the class.

○ 숙제를 하지 않았기 때문에 벌을 주는 거예요.

I'm punishing you because you didn't do your homework.

○ 미워서 벌을 주는 게 아니에요.

I'm not punishing you because I hate you.

○ 더 좋은 사람이 되길 바라니까 벌주는 거예요.

I'm punishing you because I want you to become a better person.

Unit 4
격려하기
Encouraging

격려하기
Encouraging

T	Why are you so depressed?
S	Because I didn't do well on the math test.
T	Don't be disappointed, you did your best.
S	Yes, I studied really hard and that's why I'm more disappointed.
T	Don't think like that.
	I believe you can do better next time.

T 왜 그렇게 우울하니? | **S** 수학 시험을 잘 못 봐서요. | 실망하지 마. 최선을 다했잖아. | **S** 네, 정말 열심히 공부했거든요. 그래서 더 실망스러워요. | **T** 그렇게 생각하지 마. 다음번엔 더 잘할 수 있을 거라고 난 믿는다.

🚩 성적이 부진할 때

○ 낙담하지 마세요.	Don't be discouraged.
○ 실망하지 마세요. 최선을 다했잖아요.	Don't be disappointed, you did your best.
○ 얼마나 열심히 노력했는지 내가 알아요.	I know how hard you tried.
○ 모든 것을 잘할 수는 없어요.	You can't do everything well.
○ 적어도 발전하고 있잖아요.	At least you are improving.
○ 다음 기회가 있어요.	You have another chance.
○ 다음번엔 더 잘할 수 있을 거예요.	You'll be able to do it better next time.
○ 다음번엔 더 잘할 수 있을 거라 믿어요.	I believe you can do better next time.

○ 열심히 하면 안 되는 일이 없어요.	Nothing is impossible if you try hard.
○ 걱정 마세요. 문제가 꽤 어려웠으니까요.	Don't worry, the questions were quite difficult.
○ 모두 다 시험을 못 봤어. 너만 그런 게 아니야.	Everyone did poorly on the test. You're not the only one.
○ 이게 마지막 시험은 아니었으니까 다음 시험을 준비합시다.	It wasn't the last exam, so let's prepare for the next one.

🔖 실수했을 때

○ 실망하지 마세요.	Don't be disappointed.
○ 실망할 필요 없어요.	There's no need to be disappointed.
○ 사람들은 실수를 하는 법이에요.	People make mistakes.
○ 나도 그런 실수를 할 때가 있어요.	Even I make that kind of mistake.
○ 원숭이도 나무에서 떨어질 때가 있어요.	Even Homer sometimes nods.
○ 실수해도 괜찮아요.	It's all right to make mistakes.
○ 사람들은 실수를 통해 배워요.	People learn from failure.
○ 우리는 실수할 때마다 많은 것을 배우죠.	We learn a lot every time we make mistakes.
○ 언제나 완벽할 수는 없어요.	You can't always be perfect.
○ 항상 잘할 수는 없는 거잖아요.	You can't always do well.
○ 항상 성공할 수 있는 것은 아니에요.	We can't always succeed.
○ 처음 해 본 것치고는 나쁘지 않아요.	That's not bad for a first try.
○ 이번엔 단지 운이 안 좋았던 거예요.	You were just unlucky this time.
○ 오늘은 운이 안 좋았던 것 같아요.	I guess it just wasn't your day.
○ 컨디션이 안 좋았나 봐요.	I guess you weren't feeling well.

🔖 자신감이 없을 때 ─────────────────

○ 긴장을 풀어요.	Relax.
○ 마음 편히 가져요.	Take it easy.
○ 자신감을 가져요.	Have confidence.
○ 여러분은 할 수 있어요.	You can do it.
○ 여러분은 잘할 수 있어요.	You can do it well.
○ 여러분은 분명히 잘할 수 있어요.	I am sure you can do it well.
○ 어렵지 않아요.	It's not difficult.
○ 한번 해 보세요.	Have a try.
○ 자, 한번 해 봐요.	Come on, give it a try.
○ 그렇게 겁내지 말아요.	Don't be so frightened.
○ 긴장하지 마세요.	Don't get nervous.
○ 걱정할 필요 없어요.	There's no need to worry.
○ 신경이 예민해 있는 것 같군요.	You seem to be nervous.
○ 심호흡을 해 봐요.	Take a deep breath.
○ 자신을 믿으세요.	Trust yourself.
○ 그냥 평소처럼 하세요.	Just be yourself.
○ 연습할 때 하던 것처럼 하세요.	Do as you did when you were practicing.
○ 실수하는 것을 두려워하지 마세요.	Don't be afraid of making errors.
○ 아무도 여러분을 비웃지 않아요.	No one is making fun of you.
○ 처음부터 잘하는 사람은 없어요.	No one is good from the beginning.
○ 못하겠다는 생각은 절대 하지 마세요.	Never think that you can't do it.
○ 왜 잘할 수 없을 거라고 생각해요?	Why do you think you can't do well?
○ 지금까지 아주 잘해 왔잖아요.	You've been doing so well until now.

○ 누구든지 열심히 하면 성공할 수 있어요.	Everyone can succeed if you try hard.
○ 누구나 다 똑같아요.	Everyone is the same.
○ 자신이 최고라고 생각하세요.	Think you're the best.
○ 여러분이 최고예요. 난 여러분을 믿어요.	You're the best. I trust you.
○ 그저 최선을 다하기만 하세요.	Just do your best.
○ 지금 잘하고 있어요.	You're doing just fine.
○ 막히면 내가 도와줄게요.	I'll help you when you get stuck.
○ 결과에 연연하지 말고 최선을 다하세요.	Don't think about the result and do your best.
○ 누구나 처음엔 긴장하지만, 나중엔 괜찮아져요.	Everyone gets nervous at first, but it gets better later on.

🔖 안 좋은 일이 있을 때 ——————————

○ 무슨 일이 있어요?	What's the matter?
○ 뭐가 잘못되었나요?	Is something wrong?
○ 왜 그렇게 표정이 안 좋아요?	Why do you have such a long face?
○ 힘내세요!	Cheer up!
○ 마음이 많이 아프네요.	I feel so sorry.
○ 다 이해해요.	I understand everything.
○ 힘든 시간 보내고 있는 거 알아요.	I know you are having a hard time.
○ 지금 어떤 일을 겪고 있는지 알아요.	I know what you're going through at the moment.
○ 누구나 인생에서 한 번쯤은 겪는 일이에요.	Everyone goes through it once in their lifetime.
○ 곧 나아질 거예요.	It'll get better soon.

○ 시간이 해결해 줄 거예요.	Time will take care of it.
○ 앞으로는 모든 게 다 잘될 거예요.	Everything will be fine from now on.
○ 울고 싶으면 울어도 돼요.	You can cry if you want to.
○ 도와주고 싶어요.	I want to help you.
○ 내가 어떻게 도와줄까요?	How can I help you?
○ 내가 도와줄 수 있는 것이 있나요?	Is there anything I can help you with?
○ 내가 돕기 위해 할 수 있는 게 있나요?	Is there something I can do to help you?
○ 나한테 모두 이야기해도 돼요.	You can tell me everything.
○ 내 도움이 필요하면 언제든 말해도 돼요.	You can always tell me if you need my help.
○ 말하고 싶으면 나중에라도 이야기하세요.	You can talk to me later if you feel like it.
○ 난 언제나 들을 준비가 되어 있어요.	I'm always ready to listen to you.
○ 무슨 일이 있었는지 말해야 도와줄 수 있어요.	I can help you only when you tell me what happened.
○ 함께 이겨냅시다.	Let's get over it together.
○ 빨리 이겨내길 바랍니다.	I hope you'll get over it soon.
○ 잘 극복할 거라고 믿어요.	I'm sure you'll overcome it well.
○ 잘 견뎌 내고 있는 걸 보니 대견하군요.	I'm proud to see you getting over it so well.
○ 혼자서 이겨 나가는 모습이 정말 자랑스럽네요.	I'm so proud to see you getting over it alone.

▌ 교우관계가 원만하지 못할 때 ————————

○ 반 친구들과 문제가 있어 보이는군요.	You seem to be having a problem with your classmates.

○ 친구들 때문에 힘들겠군요.	You must be having a hard time because of your friends.
○ 누가 괴롭히는지 말해 보세요.	Tell me who's bothering you.
○ 원하면 짝을 바꿔 줄 수 있어요.	I can change your neighbor if you want.
○ 왜 친구들이 너를 싫어한다고 생각하니?	Why do you think your friends hate you?
○ 그건 너의 오해야.	That's your misunderstanding.
○ 그 아이들은 너를 미워하지 않아.	They don't hate you.
○ 네 친구들은 너와 친하게 지내고 싶어 해.	Your friends want to be good friends with you.
○ 친구들과 잘 지내도록 노력해 봐.	Try to get along well with your friends.
○ 친구들이 질투가 나서 그런 말을 한 거야.	They said such a thing because they are jealous.
○ 네가 넓은 마음으로 친구들을 이해해 주면 어떻겠니?	Why don't you open your mind to understand them?
○ 네가 먼저 친구들에게 말을 건네 보는 게 어때?	Why don't you talk to them first?
○ 네가 먼저 친구에게 미안하다고 말하는 게 어때?	Why don't you say sorry to him first?
○ 친구랑 진지한 대화를 나눠 보는 게 어때?	Why don't you have a serious conversation with him?
○ 내가 그 아이와 이야기를 나눠 볼게요.	I'll have a word with that boy.
○ 오해가 있는 것 같아요.	I think there is some misunderstanding.
○ 그 친구의 입장이 되어 보세요.	Try to be in his shoes.
○ 한 발짝만 양보하면 서로 잘 지낼 수 있을 거예요.	If you step back a bit, you'll be able to get along well together.
○ 자기 의견만 계속 주장하면 친구들이 좋아하지 않을 거예요.	Friends won't like you if you keep insisting your opinion.

02 참여 장려하기
Encouraging to Participate

T	Let's see what you have done.
	Who wants to volunteer? Minjun?
S	I haven't finished yet.
T	Come on. I need two volunteers.
	Who's the brave guy today?
S1	I'll do it.
S2	Me, too. I'll give it a try.
T	Thank you, guys. You're the best.

T 여러분이 한 것을 봅시다. 누가 자원하겠어요? 민준이? | **S** 아직 다 못 했어요. | **T** 자, 두 명의 자원자가 필요해요. 오늘의 용기 있는 친구는 누구일까요? | **S1** 제가 할게요. | **S2** 저도요. 한번 해 볼게요. | **T** 고마워요. 여러분이 최고예요.

🏴 자원하게 하기

○ 누가 해 볼래요?	Who wants to try?
○ 누가 먼저 해 보고 싶어요?	Who wants to go first?
○ 해 보고 싶은 사람 있어요?	Would anyone like to try?
○ 어떤 팀이 해 보고 싶어요?	Which team wants to give it a try?
○ 어떤 팀이 먼저 해 보고 싶어요?	Which team wants to try first?
○ 누가 자원하겠어요?	Who wants to volunteer?
○ 자원할 사람 있나요?	Any volunteers? / Are there any volunteers?
○ 두 명의 자원자가 필요해요.	I need two volunteers.
○ 두 학생만 더요.	Two more students, please.

o 여기 두 명의 자원자가 있군요.　　We have two volunteers here.

o 아무나 나와 보세요.　　Anybody, come on out.

o 누가 용감하게 나와 볼까요?　　Who's going to be brave and come out?

o 오늘의 용기 있는 친구는
　　누구일까요?　　Who's the brave guy today?

o 누가 친구들을 위해 희생할래요?　　Who's going to sacrifice for your friends?

o 모든 자원자에게는 작은 선물을
　　줄 거예요.　　I'll give small presents to all volunteers.

o 칭찬 스티커가 여러분을 기다리고
　　있어요.　　There's a praise sticker waiting for you.

o 가산점을 받을 행운의 주인공은
　　누가 될까요?　　Who'll be the lucky one to get the extra
points?

o 반을 위해 노래를 불러 줄 사람
　　있나요?　　Is there anyone who would like to sing a
song for the class?

📕 참여 유도하기 ────────────────────────

o 모두 참여해야 돼요.　　Everyone should participate.

o 좀 더 적극적으로 참여하세요.　　Please participate more actively.

o 반드시 모두가 역할을 하나씩
　　맡아야 해요.　　Make sure that everyone has a role.

o 각자 한 번씩 기회를 가지도록
　　하세요.　　Be sure that each person gets a chance.

o 돌아가면서 하고 반드시 모두가
　　해 봐야 합니다.　　Take turns and make sure everyone tries
out.

o 한 사람이 적어도 다섯 번은
　　말해야 해요.　　One person should speak at least five
times.

o 팀워크라는 것을 기억하세요.　　Remember that it's teamwork.

○ 모두가 자기 팀에 기여해야 합니다.	Everyone should contribute to their teams.
○ 팀워크가 훌륭한 팀에게는 가산점이 있어요.	There's an extra point for the team with good teamwork.
○ Clair, 뭔가 말해 보겠어요?	Clair, would you like to say something?
○ 그것에 뭐든 덧붙여 볼래요?	Would you like to add anything to that?
○ 여기에 대해서 할 말이 있나요?	Do you have anything to say about this?
○ 자신의 경험을 반 친구들과 공유해 볼래요?	Would you like to share your experience with the class?
○ 친구들에게 그것에 대해 조금만 말해 주세요.	Tell your friends a little bit about it.
○ 네가 우리에게 할 말이 있을 것 같구나.	I think you might have something to tell us.
○ 지호가 나보다 더 잘 알아요. 지호야 나 좀 도와주겠니?	Jiho knows better than I do. Will you help me, Jiho?
○ 이 분야에서는 그가 전문가니까 그에게 심판을 시키는 게 어때요?	He's an expert in this area, so why don't we let him be the referce?

📕 시키기

○ 네가 해 보겠니?	Would you like to do it?
○ 네가 한번 해 보지 않을래?	Why don't you give it a try?
○ 이번에는 네가 해 봤으면 좋겠다.	I would like you to do it this time.
○ Rick, 한번 해 보겠어요?	Rick, would you like to give it a try?
○ 오늘은 5일이니까, 5번!	Today is the 5th, so number 5!
○ 다음 사람.	Next person.
○ 그 옆에 앉은 사람.	The person sitting next to him.
○ 그 앞에 앉은 사람.	The person sitting in front of him.
○ 그 뒤에 앉은 사람.	The person sitting behind him.

○ 이제 다음 사람을 지목하면 돼요.   Now you can pick the next person.

○ 번호나 이름을 부르면 돼요.   You can call out the number or name.

○ 손가락으로 다음 사람을 가리키세요. Point at the next person with your finger.

○ 남학생은 여학생을,   Boys pick girls, and girls pick boys.
여학생은 남학생을 고르세요.

○ 제비뽑기를 합시다.   Let's draw lots.

○ 가위바위보로 결정합시다.   Let's decide by rock, scissors, and paper.

○ 행운의 주인공은 누가 될까요?   Who's going to be the lucky guy?

○ 3월 3일에 태어난 사람?   The person who was born on the third of March?

○ 가장 잘생긴 사람에게 대답할   I'll give the most handsome person a
기회를 주겠어요.   chance to answer.

○ 자원자가 없으니까 내가 한 명   Since no one volunteered, I'll pick a person.
고를 거예요.

○ 봅시다, 아직 한 마디도 안 한   Let's see, who hasn't said anything yet?
사람이 누구죠?

○ 이름을 부르면 일어나세요.   Stand up if I call your name.

○ 이름이 불리면 대답을 해야 해요.   You have to answer when your name is called.

📑 추천하기

○ 한 사람 추천해 보세요.   Please recommend a person.

○ 누구를 추천하겠어요?   Who would you recommend?

○ 친구를 추천하고 싶은가요?   Would you like to recommend a friend?

○ 누가 이것에 대답할 수 있을 것   Who do you think can answer this?
같아요?

○ 이 역할에 적합한 사람을 추천해   Can you recommend the right person for
주겠어요?   this role?

- 나를 도와줄 두 명의 이름을 알려 주세요. — Please give me two names that can help me.
- 축구 잘하는 사람을 추천해 주세요. — Please recommend someone who's good at soccer.
- 친구들이 너를 추천했어. — Your friends have recommended you.

TIP BOX 기운을 북돋는 격려의 말

You're the best!	네가 최고야!
You're great!	넌 멋져!
You are good at this.	너 이거 잘하는구나.
You can do it! I know it.	넌 할 수 있어! 난 알아.
Show me what you got.	네가 가진 것을 다 보여 줘.
No one can beat you.	아무도 너를 이길 수 없어.
No one can replace you.	너를 대신할 사람은 아무도 없어.
No one is better than you.	너보다 잘하는 사람은 아무도 없어.
You make me proud.	너 때문에 자랑스러워.
I'm so proud of you.	네가 정말 자랑스러워.
You are very precious.	넌 정말 소중해.
You are doing better than you think you are.	네가 생각하는 것보다 너는 더 잘하고 있어.

Unit 5
의사소통 기능
Communicative Skills

01 질문하기
Asking

T	Did you enjoy the story?
S	Yes! It was interesting.
T	Now, let me ask you some questions.
	The first question is this: why did the building collapse?
S	Because the workers didn't work properly?
T	Could you be more precise?

T 이야기 재미있었어요? | **S** 네! 재미있었어요. | **T** 이제 몇 가지 질문을 해 보겠어요. 첫 번째 질문은 이거 예요: 그 건물이 왜 무너졌나요? | **S** 일꾼들이 제대로 일을 하지 않아서요? | **T** 조금 더 정확히 말해 볼래요?

🔖 질문하기

○ 질문이 하나 있어요.	I have a question.
○ 질문을 하나 하겠어요.	I'll ask you a question.
○ 질문 하나 해 볼게요.	Let me ask you a question.
○ 질문 하나 해도 될까요?	May I ask a question?
○ 여기 간단한 질문이 하나 있어요.	Here's a simple question for you.
○ 몇 가지 질문을 준비했어요.	I have prepared several questions for you.
○ 뭐 좀 물어보고 싶어요.	I want to ask you something.
○ 뭐 좀 물어볼게요.	Let me ask you something.
○ 질문을 하나 하고 싶어요.	I'd like to raise a question.
○ 알고 싶은 것이 있어요.	There's something I want to know.

○ 물어보고 싶은 것이 있어요.	There's something I'd like to ask you.
○ 이해가 안 되는 것이 있어서 질문이 하나 있어요.	I have a question because there's something I don't get.
○ 여러분 중 한 사람에게 물어보겠어요.	I'll ask one of you.
○ 첫 번째 질문은 이거예요. 왜 수영을 좋아하죠?	My first question is this: why do you like swimming?
○ 내 질문에 대답해 주세요.	Please answer my questions.

🚩 질문하게 하기

○ 질문 있나요?	Any questions? / Are there any questions?
○ 질문해 보세요.	Ask a question.
○ 물어볼 것이 있나요?	Do you have anything to ask?
○ 누구 질문 있어요?	Does anyone have a question?
○ 질문 있으면 손을 드세요.	Raise your hand if you have a question.
○ 나에게 질문이 있나요?	Do you have any questions for me?
○ Ross에게 질문 있는 사람?	Who has a question for Ross?
○ Tim에게 물어보고 싶은 것이 있나요?	Do you want to ask anything of Tim?
○ 이해 안 되는 것이 있으면 나한테 물어보세요.	Ask me if there's something you don't understand.
○ 어떤 질문이라도 괜찮아요.	Any question is OK.
○ 뭐든지 물어봐도 좋아요.	You can ask anything.
○ 개인적인 질문은 나중에 하세요.	You can ask personal questions later on.
○ 질문을 두 개 만들어 보세요.	Please make two questions.
○ 짝과 함께 묻고 대답해 보세요.	Ask and answer the questions with your partners.

지난 주말에 대해 서로에게 물어 보세요.	Ask each other about last weekend.
이쪽은 질문하고 저쪽은 대답하세요.	This side will ask and the other side will answer.
이런 경우에는 어떤 질문을 할 수 있나요?	What kind of questions can you ask in this case?
이 대답을 들으려면 어떤 질문을 해야 할까요?	What question do you have to ask to get this answer?
내 설명은 끝났어요. 이제 질문하세요.	My explanation is over. Now ask questions.
파란 재킷을 입은 학생, 해 보세요.	The boy in the blue jacket, please go ahead.
질문이 있으면 가만히 있지 마세요.	Don't keep it to yourself if you have a question.
질문할 시간을 줄 테니 그때 질문하세요.	I'll give you some questioning time. You can ask questions then.
시간이 다 되어 가니 질문을 두 개만 더 받겠어요.	Just two more questions since we're running out of time.

🔖 의견 묻기

여러분의 의견이 필요해요.	I need your opinions.
여러분은 어떻게 생각하는지 말해 보세요.	Please tell me what you think.
무엇을 느꼈어요?	What did you feel?
이것에 대해 어떻게 생각해요?	What do you say to this?
그것에 대해 어떻게 생각하나요?	What do you think about it?
이 이야기가 어떻다고 생각해요?	How do you find the story?
그 소녀에 대해 어떻게 느끼세요?	How do you feel for the little girl?

o 대기오염에 대해 어떻게 생각하나요?	How do you feel about air pollution?
o 다른 생각 있나요?	Do you have any other ideas?
o 다른 생각을 가진 사람 있어요?	Does anyone have a different idea?
o 나머지 사람들은 어때요?	How about the rest of you?
o 덧붙일 것이 있나요?	Do you have anything to add?
o 그것에 대해 개인적인 의견을 주세요.	Please give me your personal opinion about it.
o 이대로 괜찮나요?	Are you OK with it?
o 이것에 만족해요?	Are you satisfied with this?
o 네 의견은 뭐니?	What's your opinion?
o 네 조언은 뭐니?	What's your advice?
o 조언 좀 해 주겠어요?	Could you give me some advice?
o 여러분이 그 사람이라면 어떻게 할래요?	What would you do if you were him?
o 여러분의 창의적인 의견을 기다립니다.	I'm waiting for your creative idea.

대답하기
Answering

02

T Let's have a look at the next question.
   Everyone, what's the answer?
S Number 2.
T Only one person answered.
   I want everyone to answer it.
   Please call out the answer all together.
S Number 2.

T 다음 문제를 한번 봅시다. 모두 다 같이, 답이 뭐죠? | **S** 2번이요. | **T** 딱 한 사람만 대답했어요. 난 여러분 모두 대답하길 원해요. 다 같이 답을 불러 보세요. | **S** 2번이요.

🔖 대답하기

○ 대답하세요.   Please answer.

○ 대답해 주세요.   Answer me, please.

○ 답을 주세요.   Give me the answer.

○ 답을 말해 주세요.   Please tell me the answer.

○ 답을 불러 보세요.   Call out the answer.

○ 질문에 대답하세요.   Answer the question.

○ 질문에 대답해 보겠어요?   Would you like to answer the question?

○ 답할 수 있겠어요?   Can you answer it?

○ 답을 알아요?   Do you know the answer?

○ 답은 뭐가 될 수 있을까요?   What could the answer be?

○ 여기에 답할 수 있는 사람?	Who can answer this?
○ 내가 먼저 대답하겠어요.	I'll answer first.
○ 이게 내 답이에요.	This is my answer.
○ 너의 답은 뭐니?	What's your answer?
○ 여러분 팀의 답은 뭐죠?	What's your team's answer?
○ 그래서 답은 뭐죠?	So, what's the answer?
○ 모두 다 같이, 답은?	Everyone, the answer is?
○ 여러분은 답할 수 있어요.	You can answer it.
○ 내가 셋을 세면 여러분의 답을 말하세요.	Tell me your answer after I count to three.
○ 먼저 대답하는 사람이 이기는 거예요.	The first person to answer wins.
○ 답이 충분하지 않네요. 다른 답이 있나요?	Your answer is not enough. Any other answers?
○ 어떤 답이라도 괜찮아요.	Any answer is OK.

📑 대답하는 방법 지도하기 ───────────────

○ 천천히 말하세요.	Please say it slowly.
○ 좀 더 빨리 말해 보겠어요?	Could you say it a little bit faster?
○ 다시 말해 보세요.	Please say it again.
○ 다시 반복해 주겠어요?	Could you repeat that?
○ 명확하게 말해 보세요.	Please say it clearly.
○ 크게 말하세요.	Speak up.
○ 더 크게요!	Louder, please!
○ 더 크게 말해 보겠어요?	Could you speak louder?
○ 큰 소리로 답하세요.	Answer with a loud voice.

o 뒤에 있는 사람들도 들을 수
　있도록 크게 말하세요.

Speak loud so that the people at the back can hear you.

o 안 들려요. 한 번 더 말해 줄래요?

I can't hear you. Could you say it one more time?

o 완전한 문장으로 대답해 줄래요?

Can you answer it in a full sentence?

o 대답할 때는 항상 완전한 문장을
　사용하세요.

Always use a full sentence when you answer.

o 한 단어로 대답하지 말고 문장으로
　말하세요.

Don't just answer in one word, but in a sentence.

o 대답하기 전에 손을 드세요.

Put your hands up before you answer.

o 일어서서 대답하세요.

Please stand up when you answer.

o 의자 뒤에 똑바로 서세요.

Stand straight behind your chair.

o 친구들을 향해서 말하세요.

Face your classmates when you talk.

o 좀 더 자연스럽게 말하세요.

Please say it more naturally.

03 요청하기
Requesting

T   Can you do me a favor?

S   Yes, ma'am, what is it?

T   I want to move this table to the back and I think I need some help.

S   That's no problem.

T   Thanks so much.

T 부탁 좀 들어줄래? | **S** 네, 선생님, 뭐예요? | **T** 이 탁자를 뒤로 옮기고 싶은데, 도움이 좀 필요할 것 같아. | **S** 문제없어요. | **T** 정말 고맙구나.

🔖 도움 요청하기

○ 도와주세요.   Please help me.

○ 도움이 필요해요.   I need some help.

○ 나 좀 도와줄래요?   Could you help me? / Can you give me a hand?

○ 부탁 좀 들어 줄래요?   Can you do me a favor?

○ 이것 좀 해 줄래요?   Could you do this for me?

○ 도움이 필요할 것 같아요.   I think I need some help.

○ 나를 도와줄 사람 있나요?   Is there anyone who can help me?

○ 누가 나를 도와주겠어요?   Who's going to help me?

○ 나를 도와주면 고맙겠어요.   I would appreciate it if you could help me.

○ 창문 좀 열어 줄래요?   Do you mind opening the window for me?

○ 그것 좀 교무실에서 가져다줄래요?   Could you please fetch it from the staff room?

○ 수업이 끝나고 내 심부름 좀 해 줄래요?   Can you do an errand for me after the class?

○ 김 선생님에게 이 책을 좀 전달해 주세요.   Please deliver this book to Mr. Kim.

○ 이것을 너희 반 반장에게 좀 가져다줄 수 있을까?   Can you take this to your class president?

📑 도움을 요청하라고 하기

○ 어떻게 도와줄까요?   How can I help you?

○ 도움이 필요하면 내게 말하세요.   Tell me if you need any help.

○ 요청하지 않으면 난 알 수가 없어요.   I cannot know if you don't ask for it.

○ 도움이 필요하면 요청을 해야 해요.   When you need help, you have to ask for it.

○ 어려움에 처하면 도움을 요청해야 해요.   When you are in trouble, you must ask for some help.

○ 내가 도와줄 수 있는 것이 있나요?   Is there anything I can help you with?

○ 내 도움이 필요하면 손을 드세요. 그러면 내가 갈게요.   Put your hand up if you need my help, then I'll get to you.

○ 도움이 필요할 때는 어떻게 말하죠?   What do you say when you need help?

○ Help me, please.라고 말하면 됩니다.   You can say, "Help me, please".

○ 도움을 청할 때는 would나 could를 사용하세요.   Use "would" or "could" when asking for help.

○ Help me!를 공손하게 표현하려면 어떻게 말하죠?   How do you say "Help me!" in a polite way?

○ 뭔가를 요청할 때는 공손하게 말해야 해요.   You have to speak politely when you ask for something.

○ 짝에게 도움을 요청해 보세요.   Ask your partner for help.

○ 가서 친구들에게 도움을 좀 받으세요.   Go and get some help from your friends.

○ 도움을 청하는 걸 부끄럽게   Don't be shy to ask for help.
  생각하지 마세요.

○ 고맙다고 인사하는 거 잊지 마세요. Don't forget to thank her.

🔖 강하게 요청하기 · 명령하기 ──────────────

○ 이것 좀 하세요.   Please do this.

○ 지금 바로 시작하세요.   Start it right away.

○ 이건 꼭 해야 합니다.   You must do this.

○ 이건 여러분이 해야 하는 거예요.   This is something you have to do.

○ 지금 당장 끝내세요!   Get it done now!

○ 당장 해 놓길 바랍니다.   I want this done immediately.

○ 내가 하라는 대로 하세요.   Do as I say.

○ 해 놓고 말하세요.   Say it after you do it.

○ 끝까지 마쳐야 합니다.   You must finish it till the end.

○ 명령이에요.   It's an order.

○ 명령하는 거예요.   I'm ordering you.

○ 여러분은 선택의 여지가 없어요.   You have no choice.

○ 어떤 핑계도 대지 마세요.   No excuses.

○ 이건 의무예요.   This is an obligation.

○ 이건 선택사항이 아니라 의무예요.   This is not an option but an obligation.

○ 이건 여러분이 선택할 수 있는   It's not something you can choose.
  것이 아니에요.

○ 그건 당장 집어넣으세요.   That goes in right now.

○ 의자에 앉으세요, 당장!   On your chairs, now!

○ 그만두라고 말하고 있어요.   I'm telling you to stop.

04 요청에 답하기
Answering to Requests

S   This is too complicated.
       Could you help me, please?
T   Sorry, but I can't help you.
S   But it's too hard.
T   Look, everyone's doing it alone.
       Try to do it yourself.

S 이건 너무 복잡해요. 좀 도와주시겠어요? | **T** 미안하지만 도와줄 수 없어. | **S** 하지만 너무 어려워요.
| **T** 봐, 다들 혼자 하잖아. 혼자 하려고 노력해 봐.

🚩 거절하기 ————————————

○ 할 수 없어요.   I can't do it.

○ 해 줄 수 없어요.   I can't do it for you.

○ 도와줄 수 없어요.   I can't help you.

○ 도와주지 않을 거예요.   I won't help you.

○ 이건 거절해야겠군요.   I have to turn this down.

○ 허락하지 않겠어요.   I'm not going to allow it.

○ 미안하지만 받아들일 수 없어요.   Sorry, but I can't accept it.

○ 미안하지만 거절해야겠어요.   Sorry, but I'm going to reject it.

○ 미안하지만 해 줄 수가 없어요.   Sorry, but I'm not able to do it for you.

○ 거기에 대해선 아무것도 할 수 없어요. I can't do anything about that.

○ 하지 않겠어요.   I won't do it.

○ 하고 싶지 않아요.	I don't want to do it.
○ 더 이상 하지 않겠어요.	I'm not going to do it anymore.
○ 내가 그걸 해 줘야 할 이유가 없어요.	There's no reason for me to do it for you.
○ 다음에요.	Maybe next time.
○ 미안하지만 다음에요.	Sorry, but some other time.
○ 미안하지만 지금은 너무 바빠요.	Sorry, I'm too busy at the moment.
○ 미안하지만 지금은 그럴 상황이 아니에요.	Sorry, this is not a good time.
○ 지금 할 수 있는 상황이 아니에요.	I'm not available at the moment.
○ 내 능력 밖의 일이에요.	It's out of my ability.
○ 내가 상관할 바가 아니에요.	It's none of my business.
○ 감정적으로 받아들이지 마세요.	Don't take it personally.
○ 안 돼요. 혼자서 해야 해요.	No, you have to do it alone.
○ 혼자 하려고 해 보세요.	Try to do it yourself.
○ 혼자서 할 수 있어요.	You can do it alone.
○ 도움을 요청하지 마세요.	Don't ask for help.
○ 도와달라고 하지 말고 혼자서 하세요.	Don't ask for help and do it alone.
○ 다른 사람들한테 기대면 안 돼요.	You should not lean on others.

🔖 허락하기 · 수락하기

○ 어서 하세요.	Go ahead.
○ 그렇게 하세요.	Please do so.
○ 원하는 대로 해요.	As you wish.
○ 그렇게 해도 돼요.	You may do so.
○ 좋아요, 원한다면야.	OK, if you want.

o 기꺼이 해 줄게요.	With pleasure. / It's my pleasure.
o 기꺼이!	Sure!
o 언제든!	Anytime!
o 물론이죠.	Of course.
o 물론!	Sure thing!
o 괜찮아요.	That's fine.
o 문제없어요.	No problem.
o 그렇게 하도록 허락할게요.	I'll allow you to do it.
o 수락할게요.	I'll accept it.
o 이번에는 그렇게 넘어가도록 하죠.	I'll let it go this time.
o 이번에는 그냥 넘어가겠어요.	I'll let you go this time.
o 이번 한 번만이에요.	Just this once.

05 찬성하기 · 반대하기
Agreeing . Disagreeing

T	This time, is there anyone who disagrees with Kate?
S	I disagree with Kate. A baby is a human being, too.
T	That's a good point.
	Is there anyone else who does not support Kate's opinion?
S	That's right. We can't just kill it. It's a murder.

T 이번엔 Kate의 의견에 반대하는 사람 있나요? | **S** 저는 Kate의 의견에 반대해요. 아기도 사람이잖아요. | **T** 좋은 지적이에요. 또 Kate의 의견을 지지하지 않는 사람 있나요? | **S** 맞아요. 그냥 죽일 수는 없어요. 그건 살인이에요.

🔖 찬성하기

○ 네 말이 맞아.	You're right.
○ 네 의견을 지지해.	I'm with you.
○ 네 생각에 동의해.	I agree with your idea.
○ 네 의견에 전적으로 동의해.	I totally agree with you.
○ 나도 그렇게 생각해.	I think so, too.
○ 나도 그렇게 생각했어.	That's what I thought, too.
○ 일리가 있어요.	It makes sense.
○ 좋은 지적이에요.	That's a good point.
○ 저도 같은 의견이에요.	I have the same opinion.
○ 타당하다고 생각합니다.	I think it's reasonable.

○ 두말하면 잔소리지요.	You can say that again.
○ 내 말이 그 말이에요.	That's what I'm saying.
○ 그가 옳다고 생각해요.	I think he's right.
○ 저도 Emma와 같은 관점을 가지고 있어요.	I have the same view point as Emma.
○ 모두 내 의견에 동의하세요?	Do you all agree with me?
○ Kate의 의견과 같은 사람 있나요?	Does anybody share Kate's opinion?
○ 누가 태준이의 의견에 찬성하나요?	Who agrees with Taejun?
○ 동의한다면 엄지손가락을 세워 주세요.	Thumbs up if you agree.

🔖 반대하기 ————————————————————

○ 저는 반대해요.	I disagree.
○ 저는 그렇게 생각하지 않아요.	I don't think so. / I don't think like that.
○ 저는 그에게 찬성할 수 없어요.	I can't agree with him.
○ 저는 그를 지지하지 않아요.	I don't support him.
○ 그 진술에 반대해요.	I disagree with that statement.
○ 저는 의견이 달라요.	I have a different opinion.
○ 어느 정도까지는 동의해요.	I agree to an extent.
○ 전혀 말이 안 돼요.	That doesn't make sense at all.
○ 실용성이 없어요.	It's not practical.
○ 실현 가능성이 없어요.	It's unrealizable.
○ 부작용이 너무 많아요.	There are too many side effects.
○ 그 점에 있어서는 너에게 반대해.	I disagree with you on that point.
○ 맞는 이야기지만, 여전히 너에게 찬성할 수 없어.	True, but still, I can't agree with you.

o 네가 왜 그렇게 생각하는지   I can't understand why you think like that.
   이해할 수 없어.

o 태준이가 한 말에 반대하는 사람?   Who disagrees with what Taejun said?

🔖 다른 의견 제시하기 ────────────────────

o 다른 의견 있나요?   Any other opinions?

o 누구 다른 의견을 가지고 있나요?   Who has other opinions?

o 또 다른 의견을 가진 사람 있나요?   Does anyone have another opinion?

o 다르게 생각하는 사람 있어요?   Is there anyone who thinks differently?

o 나는 의견이 달라요.   I have a different opinion.

o 나는 그렇게 생각하지 않아요.   I don't think like that.

o 나는 Anne의 의견에 덧붙이고   I'd like to add something to Anne's opinion.
   싶습니다.

o 난 결정을 못하겠어요.   I can't decide.

o 지금은 어떤 대답도 못하겠어요.   I can't give you any answer right now.

o 나는 기권하겠습니다.   I quit.

o 나는 다수의 의견에 따르겠습니다.   I'll follow the majority.

o 나는 찬성하지도 반대하지도 않아요.   I neither agree nor disagree.

o 난 중립을 지키겠어요.   I want to remain neutral.

o 타협점을 찾아야 한다고 생각해요.   I think we have to find a meeting point.

o 분명 타협점이 있을 거예요.   I'm sure there's a meeting point.

o '예/아니오'의 문제가 아닌 것   I don't think it's a problem of "yes or no".
   같아요.

◪ 근거 제시하기

왜 그렇게 생각하죠?	Why do you think like that?
왜 그렇게 말하는 거죠?	Why do you say so?
이유가 뭐죠?	What's the reason?
특별한 이유라도 있나요?	Do you have any special reasons?
몇 가지 이유가 있습니다.	I have several reasons.
거기에는 두 가지 이유가 있어요.	There are two reasons for that.
첫 번째 이유는…	One is because...
그렇게 말한 이유는…	I said so because...
그렇게 생각하는 이유는…	The reason why I think so is because...
그냥요.	Just because.
아무 이유 없어요.	For no reason.
다음과 같은 이유로 반대합니다.	I disagree for the following reasons.
이것은 사실에 근거해요.	This is based on fact.
네 자료가 타당하다고 생각하니?	Do you think your data is valid?
네 생각을 지지하는 자료가 불충분해.	You don't have enough data to support your idea.

06 감정 표현하기
Expressing Feelings

T   Wow! It's finished. That was so quick.
Thank you so much for helping me.

S   You're welcome.
It wasn't that difficult anyway.

T   I wouldn't have finished it without your help.
Aren't you hungry? Let's grab a bite. It's on me.

T 와우! 끝났다. 정말 빨리 끝났네. 도와줘서 정말 고맙구나. | **S** 별말씀을요. 그렇게 어렵지도 않았는걸요. | **T** 네 도움이 없었더라면 끝내지 못했을 거야. 배고프지 않아? 뭐 좀 먹자. 선생님이 사 줄게.

🔖 고마울 때

○ 고마워요.   Thanks. / I appreciate it.

○ 정말 고마워요.   Thank you very much.

○ 이렇게 고마울 수가!   How sweet!

○ 친절도 해라.   That's nice of you.

○ 정말 친절하군요.   That's very kind of you.

○ 도와줘서 고마워요.   Thank you for your help.

○ 협조해 줘서 고마워요.   Thank you for your cooperation.

○ 큰 도움이 되었어요.   You've been a great help.

○ 사려가 깊네요.   That's thoughtful of you.

○ 감동 받았어요.   I'm touched.

○ 그렇게 말해 주니 좋군요.   It's good to hear you say so.

○ 나에겐 큰 의미가 있어요.	It means a lot to me.
○ 어떻게 해야 충분히 감사할 수 있을까요?	How can I thank you enough?
○ 지금껏 받은 선물 중 최고예요.	It's the best present I've ever received.

🔖 미안할 때 ────────────────────

○ 그거 미안해요.	Sorry about that.
○ 정말 미안해요.	I'm really sorry.
○ 내 잘못이에요.	It's my fault.
○ 내 실수예요.	That's my mistake.
○ 내가 틀렸어요.	I am mistaken.
○ 미안해요, 내가 혼동을 했어요.	Sorry, I got confused.
○ 미안해요. 내가 실수를 했네요.	Sorry, I made a mistake.
○ 실수해서 정말 미안해요.	I'm very sorry for the mistake.
○ 일부러 그런 게 아니에요.	I didn't mean to do that.
○ 미안해요, 그런 뜻이 아니었어요.	Sorry, that's not what I meant.
○ 미안해요, 정말 몰랐어요.	Sorry, I really didn't know that.
○ 미안해요. 이름을 잘못 불렀네요.	I'm sorry. I got your name wrong.
○ 미안해. 너인 줄 알았어.	I'm sorry. I thought it was you.
○ 너무 많은 불편을 끼쳐서 미안해요.	I'm sorry to cause you so much trouble.
○ 다시는 그런 일이 없도록 할게요.	I'll try not to let it happen again.
○ 내가 왜 이럴까요?	What's wrong with me?
○ 용서해 주세요.	Please forgive me. / Please excuse me.
○ 용서해 주겠어요?	Can you forgive me?

🔖 기분 좋을 때 ━━━━━━━━━━━━━━━━━━━━━━━━━━━━━━━━

o 너무 기뻐요.　　　　　　　　　I'm so glad.

o 아주 행복해요.　　　　　　　　I'm very happy.

o 기분이 아주 좋아요.　　　　　　I feel great.

o 이보다 더 기쁠 수가 없군요.　　I couldn't be happier.

o 이제 기분이 훨씬 좋아졌어요.　Now I feel much better.

o 여러분이 나를 웃게 만드는군요.　You make me smile.

o 여러분은 항상 나를 기쁘게 하네요. You always please me.

o 여러분이 내 기분을 좋게 만들어　You made me feel good.
　졌어요.

o 여러분 덕분에 항상 행복해요.　I'm always happy thanks to you.

🔖 기분 나쁠 때 ━━━━━━━━━━━━━━━━━━━━━━━━━━━━━━━━

o 기분이 나빠요.　　　　　　　　I'm upset.

o 기분이 안 좋아요.　　　　　　　I don't feel good.

o 난 지금 정말 화가 났어요.　　　I'm really angry now.

o 화가 나기 시작하는군요.　　　　I'm starting to feel angry.

o 마음이 불편해요.　　　　　　　I feel uncomfortable.

o 실망했어요.　　　　　　　　　I'm disappointed.

o 짜증이 나네요.　　　　　　　　I'm irritated.

o 우울하군요.　　　　　　　　　I feel gloomy.

o 울적해요.　　　　　　　　　　I feel blue.

o 컨디션이 좋지 않아요.　　　　　I'm not in a good state.

o 좋은 기분이 아니에요.　　　　　I'm not in a good mood.

o 날 짜증 나게 하는군요.　　　　You are irritating me.

○ 짜증 나게 하지 마세요.	**Stop annoying me, please.**
○ 그만하면 됐어요!	**Enough of it!**
○ 더 이상 못 참겠어요.	**I can't stand it any more.**
○ 제발, 지금은 말 시키지 마세요.	**Please, don't talk to me now.**

🔖 놀랐을 때 ────────────

○ 놀랐어요.	**I'm surprised.**
○ 충격 받았어요.	**I'm shocked.**
○ 와, 너무 놀랍네요!	**Wow, what a surprise!**
○ 어머나, 놀라워라!	**What a nice surprise!**
○ 여러분이 나를 놀라게 했어요.	**You surprised me.**
○ 못 믿겠어요!	**This is unbelievable!**
○ 이런!	**Gosh!**
○ 세상에!	**Oh my god!**
○ 이런 일이 닥칠 줄은 몰랐어요.	**I didn't see this coming.**
○ 이런, 어쩌다 다쳤어요?	**Oh my, how did you get hurt?**
○ 정말 혼자서 한 거예요?	**Did you really do it yourself?**
○ 이야, 어떻게 그렇게 했어요?	**Wow, how did you do that?**
○ 이렇게 생각하고 있는 줄 정말 몰랐어요.	**I really didn't know you were thinking like this.**
○ 기억하고 있군요. 잊은 줄 알았는데.	**You remember it. I thought you had forgotten it.**

조회

조회	morning assembly / morning meeting	조퇴	leaving school early
운동장 조회	outdoor assembly	진도	progress
애국가	national anthem	수준별 수업	classes of grade level
교가	school song	방과 후 학교	after-school classes
교장선생님 연설	principal's address	시간표	timetable
안내사항	announcements	임시 시간표	temporary schedule
예행연습	rehearsal	동아리활동 / 계발활동	club activities
교훈	motto for school discipline	봉사활동	volunteer activities
주생활 목표	weekly motto	특기적성교육	special skills and aptitude class
환영사	welcome address	교칙	school regulations
송별사	farewell speech	자퇴	withdrawal
답사	reply to the speech	퇴학	removal
국기	national flag	전학	transfer
단상	stage	교육청	education office
방송	broadcast	입학허가	admission to school
마이크	microphone	장학금	scholarship
		학부모	parents

기타

수업	lesson	학부모회	board of parents
강의	lecture	학교운영위원회	school council
결석	absence	학교이사회	school board
출석	attendance	통학버스	school bus
		교통 정리원	crossing guard

Unit 6

교실 밖 대화
Outside the Classroom

교내 여러 장소
Different Places at School

T	Jiyoon, what's the hurry?
S	Today's lunch menu is hamburger.
T	Oh, right! That's why everyone is running. But you should not run in the hallways.
S	Okay, I'll be careful.
T	Enjoy your meal.

T 지윤아, 왜 그렇게 서두르니? | **S** 오늘 점심 메뉴가 햄버거예요. | **T** 아, 그래서 모두 뛰고 있구나! 하지만 복도에서는 뛰면 안 돼요. | **S** 네, 조심할게요. | **T** 식사 맛있게 해요.

🔖 복도 · 계단

○ 어디를 가고 있나요?	Where are you going?
○ 복도에서 뛰지 마세요.	Don't run in the corridors.
○ 앞을 잘 보고 다녀요.	Watch where you're going.
○ 복도에서는 조용히 해 줄래요?	Won't you be quiet in the corridors?
○ 복도는 놀이터가 아니에요.	The hallway is not a playground.
○ 복도를 따라가다 보면 네 오른쪽에 있어.	Go down the hallway and it's on your right.
○ 복도에서 기다려 줄래요?	Can you wait for me in the hallway?
○ 이것을 복도 게시판에 게시해 줄래요?	Could you post this on the notice board in the hallway?
○ 바닥이 젖었으니 조심해요.	Be careful of the wet floor.
○ 한 번에 한 계단씩!	One step at a time!

○ 계단에서는 조심하세요.   Be careful on the stairs.

○ 발 조심!   Watch your step!

○ 계단에서는 항상 발 조심하세요.   Always watch your step on the stairs.

○ 계단에서는 절대로 뛰면 안돼요.   You should never run on the stairs.

○ 계단이 미끄러워요.   The stairs are slippery.

○ 계단에서는 놀지 않습니다.   Don't play on the stairs.

○ 계단에서는 다른 사람을 당기거나 밀지 마세요.   Don't pull or push others on the stairs.

🔖 교무실

○ 무슨 일로 왔어요?   What makes you come here?

○ 하고 싶은 말이 있나요?   Do you have anything to say?

○ 무슨 문제라도 있나요?   Is there any problem?

○ 나를 찾았나요?   Did you look for me?

○ 왜 조퇴를 하고 싶죠?   Why do you want to leave school early today?

○ 집에 일찍 가고 싶은 건가요?   Do you want to go home early?

○ 왜 내 수업에 늦게 왔죠?   Why did you come late for my class?

○ 왜 내 수업에 들어오지 않았죠?   Why didn't you come to my class?

○ 교무실에 가서 나를 기다리세요.   Wait for me in the teacher's room.

○ 교무실에 내 자리를 알아요?   Do you know my desk in the teacher's office?

○ 어떤 선생님을 찾고 있어요?   Which teacher are you looking for?

○ 수학 선생님 자리는 저쪽이에요.   Your math teacher sits over there.

○ 교무실에서는 조용히 해 주세요.   Please be quiet in the teacher's room.

○ 너희 담임 선생님은 회의 중이셔.   Your homeroom teacher is in a meeting.

○ 다음 쉬는 시간에 이야기 좀 할 수 있을까?   Can we talk during the next break time?

o 내가 지금 조금 바쁘구나.	Sorry, I'm a little bit busy.
o 이따가 다시 올 수 있겠니?	Will you come back later?

🔖 운동장 및 강당 _____

o 오늘은 야외수업을 합시다.	Let's have class outside today.
o 오늘은 야외수업을 할 거예요.	We are going to have an outdoor class today.
o 운동장으로 나갑시다.	Let's go out to the school yard.
o 모둠별로 모이세요.	Gather in your groups.
o 번호순으로 서세요.	Please stand in numerical order.
o 한 줄로 서세요.	Stand in one line.
o 두 줄로 서세요.	Make two lines.
o 새치기 하지 마세요.	Don't cut in line.
o 줄서서 기다리세요.	Wait in line.
o 조용히 앉아서 기다리세요.	Please sit quietly and wait.
o 운동화를 신으세요.	Put your sneakers on.
o 운동화를 왜 안 신고 있죠?	Why aren't you wearing your sneakers?
o 외투를 입고 나가세요.	Put your coats on when you go out.
o 오늘 수업은 강당에서 할 거예요.	We will have today's class in the auditorium.
o 체육복으로 갈아입으세요.	Change into your gym uniforms.
o 체육복을 왜 안 입고 있죠?	Why didn't you put on your gym suit?
o 스탠드에 앉아서 체육 선생님을 기다리세요.	Sit on the stand and wait for your PE teacher.

🚩 급식실 ────────────────────

o 줄을 서세요.   Get in line. / Line up.

o 줄을 서서 자신의 차례를   You have to wait your turn in line.
  기다려야 해요.

o 새치기는 안돼요.   No cutting in line.

o 손 씻었나요?   Did you wash your hands?

o 손 씻고 오세요.   Please go wash your hands.

o 냄새가 좋네요. 오늘 메뉴가 뭔가요?   It smells good. What's on the menu today?

o 오늘 국은 뭔가요?   What's the soup today?

o 오늘 점심은 여러분 건강에   Today's lunch is really good for your health.
  정말 좋아요.

o 먹을 수 있을 만큼만 가져오세요.   Take only what you can eat.

o 가서 조금 더 달라고 하세요.   Go and ask for some more.

o 도시락을 싸 왔네요.   You have brought your own lunch.

o 음식을 남기지 않도록 노력하세요.   Try not to leave food on your plate.

o 음식을 낭비하지 마세요.   Don't waste food.

o 남은 반찬이 너무 많네요.   There are too much leftover side dishes.

o 편식하지 마세요.   Don't be picky.

o 음식으로 장난하지 마세요.   Don't play with your food.

o 숟가락과 젓가락을 가져오세요.   Bring your spoon and chopsticks.

o 사람들 있는 데서 트림을 하는   It's rude to burp in public.
  것은 무례한 거예요.

o 식판 반납하는 것 잊지 마세요.   Don't forget to return your food tray.

o 식수대는 저쪽에 있어요.   Water fountains are over there.

02 외부 활동 시
Outside the School

T	Now, it's free time for 2hours. You can look around the museum freely.
S	Where do we meet after the free time?
T	Right here at 3 O'clock.
S	Can we go outside the museum?
T	No, you may not go out of the building.

T 이제 두 시간 동안 자유시간입니다. 자유롭게 미술관을 둘러보세요. | **S** 자유시간이 끝나면 어디서 만나나요? | **T** 3시에, 바로 여기서요. | **S** 미술관 밖으로 나가도 되나요? | **T** 안 돼요. 건물 밖으로 나가서는 안 돼요.

🔖 현장학습

- 모두 다 왔나요? — Is everyone here?
- 누가 아직도 안 오고 있죠? — Who is not here yet?
- 오늘은 현장학습 날입니다. — Today is our field trip day.
- 오늘 즐거운 현장학습 날을 보내도록 해요. — Let's have a wonderful field trip day.
- 우리는 오늘 국립 박물관에 갈 겁니다. — We'll go to the National Museum today.
- 1박 2일 여행입니다. — It's a two days one night trip.
- 개인 소지품 조심하세요. — Be careful of your personal belongings.
- 개인 소지품은 항상 가지고 다니세요. — Always take your personal belongings with you.

o 무슨 일이 있으면 나에게 전화를 하도록 합니다.	If anything happens, call me.
o 항상 여러분의 그룹과 함께 있어야 합니다.	Stay within your group at all times. / Always stick to your group.
o 짝을 잘 챙기세요.	Take care of your partner.
o 짝을 지어 걷습니다.	Please walk in pairs.
o 다들 신나나요?	Are you all excited?
o 우리 좋은 시간을 보내도록 해요.	Let's have a good time.
o 모두 좋은 시간 보내길 바라요.	I hope you all have a great time.
o 안전한 여행 하세요.	Have a safe trip.
o 안전이 최우선이에요.	Safety is the priority.
o 안전이 가장 중요합니다.	Safety is the most important thing.
o 학교 깃발을 따라다니세요.	Follow the school flag.
o 다친 사람이 있으면 김 선생님께 전화하세요.	If someone gets hurt, call Mr. Kim.
o 지도는 여러분 핸드폰으로 보낼 거예요.	I'll send the map to your phones.
o 시간을 꼭 지키도록 해요.	Please be on time.
o 단정한 복장을 하도록 합니다.	Please dress neatly.
o 교복을 입습니다.	Wear your school uniform.
o 화장은 하지 않도록 합니다.	Don't wear makeup.
o 너무 진하게 화장하지 마세요.	Do not wear too much makeup.
o 여기서 기념사진을 찍을까요?	Shall we take a group photo here?
o 점심은 이 식당에서 먹습니다.	You will have lunch in this cafeteria.
o 도시락을 가지고 오거나 식당에서 사 먹을 수 있어요.	You can either bring your own lunch or buy lunch at the restaurant.

o 버스에 타기 전에 화장실에 꼭 다녀오세요.	Be sure to the restroom before getting on the bus.

📑 시간 및 장소 약속 ─────────────

o 이번 주 토요일에 영어 마을에 가는 것 알고 있죠?	You know we're going to the English Village this Saturday?
o 다음 주 금요일 체험학습 잊지 마세요.	Don't forget our field trip is next Friday.
o 출발 시간은 오전 9시입니다.	The departure time is 9 A.M.
o 아침 9시에 모입니다.	We'll meet at 9 in the morning.
o 기억하세요. 오전 10시 교실입니다.	Remember, it's 10 A.M in the classroom.
o 집으로 돌아가는 시간은 오후 5시입니다.	We'll go back home at 5 P.M.
o 우리가 만나는 시간을 기억하나요?	Do you remember what time we'll meet?
o 우선 교실로 옵니다.	Come to the classroom first.
o 7번 출구에서 만나요.	Let's meet in front of gate 7.
o 버스는 정시에 학교에서 출발합니다.	Buses will leave the school on time.
o 모두 김포공항에서 만날 겁니다.	We'll all meet at Gimpo Airport.
o 만남의 장소는 중앙 광장입니다.	Our meeting point is the main square.
o 다시, 어디서 만난다고요?	Again, where do we meet?
o 여기 지도가 있어요. 사진을 찍으세요.	Here's the map. Take a picture of it.
o 이 지도를 여러분 모두에게 보낼게요.	I'll send this map to all of you.
o 한 시간 후, 이 장소로 돌아오세요.	Come back to this place after one hour.
o 모두 길을 잘 찾아 올 수 있나요?	Are you sure you can all find your way?
o 집으로 돌아가는 길을 알고 있나요?	Do you know your way back home?

🔖 교통 ─────────────────────────

○ 극장까지 학교 버스를 타고 갈 겁니다.
We'll take the school bus to the theater.

○ 버스가 운동장에서 대기 중입니다.
The busses are waiting for us at the school field.

○ 김포공항에 어떻게 가는지 다들 알고 있나요?
Do you all know how to get to Gimpo Airport?

○ 지하철 1호선을 타세요.
Take the subway line number 1.

○ 오목교에서 5호선을 타세요.
Take the subway number 5 at Omokyo station.

○ 서울역에서 4호선으로 갈아타세요.
Transfer to line number 4 at Seoul station.

○ 우리는 시청역에서 버스를 탈거예요.
We'll take the bus at the City Hall station.

○ 6004번 버스를 타세요.
Take the bus 6004.

○ 학교 앞 정류장에서 버스를 타세요.
Take the bus at the station in front of the school.

○ 잠실역에서 내리세요.
Get off at Jamsil station.

○ 1번 출구에서 만나요.
Let's meet at exit 1.

○ 약 40분 걸릴 겁니다.
It'll take about 40 minutes.

○ 택시를 타고 오면 5분 거리예요.
It's a 5 minute ride by taxi.

○ 거기에 어떻게 갈 건가요?
How will you get there?

○ 부모님과 함께 올 건가요?
Will you come with your parents?

○ 누가 차로 데려다줄 건가요?
Who will give you a ride?

○ 모퉁이를 돌아서 내려 줄게요.
I'll drop you off around the corner.

○ 내가 태워 줄게요.
I'll give you a lift.

○ 버스 또는 지하철로 가는 방법이 있어요.
You can either take a bus or the subway.

○ 걸어가는 것이 나을 거예요.
You'd better walk.

○ 길을 잃어버리면 전화해요.
Call me if you get lost.

Unit 1
학생을 위한
교실영어
Classroom English for Students

🔖 이해를 못 했을 때 ──────────

o 이해가 안 돼요.　　　　　　I don't understand.

o 여기서부터 이해가 안 돼요.　From here, I don't understand.

o 죄송하지만 이해를 못했습니다.　I'm sorry, I couldn't understand that.

o 지시사항을 이해하지 못했어요.　I didn't understand the directions.

o 무엇을 해야 할지 모르겠어요.　I don't know what I should do.

o 우리가 무엇을 하고 있는지　I don't know what we're doing.
　모르겠어요.

o 무슨 뜻인지 잘 모르겠어요.　I'm not sure what it means.

o 너무 어려워요.　　　　　　It's too difficult.

o 못 따라가겠어요.　　　　　I can't follow you.

o 못 알아들었어요.　　　　　I didn't catch that.

o 이 부분은 안 배운 것 같아요.　I don't think we learned this part.

o 예문을 하나 들어 주시겠어요?　Can you give us an example?

o 이게 맞아요?　　　　　　　Is this correct?

o 제가 잘 하고 있나요?　　　Am I doing this right?

o 죄송하지만, 뭐라고 하셨어요?　Sorry, what did you say?

o 죄송하지만, 너무 시끄러워서　Sorry, I couldn't hear it because it was too
　못 들었어요.　　　　　　　noisy.

o 목소리가 잘 안 들려요.　　　I can't hear your voice.

o 좀 더 큰 소리로 읽어 주시겠어요?　Could you read it louder, please?

o 천천히 말씀해 주시겠어요?　Could you speak slowly?

o 다시 한번 말씀해 주시겠어요?　Can you say it one more time? /
　　　　　　　　　　　　　　Could you say it again, please?

o 다시 반복해 주시겠어요?　　Could you please repeat that?

o 다시 설명해 주시겠어요?　　Could you explain that again, please?

○ 하나씩 설명해 주세요.	Explain it to me one by one.
○ 저한테 개인적으로 설명해 주시겠어요?	Can you explain it to me personally?
○ 우리말로 말씀해 주시겠어요?	Can you tell me in Korean?

🔖 학습활동에 대한 질문

○ 질문 하나 해도 돼요?	May I ask you a question?
○ 어디에 쓰는 거예요?	Where do I write it?
○ 여기에 써야 하나요?	Do I have to write it here?
○ 몇 번씩 써야 해요?	How many times do we have to write it?
○ 이 상자 안에 쓸까요?	Shall I write it inside this box?
○ 제 이름도 쓸까요?	Shall I write my name, too?
○ 날짜도 쓰나요?	Do I also write the date?
○ 밑줄을 치라고 하셨어요?	Did you tell me to underline it?
○ 여기에 동그라미를 치는 건가요?	Do I draw a circle around it?
○ 여기에 답을 쓰는 건가요?	Do I put the answers here?
○ 답을 표기해야 하나요?	Do I have to mark the answers?
○ 칠판에 그리나요?	Do I draw it on the blackboard?
○ 점수는 어디에 쓸까요?	Where shall I write the score?
○ 혼자 해야 하나요?	Do I have to do it alone?
○ 짝과 함께 해도 되나요?	Can I do it with my neighbor?
○ 그룹별로 해도 되나요?	Is it OK if we do it in groups?
○ 친구들과 상의해도 되나요?	Can I discuss it with my friends?
○ 책을 참고해도 되나요?	Can I refer to the book?
○ 답이 뭐예요?	What's the answer?

이거 시험에 나와요?	Will this come up in the exam?
이것을 끝내야 하나요?	Do I have to finish this?
언제까지 끝내야 하나요?	When do I have to finish it?
몇 쪽에 있어요?	What page is it on?
몇 째 줄에 있어요?	Which line is it on?
지금 몇 쪽이에요?	What page are we on?
다음 쪽으로 넘어갈까요?	Shall I go on to the next page?
제 차례인가요?	Is it my turn?
시작해도 될까요?	Shall I start?
다음에 무엇을 하나요?	What do I do next?
컴퓨터가 안 돼요.	The computer is not working.
문서를 어떻게 열죠?	How can I open the document?
이 문서는 어떻게 저장해요?	How can I save this document?
이것에 대한 정보를 찾으려면 어느 웹사이트에 가야 해요?	Which website should I visit to find some information on this?

🔖 짝 및 그룹 활동 중에 ————————————————

짝 활동인가요?	Is it pair work?
짝끼리 하는 건가요?	Do we have to do it in pairs?
저는 짝이 없는데요.	I don't have a partner.
짝을 찾을 수가 없어요.	I can't find a partner.
제 짝은 오늘 결석했어요.	My desk mate is absent today.
저는 그룹이 없어요.	I don't belong to a group.
저는 어느 그룹인가요?	Which group am I in?
저는 어느 그룹에 들어갈까요?	Which group shall I join?

○ 저 그룹에 들어가도 되나요?	Can I join that group?
○ 다른 그룹에 들어가게 해 주세요.	Please let me be in another group.
○ 쟤랑 같이하기 싫어요.	I don't want to work together with him.
○ 각 조에 몇 명이 있어야 해요?	How many people should be in each group?
○ 우리는 두 명이 모자라요.	We're short of two people.
○ 이 그룹에는 한 명 더 필요해요.	We need one more person in this group.
○ 이 그룹에서는 한 명이 남아요.	We have one person left from this group.
○ 팀원을 바꿔 주세요.	Please change the team members.

🔖 듣기 활동 중에 ───────────────

○ 못 들었어요.	I couldn't hear it. / I didn't catch that.
○ 잘 안 들려요.	I can't hear well.
○ 너무 시끄러워서 잘 안 들려요.	I can't hear well because it's too noisy.
○ 교실이 너무 시끄러워요.	The classroom is too noisy.
○ 옆 친구가 자꾸 시끄럽게 해요.	My friend next to me keeps making a noise.
○ 볼륨이 너무 낮아요.	The volume is too low.
○ 볼륨이 너무 커요.	The volume is too loud.
○ 볼륨을 높여 주세요.	Please turn up the volume.
○ 볼륨을 낮춰 주세요.	Please turn down the volume.
○ 너무 빨랐어요.	It was too fast.
○ 조금 더 천천히 읽어 주시겠어요?	Can you read it a bit slower?
○ 지시사항을 놓쳤어요.	I missed the directions.
○ 다시 틀어 주세요.	Please play it again.
○ 한 번만 더요.	One more time, please.
○ 반복해 주시겠어요?	Could you please repeat it?

o CD를 틀어 주는 대신 선생님이   Can you read it out instead of playing the
   읽어 주시겠어요?   CD?

🔖 어휘 및 표현을 배울 때 ─────────────

o '당근'은 영어로 뭐예요?   What's "**당근**" in English?

o '시작하다'를 영어로 어떻게 말해요? How do you say "**시작하다**" in English?

o 이것을 영어로 어떻게 말하는지   I don't know how to say this in English.
   모르겠어요.

o 영어로 말해야 하나요?   Do I have to say it in English?

o 우리말로 해도 되나요?   Can I say it in Korean?

o 이 단어는 무슨 뜻이에요?   What does this word mean?

o 이 단어는 우리말로 뭐예요?   What is this word in Korean?

o 이 단어는 이 문장에서 어떤   What does the word mean in this sentence?
   뜻인가요?

o 사전에서 찾아봐도 되나요?   Can I look it up in the dictionary?

o 친구에게 물어봐도 돼요?   Can I ask my friend?

o 철자를 모르겠어요.   I don't know its spelling.

o 철자가 어떻게 되는지 모르겠어요. I don't know how to spell it.

o 이것은 철자가 어떻게 돼요?   How do you spell this?

o 그 단어의 철자가 어떻게 돼요?   What's the spelling of the word?

o 철자가 맞나요?   Is the spelling right?

o 제가 철자를 맞게 썼나요?   Have I spelled it correctly?

o 그건 어떻게 발음해요?   How do you pronounce that?

o 이 단어를 어떻게 읽어야 해요?   How should I read this word?

o 이 단어를 어떻게 말하는지 잘   I'm not sure how to say this word.
   모르겠어요.

○ 제가 제대로 말했나요?	Have I said it right?
○ 이 단어의 반대말은 뭐예요?	What is the antonym of this word?
○ 이 단어의 동의어는 뭐예요?	What is the synonym of this word?
○ 이 표현은 어떻게 해석하면 돼요?	How can I translate this expression?
○ 해석하기가 너무 어려워요.	It is too difficult to translate.
○ 어떤 단어가 이 빈칸에 들어가야 하는지 모르겠어요.	I have no idea which word should go in this blank.
○ 방금 말씀하신 단어를 칠판에 써 주세요.	Please write the word you just said on the blackboard.

🔖 과제를 끝냈을 때 _____

○ 다 했다!	Done!
○ 완성!	Completed!
○ 다 했어요.	I'm done.
○ 전부 다 했어요.	I've done it all.
○ 끝냈어요.	I have finished. / I'm finished.
○ 저 혼자서 했어요.	I did it by myself.
○ 이제 책을 덮어도 되나요?	Can I close my book now?
○ 다음 쪽도 할까요?	Shall I do the next page, too?
○ 더 해야 될 게 있나요?	Is there anything else to do?
○ 이거 한번 봐 주시겠어요?	Can you have a look at this?
○ 제가 제대로 했는지 확인해 주시겠어요?	Can you check whether I have done it right?
○ 어디에 둘까요?	Where shall I put it?
○ 이거 누구에게 제출할까요?	Who shall I submit this to?
○ 다 하면 뭘 하죠?	What do I do when I'm done?

o 다 끝나면 가도 되나요?　　　　　Can we go when we're finished?

o 이거 끝내면 나가서 놀아도 돼요?　Can we play outside after we finish this?

o 자유시간을 가져도 돼요?　　　　May I have some free time?

🔖 숙제에 대한 질문 ───────────────

o 질문 있습니다.　　　　　　　　　I have a question.

o 이거 어떻게 하는 거예요?　　　　How do we do it?

o 이 숙제는 어떻게 해야 하나요?　How can we do this homework?

o 언제까지 해야 돼요?　　　　　　When is it due?

o 기한이 언제예요?　　　　　　　When is the deadline?

o 언제 제출해야 돼요?　　　　　　When do we have to hand it in?

o 모르는 건 안 해도 되나요?　　　Can we skip the things we don't know?

o 이 숙제는 너무 어려워요.　　　This homework is too difficult.

o 숙제가 너무 많아요.　　　　　　The homework is way too much.

o 분량을 약간 줄여 주시겠어요?　Could you reduce the amount a bit?

o 기한을 약간 미뤄 주시겠어요?　Can you push back the deadline a little bit?

o 개별 과제인가요?　　　　　　　Is it individual work?

o 그룹 프로젝트인가요?　　　　　Is it a group project?

o 그룹으로 해도 되나요?　　　　　Can we do it altogether as a group?

o 분량은 어느 정도여야 하죠?　　How long should it be?

o 몇 번씩 읽고 써야 해요?　　　　How many times do we have to read and write?

o 숙제를 다 못 하면 어떻게 돼요?　What happens if I fail to finish the homework?

o 숙제가 뭔지 잊어버렸어요.　　I forgot what the homework was.

o 숙제를 다시 설명해 주시겠어요?　Could you explain the homework again?

o 컴퓨터로 써도 되나요?　　　　　Can I write it with the computer?

o 꼭 손으로만 써야 하나요?	Does it have to be handwritten only?
o 이메일로 보내도 될까요?	May I e-mail it to you?
o 이메일로 제출해도 돼요?	Can I submit it through the e-mail?
o 부모님 서명을 받아야 하나요?	Do I have to get it signed by my parents?

🔖 숙제를 안 가져왔을 때 ─────────────

o 집에 두고 왔어요.	I left it at home.
o 교실에 두고 왔어요.	I left it in the classroom.
o 죄송합니다. 잊어먹었어요.	Sorry, I forgot.
o 가져오는 걸 깜빡했어요.	I forgot to bring it.
o 내일 꼭 가져올게요.	I'll bring it tomorrow for sure.
o 죄송합니다. 다음 시간에 가져올게요.	I am sorry, I'll bring it next time.
o 숙제가 있는 줄 몰랐어요.	I didn't know we had homework.
o 숙제가 없는 줄 알았어요.	I thought there was no homework.
o 결석을 해서 몰랐어요.	I didn't know because I was absent.
o 숙제를 다 못했어요.	I couldn't finish my homework.
o 할 시간이 없었어요.	I didn't have time to do it.
o 방과 후에 남아서 숙제를 끝낼게요.	I'll stay after school and finish my homework.
o 숙제를 잃어버렸어요.	I lost my homework.
o 공책을 잃어버렸어요.	I lost my notebook.
o 어디다 뒀는지 기억이 안 나요.	I can't remember where I put it.
o 숙제를 끝냈는데 어디선가 잃어버렸어요.	I finished my homework, but I lost it somewhere.
o 숙제 제출하는 것을 깜빡했어요.	I forgot to hand in my homework.

○ 숙제를 잘못 알고 다른 것을 했어요.	I misunderstood the assignment and did something else.
○ 엄마가 버리셨어요.	My mother threw it away.
○ 엄마가 치워 버리셨어요.	My mother put it away.
○ 남동생이 갈기갈기 찢었어요.	My younger brother tore it into pieces.
○ 우리 집 개가 먹어 버렸어요.	My dog ate it.

🚩 인쇄물을 못 받았을 때 ────────────

○ 인쇄물을 못 받았어요.	I didn't get the handout.
○ 하준이가 한 장 못 받았어요.	Hajun didn't get one.
○ 한 장 더 받을 수 있을까요?	Could I have another one, please?
○ 세 장이 더 필요해요.	We need three more.
○ 여기 두 장이 모자라요.	There are two missing here.
○ 다섯 장 중에서 두 장밖에 못 받았어요.	I only got two out of five pages.
○ 저는 한 페이지가 빠졌어요.	I have one page missing.
○ 두 번째 장을 못 받았어요.	I didn't get the second sheet.
○ 어떤 페이지가 빠졌는지 모르겠어요.	I don't know which page is missing.
○ 마지막 페이지를 받지 못했어요.	I didn't receive the last page.
○ 똑같은 것을 받았어요.	I got the same ones.
○ 두 장 다 똑같아요.	They are both the same.
○ 백지를 받았어요.	I received a blank sheet.
○ 여기 인쇄가 잘못됐어요.	There are some misprints here.
○ 한 면이 인쇄가 안 되어 있어요.	One side is not printed.

📑 허락 구하기

o 이제 앉아도 돼요?	May I sit down now?
o 제 자리로 돌아가도 되나요?	Can I go back to my seat?
o 이제 손을 내려도 되나요?	Can I put my hands down now?
o 이제 집에 가도 되나요?	Is it OK if I go home now?
o 잠깐 밖에 나가도 되나요?	Can I go out for a minute?
o 화장실에 가도 돼요?	May I go to the bathroom?
o 손 씻으러 화장실에 가도 돼요?	Can I go to the bathroom to wash my hands?
o 가서 물 좀 마셔도 되나요?	Could I go and drink some water?
o 보건실에 가도 되나요? 몸이 안 좋아서요.	Can I go to the infirmary? I don't feel well.
o 책상을 옮겨도 돼요?	Can we move the desks?
o 자리를 바꿔도 돼요?	Can I change my seat?
o 짝을 바꿔도 돼요?	Can I change my seatmate?
o 책을 복사해도 되나요?	Can I copy the book?
o 다른 과목을 공부해도 되나요?	Is it OK for me to study other subjects?
o 짝이랑 교과서를 같이 봐도 돼요?	Can I share the textbook with my neighbor?
o 친구한테 지우개 빌려도 돼요?	Can I borrow an eraser from my friend?
o 쉬는 시간에 과자를 먹어도 되나요?	Can we eat snacks during the break?
o 휴대폰을 사용해도 되나요?	May I use my cell phone?
o 제 휴대폰을 돌려받을 수 있나요?	May I get my cell phone back?
o 전화를 해도 되나요?	Can I make a phone call?
o 부모님께 전화해도 돼요?	Can I call my parents?
o 창문을 열어도 되나요?	Can I open the window?
o 전등을 켤까요? 너무 어두워요.	Shall I turn on the lights? It is too dark.

📑 요청하기

○ 도와주세요.	Please help me.
○ 도움이 필요해요.	I need some help.
○ 좀 도와주시겠어요?	Could you help me, please?
○ 어려움을 겪고 있어요.	I'm having some difficulties.
○ 무엇을 해야 할지 모르겠어요.	I have no idea what to do.
○ 무엇을 그려야 할지 모르겠어요.	I have no idea what to draw.
○ 뭘 해야 할지 알려 주시겠어요?	Could you please tell me what to do?
○ 제가 한 것을 한번 봐 주시겠어요?	Could you have a look at what I've done?
○ 안 가져왔는데, 어떻게 해야 하죠?	I didn't bring it. What should I do?
○ 저도 하나 주시겠어요?	Could I have one, too?
○ 펜 좀 하나 주시겠어요?	Can I have a pen, please?
○ 저것 좀 전달해 주세요.	Please pass me that.
○ 연필 좀 하나 빌려 주세요.	Please lend me a pencil.
○ 클립을 하나 빌려도 될까요?	May I borrow a paper clip?
○ 종이 한 장 빌려 주시겠어요?	Could you please lend me a piece of paper?
○ 제가 빌릴 수 있는 지우개가 있나요?	Do you have an eraser I could borrow?

📑 아플 때

○ 아파요.	I'm sick. / I feel sick.
○ 몸이 안 좋아요.	I don't feel well.
○ 어지러워요.	I feel dizzy.
○ 토할 것 같아요.	I feel like throwing up.
○ 병원에 가 봐야 할 것 같아요.	I think I'll have to go to the hospital.

○ 집에 가서 쉬어도 될까요?	Can I go home and take a rest?
○ 두통이 있어요.	I have a headache.
○ 이가 너무 아파요.	I have such a toothache.
○ 배가 아파요.	I have a stomachache.
○ 소화가 안 돼요.	I have indigestion.
○ 감기에 걸렸어요.	I have a cold.
○ 몸이 떨려요.	I'm shivering.
○ 기침이 나요.	I have a cough.
○ 열이 있어요.	I have a fever.
○ 콧물이 나와요.	I have a runny nose.
○ 목이 아파요.	I have a sore throat.
○ 눈이 아파요.	I have sore eyes.
○ 눈병에 걸렸어요.	I have an eye disease.
○ 눈이 충혈 됐어요.	I have red eyes.
○ 코피가 나와요.	I have a nosebleed.
○ 손가락을 베었어요.	I cut my finger.
○ 손가락에 가시가 박혔어요.	I got a splinter in my finger.
○ 다리가 저려요.	My leg fell asleep.
○ 넘어졌어요.	I fell down.
○ 멍이 들었어요.	I have a bruise.
○ 발목을 삐었어요.	I sprained my ankle.
○ 다리가 부러졌어요.	I broke my leg.
○ 팔에 깁스를 했어요.	I'm wearing a plaster cast on my arm.
○ 무릎에 딱지가 앉았어요.	I have a scab on my knee.
○ 생리통이 있어요.	I have period pains.

○ 화상을 입었어요.	I've got a burn.
○ 간지러워요.	It's itchy.
○ 딸꾹질을 멈출 수가 없어요.	I can't stop hiccuping.

🔖 반성할 때

○ 죄송합니다.	I'm sorry. / Sorry about that.
○ 늦어서 죄송합니다.	Sorry I'm late. / I'm sorry for being late.
○ 실망시켜 드려서 죄송합니다.	I'm sorry to have let you down.
○ 제 실수였어요.	It was my fault.
○ 제발 용서해 주세요.	Please forgive me.
○ 오늘 한 일을 후회합니다.	I regret what I did today.
○ 죄송합니다. 다시는 안 그럴게요.	Sorry, I won't do it again.
○ 다시는 그런 일이 생기지 않도록 할게요.	I won't let it happen again.
○ 다시는 안 그러겠다고 약속하겠습니다.	I promise not to do it again.
○ 행동을 바르게 하겠습니다.	I'll behave myself.
○ 떠들지 않겠습니다.	I won't be noisy.
○ 옆 사람과 잡담하지 않겠습니다.	I won't chat with my neighbors.
○ 친구를 괴롭히지 않겠습니다.	I won't bother my friends.
○ 친구를 놀리지 않겠습니다.	I won't make fun of my friends.
○ 다른 사람을 방해하지 않겠습니다.	I won't disturb others.
○ 다시는 싸우지 않겠습니다.	I won't fight again.
○ 이제부터는 글씨를 또박또박 예쁘게 쓰겠습니다.	I'll write clearly and neatly from now on.
○ 다음에는 숙제를 제때 할 것을 약속드립니다.	Next time, I promise you I'll do my homework on time.

A
ABT (About)
ADDY (Address)
AFAIK (As far as I know)
ASAP (As soon as possible)
B
B4 (Before)
BBL (Be back later)
BBS (Be back soon)
B/C (Because)
BF (Boyfriend)
BFN (Bye for now)
BRB (Be right back)
BTT (Back to the topic)
BTW (By the way)
C
CTN (Can't talk now)
CU (See you)
CU2 (See you too)
CUL (See you later)
CYA (See ya)
CYE (Check your e-mail)
CYO (See you online)
D
DIKU (Do I know you?)
DIY (Do it yourself)
DL (Download)
DND (Do not disturb)
DYK (Do you know?)
E
EOD (End of discussion)
EOL (End of lecture)
EOM (End of message)
F
F (Female)
F2F (Face to face)
FTTT (From time to time)
FYE (For your entertainment)
FYI (For your information)

G
G2B (Going to bed)
GB (Goodbye)
GF (Girlfriend)
GJ (Good job)
GL (Good luck)
GR8 (Great)
GTG (Got to go)
H
H/O (Hold on)
HOAS (Hold on a second)
HF (Have Fun)
HT (Hi there)
I
IAC (In any case)
IC (I see)
IDK (I don't know)
IK (I know)
ILY (I love you)
IM (Instant message)
IMO (In my opinion)
IMS (I am sorry)
J
JAM (Just a minute)
JAS (Just a second)
JFYI (Just for your information)
JIC (Just in case)
J/K (Just kidding)
JMO (Just my opinion)
K
K (OK)
K (Kiss)
KIT (Keep in touch)
L
L (Laugh)
L8 (Late)
L8R (Later)
LOL (Laughing out loud)
LMK (Let me know)

M

M (Male)
M8 (Mate)
MB (Maybe)
MMB (Message me back)
MSG (Message)

N

N2M (Not too much)
NBD (No big deal)
NC (No comment)
NE1 (Anyone)
NM (Not much)
NP (No problem)
NVM (Never mind)
NYOB (None of your business)

O

OIC (Oh I see)
OMG (Oh my god)
OTOH (On the other hand)
OTP (On the phone)

P

PAW (Parents are watching)
PLS (Please)
PLZ (Please)
POS (Parent over shoulder)
POV (Point of view)
PPL (People)

Q

Q4U (Question for you)
QT (Qutie)

R

RCed (Reconnected)
RE (Hi again!)
ROFL (Rolling on floor laughing)
RUOK? (Are you okay?)

S

SP? (Spelling?)
SRY (Sorry)
SUP (What's up?)
SYL (See you later)
SYS (See you soon)

T

TA (Thanks again)
TC (Take care)
THX (Thanks)
TMI (Too much information)
TTYL (Talk to you later)
TX (Thanks)
TXT (Text)
TY (Thank you)

U

U2 (You too)
UR (Your)
UW (You're welcome)

W

W/ (With)
W8 (Wait)
WB (Welcome back)
WBS (Write back soon)
W/E (Whatever)
W/O (Without)
WU (What's up?)

X

XOXO (Hugs and kisses)

Y

Y (Why?)
YW (You're welcome)

Z

ZZZ (Sleeping)

Unit 2
주제별 표현
Theme-based Expressions

<table>
<tr><td>— 요일 · 날짜</td><td>— 취미</td></tr>
<tr><td>— 날씨</td><td>— 직업 · 장래 희망</td></tr>
<tr><td>— 주말</td><td>— 방학</td></tr>
<tr><td>— 건강 · 병</td><td>— 교통수단</td></tr>
<tr><td>— 식사 · 음식</td><td>— 휴대폰</td></tr>
<tr><td>— 복장</td><td>— 컴퓨터 게임</td></tr>
<tr><td>— 가족</td><td>— 산수 사칙연산</td></tr>
</table>

○ 오늘은 무슨 요일이죠?	**What day is it today?**
○ 내일은 무슨 요일이죠?	**What day is it tomorrow?**
○ 어제는 무슨 요일이었죠?	**What day was it yesterday?**
○ 오늘 며칠이죠?	**What's the date today? / What date is it today?**
○ 지금이 몇 월이죠?	**What month is it now?**
○ 몇 년도죠?	**What year is it?**
○ 지금이 몇 년도죠?	**What year are we in?**
○ 일주일에 며칠이 있나요?	**How many days are there in a week?**
○ 요일에는 무엇이 있나요?	**What are the days of the week?**
○ 요일의 이름을 말할 수 있어요?	**Can you tell me the names of days of the week?**
○ 월요일부터 시작해 보세요.	**Start with Monday.**
○ 내가 요일을 우리말로 말하면 여러분은 영어로 말해야 해요.	**When I say the names of days in Korean, you have to say them in English.**
○ 오늘이 금요일이니까 12일은 화요일이겠군요.	**Today is Friday, so the 12th must be Tuesday.**
○ 금요일에 다시 보겠네요.	**We shall meet again on Friday.**
○ 월요일 다음에는 무슨 요일이 오나요?	**What day comes next after Monday?**
○ 무슨 요일에 영어 수업이 있나요?	**On which days do we have English classes?**
○ 1년에는 몇 개월이 있죠?	**How many months are there in a year?**
○ 달에는 무엇이 있나요?	**What are the months of the year?**
○ 달의 이름을 말할 수 있어요?	**Can you tell the names of the months?**
○ 열한 번째 달의 이름이 뭐죠?	**What is the name of the 11th month of the year?**
○ 올해 2월은 윤달이에요.	**This year's February is a leap month.**

○ 윤달은 4년마다 한 번씩 돌아옵니다.	A leap month comes once every four years.
○ 어느 달을 가장 좋아해요?	Which month do you like the best?
○ 왜 그 달을 좋아하죠?	Why do you like that month?
○ 몇 년도에 태어났어요?	What year were you born in?
○ 어느 달에 태어났어요?	What month were you born in?
○ 생일이 언제인가요?	When is your birthday?

🔖 날씨

○ 오늘 날씨가 어떻죠?	What's the weather like today? / How's the weather today?
○ 날씨 정말 좋네요!	What lovely weather!
○ 오늘 날씨 정말 좋네요!	The weather is beautiful today!
○ 오늘은 좋은 날씨예요.	It's a fine day today.
○ 정말 화창한 날이네요!	What a sunny day!
○ 구름 한 점 없네요.	There are no clouds at all.
○ 오늘 아침 공기가 정말 신선하네요.	The air is very fresh this morning.
○ 따뜻해지고 있어요.	It's getting warm.
○ 어제보다 훨씬 따뜻하네요.	It's much warmer than yesterday.
○ 따뜻하고 쾌적하네요.	It's warm and pleasant.
○ 다시 해가 비치네요.	The sun is shining again.
○ 해가 길어졌어요.	The days have become longer.
○ 햇살이 아주 따가워요.	The sunshine is strong.
○ 오늘은 푹푹 찌는군요.	It's boiling hot today.
○ 정말 습하군요.	It's really humid.
○ 오늘 날씨가 안 좋아요.	The weather is bad today.

○ 황사를 조심하세요.	Be careful of the yellow sand.
○ 오늘 미세먼지 수치가 높아요.	The fine dust level is high today.
○ 춥네요.	It's cold.
○ 얼어 죽겠어요.	It's freezing.
○ 바람이 차가워요.	The wind is cold.
○ 날씨가 아직 좀 쌀쌀하네요.	It's still a little bit chilly.
○ 이런 날에는 감기 걸리기 쉬워요.	It's easy to catch a cold on a day like this.
○ 감기 안 걸리게 조심하세요.	Be careful not to catch a cold.
○ 하늘이 우중충해요.	The sky is dark.
○ 안개가 끼었어요.	It's foggy.
○ 구름이 끼었어요.	It's cloudy.
○ 비가 올 것 같아요.	It looks like rain.
○ 또 비가 올 것 같네요.	It looks like it will rain again.
○ 소나기가 올 것 같아요.	It looks like a shower.
○ 밖에 바람이 몹시 부네요.	It's really windy outside.
○ 태풍이 오려나 봐요.	A storm must be on its way.
○ 번개 치는 거 봤어요?	Did you see the lightning?
○ 천둥소리 들리나요?	Can you hear the thunder?
○ 비가 오고 있어요.	It's raining.
○ 비가 억수같이 오고 있어요.	The rain is pouring down.
○ 큰비네요.	It's a heavy rain.
○ 소나기가 오고 있어요.	It's showering.
○ 우산 가지고 왔어요?	Did you bring your umbrella?
○ 우산은 우산 꽂이에 넣으세요.	Put your umbrella inside the umbrella stand.
○ 비가 올 때는 운동장으로 나가지 마세요.	Don't go out to the playground when it's raining.

○ 곧 눈이 올 것 같네요.	It looks like it will snow soon.
○ 눈이 오네요.	It's snowing.
○ 일기예보를 들었나요?	Did you hear the weather forecast?
○ 일기예보에서 뭐라고 했어요?	What did the weather forecast say?
○ 일기예보에 따르면 추울 거래요.	According to the weather forecast, it's going to be cold.
○ 일기예보에서 오늘 늦게 비가 내릴 거라고 하네요.	The weather forecast says we'll have rain later today.
○ 기온이 몇 도죠?	What's the temperature?
○ 오늘은 어제보다 5도가 높아요.	Today is five degrees higher than yesterday.
○ 오늘 오후에는 30도가 넘을 거래요.	It will go over 30 degrees this afternoon.
○ 오늘 아침은 기온이 영하 5도래요.	This morning, the temperature is minus five degrees.
○ 내일은 기온이 영하로 내려갈 거래요.	Tomorrow, the temperature will be below zero.
○ 친구에게 오늘 날씨가 어떤지 물어보세요.	Ask your friend what the weather is like today.
○ 대화를 시작할 때는 날씨에 대해 이야기하는 것이 자연스러워요.	When you start a conversation, it's natural to talk about the weather.
○ 어떤 날씨를 좋아해요?	What kind of weather do you like?
○ 어떤 날씨를 싫어해요?	What kind of weather do you not like?
○ 이렇게 맑은 날에는 무엇을 하고 싶어요?	What do you want to do on such a clear day like this?

📑 주말

○ 와, 주말이네요!	Wow, it's the weekend!
○ 주말에는 보통 무엇을 하나요?	What do you usually do on weekends?

o 이번 주말 계획이 뭔가요?	What's your schedule for this weekend?
o 이번 주말에 무엇을 할 계획인가요?	What are you planning to do this weekend?
o 이번 주말에 특별한 계획이 있나요?	Do you have a special plan for this weekend?
o 주말 계획에 대해 말해 봅시다.	Let's talk about our weekend plans.
o 주말 계획을 작성해 보세요.	Make a weekend plan.
o 주말 잘 보내세요.	Enjoy your weekend.
o 멋진 주말 보내세요.	Have a great weekend.
o 주말을 멋지게 보내길 바랍니다.	I hope you have a wonderful weekend.
o 가족 및 친구들과 즐거운 주말 보내세요.	Have a nice weekend with your family and friends.
o 주말을 어떻게 보냈는지 얘기해 볼래요?	Would you like to tell me about your weekend?
o 주말에 무엇을 했는지 친구들에게 이야기해 보세요.	Tell your friends what you did on the weekend.
o 친구에게 주말이 어땠는지 물어 보세요.	Ask your friend about his or her weekend.
o 주말 어땠어요?	How was your weekend?
o 주말 잘 보냈어요?	Did you have a good weekend?
o 주말에 무엇을 했어요?	What did you do during the weekend?
o 주말을 어떻게 보냈어요?	How did you spend your weekend?
o 주말에 외식을 했나요?	Did you eat out during the weekend?
o 주말에 어디를 다녀왔나요?	Where did you go during the weekend?
o 지난 주말에 특별한 일을 한 사람 있나요?	Did anyone do something special last weekend?
o 난 그냥 푹 쉬었어요.	I just took a good rest.
o 나는 가족과 캠핑을 갔어요.	I went camping with my family.
o 난 평안한 주말을 보냈어요.	I had a peaceful weekend.

○ 나도 신나는 주말을 보냈어요.　　**I had an exciting weekend, too.**

🔖 건강 · 병 ────────────────

○ 몸이 안 좋아요.　　**I don't feel well.**

○ 몸이 아프네요.　　**I feel sick. / I'm ill.**

○ 오늘 몸이 안 좋군요.　　**I'm not feeling well today.**

○ 오늘 좀 아파요.　　**I'm a bit sick today.**

○ 오늘은 컨디션이 안 좋아요.　　**I'm not in a good state today.**

○ 하루 종일 몸이 안 좋았어요.　　**I haven't felt well all day.**

○ 오늘 몸이 이상하네요.　　**I'm not myself today.**

○ 목소리가 쉬는 것 같아요.　　**I seem to be losing my voice.**

○ 괜찮아요?　　**Are you alright?**

○ 어디 아파요?　　**Are you sick?**

○ 몸이 안 좋은가요?　　**Aren't you feeling well?**

○ 머리가 아파요?　　**Do you have a headache?**

○ 열이 나요?　　**Do you have a fever?**

○ 어지러워요?　　**Are you feeling dizzy?**

○ 토할 것 같아요?　　**Do you feel like throwing up?**

○ 설사가 나나요?　　**Do you have diarrhea?**

○ 변비가 있나요?　　**Are you constipated?**

○ 알레르기가 있나요?　　**Are you allergic to anything?**

○ 독감에 걸렸어요?　　**Do you have the flu?**

○ 다쳤어요?　　**Did you get hurt?**

○ 부상당했어요?　　**Did you get injured?**

○ 어쩌다가 팔을 다쳤나요?　　**How did you hurt your arm?**

o 어쩌다가 다리가 부러졌어요?	How did you break your leg?
o 손이 왜 그래요?	What happened to your hand?
o 손가락에 반창고를 붙였네요. 베었나요?	You have a bandage on your finger. Did you get a cut?
o 창백해 보여요.	You look pale.
o 안 좋아 보여요.	You don't look good.
o 눈이 충혈 됐네요.	You have red eyes.
o 기침이 심하네요.	You are coughing too much.
o 체온을 재 봅시다.	Let me take your temperature.
o 열이 나네요.	You have a fever. / You're running a fever.
o 피가 나네요.	You are bleeding.
o 여기 멍이 들었네요.	You have a bruise here.
o 넘어져서 상처가 났군요.	You got a wound when you fell down.
o 다리에 깁스를 했군요.	You have a plaster cast on your leg.
o 병원에 다녀왔어요?	Did you go to the hospital?
o 이제 좀 나아졌어요?	Do you feel better now?
o 의사가 뭐라고 했어요?	What did the doctor say?
o 약은 먹었어요?	Did you take some pills?
o 통증을 참을 수 있겠어요?	Can you put up with the pain?
o 너무 아픈 것 같으면 약을 줄게요.	If you think it's too painful, I'll give you some pills.
o 빨리 회복되기를 바라요.	I hope you recover soon.
o 약에 의지하는 것은 좋지 않아요.	It's not good to depend on pills.
o 이가 아프면 치과에 가야 해요.	If you have a toothache, you should go to the dentist.
o 그리 심해 보이지는 않네요.	It doesn't seem too serious.

o 좀 쉬어요.　　　　　　　　　　Take some rest.

o 보건실에 가세요.　　　　　　　Go to the nurse's room.

o 보건실에 가서 잠을 좀 자요.　　Go to the nurse's room and get some sleep.

o 나아지지 않으면 집에 가도 좋아요. If you don't feel better, you can go home.

o 부모님이 네가 아픈 거 아시니?　Do your parents know that you are sick?

o 부모님께 전화 안 해도 될까?　Are you sure you don't have to call your parents?

o 구급차를 불러 줄까요?　　　　Shall I call an ambulance for you?

o 병원에 가 보는 것이 좋겠어요.　You'd better to go to the hospital.

📑 식사 · 음식 ─────────────────────────

o 모두들 오늘 아침 식사 했어요?　Did everyone have breakfast this morning?

o 아침에는 주로 무엇을 먹나요?　What do you usually eat for breakfast?

o 점심 식사 맛있게 하세요!　　　Enjoy your lunch!

o 점심 맛있게 먹었어요?　　　　Did you enjoy your lunch?

o 점심 때 뭐 먹었어요?　　　　　What did you eat for lunch?

o 오늘 메뉴는 뭐였어요?　　　　What was on today's menu?

o 오늘은 어떤 음식이 가장 맛있었죠? Which food was the best today?

o 간식으로 무엇을 먹었나요?　　What did you eat for a snack?

o 나는 스파게티를 먹었어요.　　I ate spaghetti.

o 맛이 어때요?　　　　　　　　How's the taste?

o 맛있었어요?　　　　　　　　　Was it good?

o 맛있었겠군요.　　　　　　　　It must have been good.

o 맛이 없었어요.　　　　　　　　It tasted bad.

o 맛이 별로 없었어요.　　　　　It wasn't good enough.

- 가장 좋아하는 음식이 뭐예요? · What's your favorite food?
- 왜 건강식을 먹어야 하죠? · Why do we have to eat healthy food?
- 패스트푸드는 너무 자주 먹지 않도록 하세요. · Try not to eat fast food too often.
- 과일과 야채를 많이 먹도록 하세요. · You should try to eat a lot of fruit and vegetables.
- 가능한 한 자주 물을 많이 마시세요. · Drink lots of water as often as possible.
- 편식하지 마세요. · Don't be picky with food.
- 요리할 줄 알아요? · Can you cook?
- 요리해 본 적 있어요? · Have you ever tried cooking?
- 어떤 음식을 만들 수 있죠? · What kind of food can you make?
- 얼마나 자주 외식을 하나요? · How often do you eat out?
- 외식할 때는 주로 어디에 가나요? · Where do you normally go when you eat out?
- 식사 예절에 대해 말해 봅시다. · Let's talk about the dining etiquette.
- 음식을 남기지 마세요. · Don't leave food on your plate.
- 다 먹으세요. · Please eat up everything.
- 음식을 다 먹어야 해요. · You have to finish all your food.
- 식사하면서 TV 보지 마세요. · Don't watch TV while eating.
- 음식을 씹으면서 말하는 것은 예의에 어긋나요. · It's impolite to talk while you're chewing.
- 음식을 먹을 때 씹는 소리를 내지 마세요. · Do not make chewing sound when you eat.
- 음식을 흘리지 마세요. · Do not spill your food.
- 젓가락으로 장난치지 마세요. 다른 사람을 다치게 할 수 있어요. · Don't play with chopsticks. You might hurt someone.
- 식사를 하려면 한 줄로 서서 기다리세요. · If you want to eat, please wait in one line.

○ 점심 먹기 전에 손을 씻으세요.	Wash your hands before you eat your lunch.
○ 식사 후에는 양치질을 해야 돼요.	You should brush your teeth after eating.
○ 식사합시다!	Let's eat!
○ 많이 드세요.	Help yourself.
○ 맛있게 드세요.	Enjoy your meal. / Bon appetite.
○ 맛있어 보이네요.	It looks tasty.
○ 그건 왜 안 먹나요?	Why aren't you eating that?
○ 밥 좀 더 먹을래요?	Would you like some more rice?
○ 식기 전에 먹으세요.	Eat it when it's still warm.
○ 국이 뜨거우니까 조심하세요.	Be careful, the soup is hot.
○ 꼭꼭 씹으세요.	Chew well.
○ 한국 음식은 건강에 매우 좋습니다.	Korean food is very healthy.
○ 김치는 건강에 아주 좋은 음식이에요.	Kimchi is a very healthy food.
○ 한국의 전통 음식에는 어떤 것이 있나요?	What kind of traditional foods are there in Korea?
○ 한국 음식을 먹을 때는 젓가락과 숟가락을 사용합니다.	We use chopsticks and spoons when we eat Korean food.
○ 서양식을 먹을 때는 어떤 도구를 사용하나요?	What kind of utensils do we use when we eat western food?
○ 보통 나이프는 오른손에, 포크는 왼손에 들어요.	Normally, you hold the knife in your right hand and the fork in your left hand.

학교 급식	school lunch	후식	dessert
급식실	cafeteria	수저	spoon and chopsticks
주 메뉴	main menu	접시	plate
밥	cooked rice	정수기	water dispenser
반찬	side dish	식수대	water fountain
국	soup	급식차	meal cart
찌개	stew	급식판	meal tray / lunch tray
볶음밥	fried rice	원산지	country of origin
도시락	lunch box	잔반	leftover food

🔖 복장

○ 나 어때요?	How do I look?
○ 잘 어울리네요.	It looks good on you.
○ 바지가 잘 어울리네요.	Your pants look good on you.
○ 예쁜 원피스를 입었군요.	You're wearing a pretty dress.
○ 새로 산 것인가요?	Is it a new one?
○ 멋진 유니폼이에요.	It's a nice uniform.
○ 교실에서는 외투를 벗으세요.	Take off your coats inside the classroom.
○ 교실에서는 모자를 쓰면 안 돼요.	No hats are allowed in the classroom.
○ 교실에서는 실내화를 신으세요.	You should wear indoor shoes inside the classroom.
○ 흰색 블라우스만 입을 수 있어요.	You can only wear white-colored blouses.
○ 체육 시간에만 체육복을 입는 것이 허용됩니다.	You are allowed to wear gym suits only during the PE classes.

○ 탱크탑 같은 옷은 입지 마세요.	Don't wear clothes such as a tank top.
○ 학교에 귀걸이를 하고 오지 마세요.	Don't wear earrings to school.
○ 매니큐어는 허용되지 않습니다.	No nail polish is allowed.
○ 복장 상태가 불량하군요.	You're not wearing your clothes properly.
○ 치마가 너무 짧아요.	Your skirt is too short.
○ 옷이 너무 꽉 끼네요.	Your clothes are too tight.
○ 스웨터가 좀 작아 보이네요.	Your sweater looks a bit small on you.
○ 셔츠를 집어넣으세요.	Tuck in your shirt.
○ 단추를 하나 안 채웠네요.	You missed a button.
○ 단추가 풀렸어요.	Your buttons are undone.
○ 단추를 채우세요.	Do up the buttons.
○ 단추가 떨어졌네요.	Your button came off.
○ 넥타이는 어디 있어요?	Where is your tie?
○ 넥타이는 똑바로 매야 해요.	You have to wear your tie properly.
○ 지퍼가 열려 있어요.	Your zipper is undone.
○ 양말에 구멍이 났어요.	You have a hole in your sock.
○ 신발 끈이 풀렸어요.	Your shoelace is undone.
○ 신발 끈을 묶으세요.	Do your shoelace up.
○ 옷에 얼룩이 묻었네요.	You have a stain on your clothes.
○ 소매에 뭐가 묻었어요.	You have something on your sleeve.
○ 셔츠가 너무 더럽네요.	Your shirt is too dirty.
○ 머리가 너무 길어요.	Your hair is too long.
○ 단정하게 묶으세요.	Tie it neatly.
○ 머리를 너무 자주 염색하면 건강에 좋지 않아요.	Dying your hair too often is not good for your health.
○ 파마가 멋지네요.	You have a nice perm.

교복	school uniform	잠바	jacket
하복	summer uniform	패딩 재킷	padded jacket
동복	winter uniform	다운 재킷	down jacket
명찰	name tag	카디건	cardigan
체육복	track suits / gym suits	조끼	vest
실내화	indoor shoes	스웨터	sweater / jumper(영국)
운동화	trainers / sneakers	넥타이	tie / necktie
긴팔 소매	long sleeve	바지	pants / trousers
반팔 소매	short sleeve	청바지	jeans
민소매	sleeveless	치마	skirt
블라우스	blouse	양말	socks
셔츠	shirt	옷걸이	hanger
재킷	blazer / jacket		

🔖 가족

○ 가족을 소개해 보세요.   **Please introduce your family.**

○ 가족에 대해 이야기해 보세요.   **Tell us about your family.**

○ 가족에 대해 조금 이야기해 줄래요? **Could you tell us a little about your family?**

○ 가족이 몇 명인가요?   **How many people are there in your family?**

○ 가족의 규모가 어떻게 되나요?   **How big is your family?**

○ 우리 가족은 네 명이에요.   **There are four people in my family.**

○ 엄마, 아빠, 남동생, 그리고   **Mom, Dad, my little brother, and me.**
   내가 있어요.

○ 대가족인 사람 있나요?   **Does someone belong to a big family?**

○ 와, 대가족이네요.   **Wow, it's a big family.**

○ 누구랑 같이 살아요?   **Who do you live with?**

○ 할머니, 할아버지와 같이 살고 있나요?	Do you live with your grandparents?
○ 할머니는 돌아가셨나요?	Has your grandmother passed away?
○ 형제자매가 있어요?	Do you have any brothers or sisters?
○ 외동인가요?	Are you the only child?
○ 외동인 사람 있나요?	Is there anyone who's the only child in your family?
○ 외동이라서 외롭겠구나.	You must be lonely because you are the only child.
○ 형제자매의 나이가 어떻게 되죠?	How old are your brothers and sisters?
○ 맏이인가요?	Are you the eldest child?
○ 그가 남동생인가요, 아니면 형인가요?	Is he younger than you, or older than you?
○ 언니는 몇 살이 더 많아요?	How much older is your elder sister?
○ 남동생은 몇 살 더 아래인가요?	How much younger is your brother?
○ 가족 중에 막내예요?	Are you the youngest in your family?
○ 남동생의 이름은 무엇인가요?	What is your brother's name?
○ 가족 중에 누구를 가장 많이 닮았나요?	Who do you resemble the most among your family members?
○ 아버지는 어떻게 생기셨나요?	What does your father look like?
○ 남동생과 닮았네요.	You resemble your younger brother.
○ 가족 중에서 누가 가장 좋아요?	Who do you like the most in your family?
○ 엄마의 어떤 점이 가장 좋아요?	What do you like the best about your mom?
○ 가족과 시간을 어떻게 보내나요?	How do you spend time with your family?
○ 아버지는 언제 퇴근하세요?	When does your father come back from work?
○ 부모님은 맞벌이를 하시나요?	Do both of your parents work?
○ 아버지는 무엇을 하시나요?	What does your father do?
○ 어머니의 직업은 뭐죠?	What is your mother's job?

🔖 취미 ────────────────────

○ 여가 시간을 어떻게 보내요?   **How do you spend your free time?**

○ 여가 시간에 무엇을 하나요?   **What do you do in your free time?**

○ 방과 후에는 주로 무엇을 해요?   **What do you normally do after school?**

○ 주말에는 무엇을 하죠?   **What do you do during the weekend?**

○ 취미가 뭐예요?   **What's your hobby?**

○ 자기 취미를 소개해 볼까요?   **Would you like to introduce your hobby?**

○ 우리가 아는 취미에 대해 얘기해 봅시다.   **Let's talk about the hobbies we know of.**

○ 나는 여행을 매우 좋아해요.   **I like traveling a lot.**

○ 난 전 세계 사람들을 만날 수 있어서 여행이 좋아요.   **I like traveling because I can meet people from all around the world.**

○ 여행을 좋아하는 사람은 손을 들어 보세요.   **Raise your hand if you like traveling.**

○ 취미로 스포츠를 즐기는 사람 있어요?   **Does anyone enjoy sports as a hobby?**

○ 동전 수집이 취미인 사람 있나요?   **Is there anyone whose hobby is collecting coins?**

○ 얼마나 오랫동안 수집했어요?   **How long have you been collecting them?**

○ 악기 연주를 좋아하는 사람?   **Who likes to play musical instruments?**

○ 피아노를 얼마나 오래 쳤나요?   **How long have you played the piano?**

○ 아주 흥미로운 취미네요.   **That's a very interesting hobby.**

○ 특이한 취미를 가지고 있군요.   **You have an extraordinary hobby.**

○ 똑같은 취미를 가진 친구도 있나요?   **Do some of you have the same hobbies?**

○ 똑같은 취미를 가진 사람들과 함께 즐겨도 좋아요.   **It's good to enjoy your hobby with others who share it.**

○ 취미를 하나 가져 보세요.   **Try to get a hobby.**

○ 취미가 없는 사람은 없을 거예요.   **There can't be anyone without a hobby.**

- 취미를 가지면 무엇이 좋을까요?　What is the benefit of having a hobby?
- 취미는 영화 보기처럼 재미를 위해 하는 거예요.　Hobbies are something you do for fun such as watching movies.
- 취미는 그 일을 하는 것을 즐겨야 해요.　You should be happy when you are doing your hobbies.

🔖 직업 · 장래 희망

- 장래 희망이 무엇인가요?　What do you want to be in the future?
- 커서 무엇이 되고 싶어요?　What do you want to be when you grow up?
- 커서 무엇을 하고 싶어요?　What do you want to do when you grow up?
- 소방관이 되고 싶나요?　Do you want to be a fireman?
- Andy는 변호사가 되고 싶대요.　Andy wants to be a lawyer.
- 나는 어릴 때 교사가 되고 싶었어요. 여러분은 어때요?　I wanted to be a teacher when I was a child. How about you?
- 왜 그 직업을 선택했어요?　Why did you choose that job?
- 왜 경찰이 되고 싶어요?　Why do you want to be a policeman?
- 어떤 직업을 가질지 지금부터 잘 생각해 봐야 해요.　You need to think carefully from now on about the job you want to have.
- 가장 잘하는 것이 뭐예요?　What can you do best?
- 가장 잘할 수 있고 가장 좋아하는 것을 직업으로 선택해야 해요.　You have to choose something that you can do best and that you like the most as your occupation.
- 직업에는 어떤 것이 있나요?　What kinds of jobs are there?
- 여러분이 아는 직업을 나열해 봅시다.　Let's list the jobs you know.
- 직업을 특징에 따라 분류해 봅시다.　Let's categorize all the jobs according to their characteristics.

○ 피아노를 치는 사람을
  피아니스트라고 합니다.
  Someone who plays the piano is called a
  pianist.

○ 신문에 기사를 쓰는 사람을
  뭐라고 하죠?
  What do you call a person who writes for
  the newspaper?

○ 경찰은 어떤 일을 할까요?
  What does a policeman do?

○ 이 중에서 여러분은 어떤 직업을
  가장 좋아해요?
  Which jobs do you like the most among
  these?

○ 어떤 직업이 돈을 가장 많이 벌까요? What kind of job earns the most money?

○ 어떤 직업이 가장 위험할까요?
  What kind of job is the most dangerous?

○ 의사가 되려면 무엇을 해야 할까요? What do you have to do to become a doctor?

○ 기자가 되고 싶다면 무슨 준비를
  해야 하나요?
  What do you have to prepare if you want to
  become a journalist?

○ 유명인이 되는 것을 어떻게 생각해요? What do you think about being a celebrity?

○ 장래희망은 바뀔 수 있어요.
  Your future dream can change.

○ 여러분의 꿈이 모두 이루어지기를
  바랍니다.
  I hope all your dreams will come true.

📑 방학

○ 오늘은 이번 학기 마지막 날입니다. Today is the last day of the term.

○ 곧 방학이 시작됩니다.
  The holidays are starting soon.

○ 이제 곧 방학이네요.
  It's going to be vacation soon.

○ 다음 주에 겨울방학이 시작돼요.
  Winter vacation starts next week.

○ 방학이 언제 시작되죠?
  When does the vacation start?

○ 방학이 언제 끝나죠?
  When does your vacation end?

○ 방학이 기다려지나요?
  Are you looking forward to your vacation?

○ 여름방학은 얼마나 긴가요?
  How long is the summer vacation?

○ 방학 계획이 어떻게 되나요?	What are your plans for the vacation?
○ 이번 여름에 계획이 있나요?	Do you have any plans for this summer?
○ 이번 방학 때 가장 하고 싶은 게 뭐죠?	What do you want to do most during this vacation?
○ 여름방학 때 아무데도 안 가는 사람?	Who's not going anywhere during the summer vacation?
○ 방학 때도 학원에 가나요?	Do you go to cram schools during the vacation, too?
○ 일기는 매일 쓰세요.	Please write in your diaries every day.
○ 방학 즐겁게 보내길 바랍니다.	I hope you enjoy your vacation.
○ 멋진 방학이 되길 바랍니다.	I wish you a wonderful vacation.
○ 방학 잘 보내고, 방학이 끝나면 다시 만나요.	Have a nice vacation and see you after the vacation.
○ 방학에 대해 이야기해 봅시다.	Let's talk about the vacation.
○ 방학 어땠어요?	How was your vacation?
○ 방학 동안 즐거운 시간 보냈어요?	Did you have a great time during the vacation?
○ 방학 동안 무엇을 했나요?	What did you do during the vacation?
○ 방학 때 특별한 일을 경험했나요?	Did you experience something special during the vacation?
○ 방학 때 가장 재미있었던 일은 무엇인가요?	What was the most fun event during the vacation?
○ 친구들에게 방학에 대해 이야기해 주겠어요?	Would you like to tell your friends about your vacation?
○ 방학을 어떻게 보냈는지 이야기해 주겠어요?	Can you tell us how you spent your vacation?
○ 방학 동안 어디 다녀왔나요?	Did you go anywhere during the vacation?
○ 어디를 다녀왔죠?	Where have you been?

o 다른 도시나 나라에 다녀온 사람
  있어요?   Did any of you visit other cities or countries?

o 방학 동안 친구들이 보고 싶었어요?   Did you miss your friends during the vacation?

o 날 보고 싶었나요?   Did you miss me?

o 방학 동안 많이 컸네요.   You have grown up during the vacation.

o 키가 훌쩍 큰 것 같네요.   You look much taller.

o 방학이 얼마나 길었죠?   How long was the vacation?

o 방학 숙제는 다 했나요?   Did you finish all your vacation homework?

o 방학 숙제가 너무 어려웠나요?   Was the vacation homework too difficult?

📕 교통수단 _____

o 집이 먼가요?   Do you live far away?

o 집이 가까워서 좋겠어요.   How nice that you live nearby.

o 학교에 혼자 오나요?   Do you come to school alone?

o 친구나 부모님과 함께 오나요?   Do you come together with your friends or
                                 your parents?

o 누가 학교에 데려다주죠?   Who takes you to school?

o 어머니나 아버지가 학교에   Does your mother or father bring you to
  데려다주시나요?   school?

o 엄마가 집에 데리고 가려고 오세요. My mother comes to take me home.

o 엄마가 매일 집에 데리고 가시나요? Does your mom fetch you home every day?

o 학교에 어떻게 오나요?   How do you come to school?

o 자전거를 타고 학교에 오나요?   Do you come to school by bike?

o 버스를 타고 오나요?   Do you come by bus?

o 몇 번 버스를 타죠?   Which bus do you take?

o 어디서 버스를 타죠?   Where do you take the bus?

○ 버스는 얼마나 자주 오나요?	How often does the bus come?
○ 학교 오는 길에 몇 정거장을 지나가죠?	How many stops do you pass on your way to school?
○ 중간에 다른 버스로 갈아타야 하나요?	Do you have to change to another bus on the way?
○ 지하철로 학교에 오는 사람 손 들어 보세요.	Please raise your hands if you come to school by subway.
○ 몇 호선을 이용하나요?	Which subway line do you use?
○ 다른 지하철로 갈아타야 하나요?	Do you have to change to another subway line?
○ 기차를 몇 번 갈아타야 하나요?	How many times do you have to change the train?
○ 시간이 얼마나 걸려요?	How long does it take?
○ 걸어서 5분 걸려요.	It takes five minutes on foot.
○ 버스를 타면 15분 걸려요.	It takes 15 minutes by bus.
○ 출퇴근 시간에는 더 오래 걸려요.	It takes longer during the peak hours.
○ 늦으면 택시를 타요.	When I am late, I use the taxi.
○ 요금은 얼마예요?	How much is the fare?
○ 어디서 내릴까요?	Where shall I get off?
○ 어느 버스 정류장에서 내릴까요?	Which bus stop shall I get off at?
○ 길을 건널 때는 어떻게 해야 하나요?	How should you behave when you cross the road?
○ 대중교통에는 어떤 것이 있나요?	What kind of public transportation is there?
○ 교통수단 앞에는 보통 by를 써요.	Normally, you use "by" in front of the means of transportation.
○ 걸어서 간다고 말하고 싶을 때는 on foot이라는 표현을 써요.	You use the expression "on foot" when you want to say you walk.

📑 휴대폰 _____

- 교실에서 휴대폰을 사용하지 마세요. **Don't use cell phones in the classroom.**

- 교실에서는 휴대폰을 꺼내지 마세요. **Don't take out your phone in the classroom.**

- 학교에서는 전화기를 꺼두세요. **Turn off your phone at school.**

- 수업시간에는 휴대폰을 꺼두세요. **Your phones should be turned off during the class.**

- 수업 중에는 문자를 보내지 마세요. **Don't send text messages during the class.**

- 휴대폰이 울리면 압수할 거예요. **I'll take away your cell phone if it rings.**

- 누구 휴대폰이 울리고 있죠? **Whose phone is ringing?**

- 책상 밑에서 뭘 하고 있죠? **What are you doing under the desk?**
  문자 보내고 있어요? **Are you sending text messages?**

- 휴대폰을 치우세요. **Put your mobile phone away.**

- 휴대폰을 무음 모드로 바꾸세요. **Turn your phone into silent mode.**

- 휴대폰은 집에 두고 오세요. **Please leave your phones at home.**

- 학교에서는 휴대폰 사용이
  금지되어 있어요. **You're not allowed to use mobile phones at school.**

- 휴대폰은 방과 후에 다시 받을 수
  있어요. **You can have your cell phone back after school is over.**

- 급한 일이 있으면 나한테 휴대폰을 **If you have an urgent matter, ask me if you**
  사용해도 되는지 물어보세요. **can use your phone.**

- 스마트폰을 너무 많이 사용하면 **It's not good for your health if you use**
  건강에 안 좋아요. **smartphones too much.**

- 휴대폰 사용과 관련해서 **What kind of public etiquette is there**
  공공장소에서 지켜야 할 예절에는 **regarding mobile phone usage?**
  어떤 것이 있나요?

- 전화 통화를 할 때는 목소리를 **When you are talking on the phone, keep**
  낮추세요. **your voice down.**

📑 컴퓨터 및 스마트폰 게임 ─────────

- 다들 컴퓨터 게임을 좋아하나요?   Does everyone like computer games?

- 여러분이 컴퓨터 게임을 좋아하는 것을 알아요.   I know that you like computer games.

- 어떤 게임을 하나요?   What kind of games do you play?

- 왜 그렇게 재미있어요?   Why is it so interesting?

- 주로 어디서 컴퓨터 게임을 하죠?   Where do you usually play computer games?

- 하루에 몇 시간 컴퓨터 게임을 하나요?   How many hours a day do you play computer games?

- 그렇게 오래 인터넷 게임을 하도록 부모님이 허락해 주셨나요?   Did your parents allow you to play Internet games for so long?

- 부모님께 허락을 받았나요?   Did you get permission from your parents?

- 인터넷 게임의 단점에는 어떤 것이 있죠?   What are the disadvantages of Internet games?

- 누가 컴퓨터 게임의 위험성에 대해 말해 볼래요?   Can someone tell us about the danger of computer games?

- 우리는 컴퓨터 게임에 쉽게 중독될 수 있어요.   We can easily get addicted to computer games.

- 누가 벌써 스마트폰 게임에 중독되었나요?   Who's already addicted to smartphone games?

- 컴퓨터 게임은 재미있지만 위험하기도 해요.   Computer games are fun, but they are also dangerous.

- 인터넷 게임은 너무 많이 하면 건강을 해칠 수 있어요.   Internet games can harm your health if you play them too much.

- 게임을 너무 많이 하면 눈이 따가울 거예요.   You will have sore eyes if you play games too much.

- 가상현실과 실제를 혼동하지 마세요.   Do not confuse real life with virtual reality.

- 학교 컴퓨터로 게임을 하지 마세요.   Don't play games on school computers.

컴퓨터 게임을 하기 전에 숙제를 먼저 끝내세요.	Finish your homework before you play computer games.
하루에 한 시간만 게임을 하도록 노력하세요.	Try to play games for just one hour a day.
주말에 게임을 너무 많이 하지 마세요.	Don't play games too much on weekends.
주말 내내 컴퓨터 게임만 하면서 시간을 허비하지 마세요.	Don't waste your time playing computer games all weekend.
컴퓨터로 게임만 하지 말고 유익한 정보도 찾아보세요.	Don't just play games on your computer, try to find some useful information.
게임앱 중에는 꽤 유익한 것도 있어요.	Some game apps are quite helpful.
영어를 배우는 데 도움이 되는 게임들이 많이 있어요.	There are lots of games that help you learn English.
게임을 하면서 영어도 배울 수 있어요.	You can learn English while playing games.

🏴 산수 사칙연산 ────────────

5를 더하세요.	Add five.
5와 3을 더하세요.	Add five and three.
5와 3을 더하면 8이 됩니다.	Add five and three, and you get eight.
1+4=5	One plus four is five. / One plus four equals five. / One plus four makes five.
3을 빼세요.	Subtract three.
6에서 3을 빼세요.	Subtract three from six.
5-1=4	Five minus one is four. / Five minus one equals four.
2에 4를 곱하세요.	Multiply two by four.

○ 2에 4를 곱하면 8이 됩니다.	Multiply two by four and you get eight.
○ 2×4=8	Two times four is eight. / Two by four equals eight. / Two multiplied by four makes eight.
○ 8을 2로 나누세요.	Divide eight by two.
○ 8÷2=4	Eight divided by two equals four.
○ 4에 3을 곱한 후 5를 더하세요.	Multiply four by three, and then add five.
○ 구구단을 외워 봅시다.	Let's memorize the times table.
○ 6단을 배워 봅시다.	Let's learn the six times table.
○ 10에는 2를 몇 묶음 넣을 수 있나요?	How many two's can we make with ten?
○ 10과 15의 최대공약수는 무엇인가요?	What is the greatest common factor of 10 and 15?
○ 10과 2의 최소공배수는 무엇인가요?	What is the least common multiple of 10 and 2?
○ 거기에 2를 곱하면 어떻게 되나요?	What do you get if you multiply it by two?

Unit 3

· 속담
· 명언
· 수수께끼

· Proverbs
· Wise Quotes
· Riddles

속담
Proverbs

- 각인각색, 각각의 사람은 각각의 특색을 가지고 있다.
  So many men, so many minds.
- 같은 목표에 도달하는 방법은 여러 가지다.
  All roads lead to Rome.
- 건강한 신체에 건강한 정신
  A sound mind in a sound body.
- 겉모습만 보고 판단하면 안 된다.
  You can't tell a book by its cover.
- 겉모습으로 사람을 판단하지 말라.
  Don't judge of a man by his looks.
- 고생 끝에 낙이 온다.
  No pains, no gains.
- 공동책임을 지는 일에는 무책임하기 쉽다.
  Everybody's business is nobody's business.
- 공부만 하고 놀지 않으면 아이는 바보가 된다.
  All work and no play makes Jack a dull boy.
- 공자 앞에서 문자 쓰기.
  To teach a fish how to swim.
- 구르는 돌에는 이끼가 끼지 않는다.
  A rolling stone gathers no moss.
- 급할수록 돌아가라.
  Haste makes waste.
- 김칫국부터 마시지 마라.
  Do not count your chickens before they are hatched.

○ 나무는 그 열매를 보면 알 수 있다.
A tree is known by its fruit.

○ 나쁜 소식은 빨리 퍼진다.
Bad news travels fast.

○ 남의 돈 천 냥보다 제 돈 한 냥이 낫다.
A bird in the hand is worth two in the bush.

○ 남의 떡이 더 커 보인다.
The grass is always greener on the other side of the fence.

○ 내 집보다 나은 곳은 없다.
There is no place like home.

○ 노인에게 새 일을 가르칠 수는 없다.
You can't teach an old dog new tricks.

○ 눈에서 멀어지면 마음에서도 멀어진다.
Out of sight, out of mind.

○ 늦게라도 고치는 것이 낫다.
It is never too late to mend.

○ 대접 받고 싶거든 먼저 대접해라.
Do to others as you would be done by.

○ 돌다리도 두드려 보고 건너라.
Look before you leap.

○ 두 마리 토끼를 다 잡을 수는 없다.
You can't eat your cake and have it (too).

○ 똥 묻은 개가 겨 묻은 개 나무란다.
The pot calls the kettle black.

○ 로마는 하루아침에 이루어지지 않았다.
Rome was not built in a day.

○ 로마에 가면 로마의 법을 따르라.
Do in Rome as the Romans do. / When in Rome, do as the Romans do.

○ 마지막에 웃는 자가 최후의 승자다.
He laughs best who laughs last.

o 만인의 친구는 아무의 친구도 아니다.
  Everybody's friend is nobody's friend.

o 많은 재주를 가졌으나 뛰어난 재주는 한 가지도 없다.
  Jack of all trades, and master of none.

o 말하기는 쉬워도 실천은 어렵다.
  Easier said than done.

o 매를 아끼면 자식을 망친다.
  Spare the rod and spoil the child.

o 모르는 게 약이다.
  Ignorance is bliss.

o 무소식이 희소식이다.
  No news is good news.

o 문이 무보다 강하다.
  The pen is mightier than the sword.

o 물에 빠진 사람은 지푸라기라도 잡는다.
  A drowning man will catch at a straw.

o 미모는 거죽 한 꺼풀.
  Beauty is but skin-deep.

o 배울 수 없을 정도로 늙은 사람은 없다.
  One is never too old to learn.

o 백문이 불여일견이다.
  To see is to believe.

o 백짓장도 맞들면 낫다.
  Two heads are better than one.

o 벽에도 귀가 있다.
  Walls have ears.

o 본말을 전도하지 마라.
  Do not put the cart before the horse.

o 부전자전
  Like father, like son.

- 불행은 한꺼번에 닥친다.
  It never rains but it pours.

- 빈 수레가 더 요란하다.
  Empty vessels make the most sound.

- 빛난다고 모두 금은 아니다.
  All is not gold that glitters.

- 뿌린 대로 거둔다.
  As you sow, so shall you reap.

- 사공이 많으면 배가 산으로 간다.
  Too many cooks spoil the broth.

- 사람마다 취향이 다르다.
  One man's meat is another man's poison.

- 선무당이 사람 잡는다.
  A little learning is a dangerous thing.

- 선착순
  First come, first served.

- 세 살 버릇 여든까지 간다.
  Old habits die hard.

- 세월은 사람을 기다려 주지 않는다.
  Time and tide wait for no man.

- 소귀에 경 읽기
  Talking to a brick wall.

- 손뼉도 마주쳐야 소리가 난다.
  It takes two to make a quarrel.

- 쇠뿔도 단김에 빼라.
  Make hay while the sun shines.

- 시작이 반이다.
  Well begun is half done.

- 시장이 반찬이다.
  Hunger is the best sauce.

- 심는 사람 따로 있고 거두는 사람 따로 있다.
  One man sows and another reaps.
- 아니 땐 굴뚝에 연기 나랴.
  There is no smoke without fire.
- 어려울 때 친구가 진정한 친구다.
  A friend in need is a friend indeed.
- 어린 시절 배운 것은 평생을 간다.
  What is learned in the cradle is carried to the grave.
- 얻어먹는 자가 더운 밥 찬밥 가리랴.
  Beggars can't be choosers.
- 엎지른 물은 도로 담을 수 없다.
  It is no use crying over spilt milk.
- 연습이 완벽을 만든다.
  Practice makes perfect.
- 옷이 날개다.
  Fine feathers make fine birds.
- 원숭이도 나무에서 떨어질 때가 있다.
  Even Homer sometimes nods.
- 유유상종
  Birds of a feather flock together.
- 이미 저지른 일은 돌이킬 수 없다.
  What is done cannot be undone.
- 일석이조
  To kill two birds with one stone.
- 일찍 일어나는 새가 벌레를 잡는다.
  The early bird catches the worm.
- 작은 어려움을 피하려다 큰 어려움을 당하다.
  Out of the frying pan into the fire.
- 서투른 목수가 연장 나무란다.
  A bad workman always blames his tools.

- 정직이 최상의 방책이다.
  Honesty is the best policy.

- 좋은 약은 입에 쓰다.
  A good medicine tastes bitter.

- 중이 제 머리 못 깎는다.
  The shoemaker's son always goes barefoot.

- 쥐구멍에도 볕 들 날이 있다.
  Every dog has his day.

- 지나간 일은 잊어버려라.
  Let bygones be bygones.

- 지렁이도 밟으면 꿈틀한다.
  Even a worm will turn.

- 짚신도 짝이 있다.
  Every Jack has his Jill.

- 천천히, 꾸준하게 하면 성공한다.
  Slow and steady wins the race.

- 피는 물보다 진하다.
  Blood is thicker than water.

- 하늘은 스스로 돕는 자를 돕는다.
  Heaven helps those who help themselves.

- 하지 않느니보다는 늦어도 하는 편이 낫다.
  Better late than never.

- 한곳에 전부를 투자하지 마라.
  Do not put all your eggs in one basket.

- 한 푼 아낀 것은 한 푼 번 것과 같다.
  A penny saved is a penny earned.

- 호기심이 지나치면 위험할 수 있다.
  Curiosity killed the cat.

- 호랑이도 제 말하면 나타난다.
  Speak of the devil and he will appear.

명언
Wise Quotes

○ 당신의 동의 없이는 아무도 당신에게 열등감을 느끼게 할 수 없다.
No one can make you feel inferior without your consent.
– Eleanor Roosevelt

○ 자신의 인생에 대한 책임을 져라. 당신이 원하는 곳으로 데려다줄 사람은 그 누구도 아닌 바로 당신이다.
Accept responsibility for your life. Know that it is you who will get you where you want to go, no one else.
– Les Brown

○ 행복은 우리 자신에게 달려 있다.
Happiness depends upon ourselves.
– Aristotle

○ 미래는 자신의 꿈의 아름다움을 믿는 사람들의 것이다.
The future belongs to those who believe in the beauty of their dreams.
– Eleanor Roosevelt

○ 인생은 당신을 찾는 것이 아니라 당신을 창조해 나가는 것이다.
Life isn't about finding yourself. Life is about creating yourself.
– George Bernard Shaw

○ 당신이 살아 온 세월이 중요한 것이 아니라 그 세월 속 당신의 삶이 중요한 것이다.
In the end, it's not the years in your life that count. It's the life in your years.
– Abraham Lincoln

○ 앞으로 나아가는 길은 많지만, 멈춰 서 있는 방법은 단 하나밖에 없다.
There are many ways of going forward, but only one way of standing still.
– Franklin D. Roosevelt

○ 신이 우리에게 생명이라는 선물을 주셨으니, 행복한 인생을 사는 것은 우리에게 달려 있다.
God gave us the gift of life; it is up to us to give ourselves the gift of living well.
– Voltaire

○ 인생은 정말 간단하지만, 우리는 그것을 복잡하게 만들기를 고집한다.
Life is really simple, but we insist on making it complicated.
– Confucius

○ 용기를 내어 얻고자 하는 것만 얻을 수 있다.
You get in life what you have the courage to ask for.
– Oprah Winfrey

○ 인생에 있어서 가장 위험한 일 중 하나는 조금도 위험을 감수하지 않는 것이라 믿는다.
I believe that one of life's greatest risks is never daring to risk.
– Oprah Winfrey

○ 한쪽 문이 닫히면 또 다른 문이 열린다. 그러나 우리는 닫힌 문만 오래도록 애석해하며 바라보다가 우리를 위해 열린 문을 보지 못한다.
When one door closes, another opens; but we often look so long and so regretfully upon the closed door that we do not see the one that has opened for us.
– Alexander Graham Bell

○ 성공이란 열정을 잃지 않고 실패에서 또 다른 실패로 갈 수 있는 능력이다.
Success consists of going from failure to failure without loss of enthusiasm.
– Winston S. Churchill

○ 스스로 자신의 인생을 계획하지 않으면 다른 사람의 계획 속에 끌려갈 수 있다. 그들이 당신을 위해 무엇을 준비해 두었을까? 별로 없다.
If you don't design your own life plan, chances are you'll fall into someone else's plan. And guess what they have planned for you? Not much.
– Jim Rohn

○ 인생의 10%는 우리에게 일어나는 일이고 90%는 그 일에 대한 우리의 반응이다.
Life is 10% what happens to us and 90% how we react to it.
– Dennis P. Kimbro

○ 성공은 당신에게 오지 않는다. 당신이 성공을 향해 가야 한다.
Success doesn't come to you, you go to it.
– Marva Collins

○ 크게 실패할 용기가 있는 자만이 크게 이룰 수 있다.
Only those who dare to fail greatly can ever achieve greatly.
– Robert F. Kennedy

○ 이루고자 하는 용기만 있다면 우리의 모든 꿈은 이루어진다.
All our dreams can come true, if we have the courage to pursue them.
– Walt Disney

○ 오늘 할 일을 내일로 미루지 말라.
Never put off till tomorrow what you can do today.
– Thomas Jefferson

○ 왜 살아야 하는지 아는 사람은 어떠한 것도 견뎌 낼 수 있다.
He who has a why to live can bear almost any how.
– Friedrich Nietzsche

○ 경험한 것을 현명하게 사용한다면 어떠한 일도 시간 낭비가 아니다.
Nothing is a waste of time if you use the experience wisely.
– Auguste Rodin

○ 나는 나에게 일어난 무언가가 아니라, 내가 되기로 선택한 무언가다.
I am not what happened to me, I am what I choose to become.
– C.G. Jung

○ 인생은 지우개 없이 그림을 그리는 예술이다.
Life is the art of drawing without an eraser.
– John Gardner

○ 나는 사랑에 집중하기로 했다. 증오는 견디기에 너무 큰 짐이므로.
I have decided to stick with love. Hate is too great a burden to bear.
– Martin Luther King, Jr.

○ 진정한 우정은 두 사람 사이의 침묵이 편안할 때 찾아온다.
True friendship comes when the silence between two people is comfortable.
– David Tyson

○ 여러분의 시간은 한정되어 있다. 그러니 남의 인생을 사느라고 시간을 낭비하지 마라.
Your time is limited, so don't waste it living someone else's life.
– Steve Jobs

○ 최고의 거울은 오래된 친구다.
The best mirror is an old friend.
– George Herbert

o 내일 죽을 것처럼 살고, 영원히 살 것처럼 배워라.
  Live as if you were to die tomorrow. Learn as if you were to live forever.
  – Mahatma Gandhi

o 어제는 역사이고 내일은 수수께끼이며 오늘은 신으로부터의 선물이다. 그래서 오늘을
  present 라고 부르는 것이다.
  Yesterday is history, tomorrow is a mystery, today is a gift of God, which is why we call it the present.
  – Bill Keane

o 당신이 상상할 수 있는 모든 것은 현실이 된다.
  Everything you can imagine is real.
  – Pablo Picasso

o 성공했다고 끝이 아니고 실패했다고 돌이킬 수 없는 것이 아니다. 중요한 것은 계속해 나가는 용기다.
  Success is not final, failure is not fatal: it is the courage to continue that counts.
  – Winston S. Churchill

o 불가능한 것은 아무것도 없다. 단어 그 자체가 이렇게 말하고 있다. "나는 가능하다"고!
  Nothing is impossible, the word itself says 'I'm possible'!
  – Audrey Hepburn

o 당신의 상처를 지혜로 바꿔라.
  Turn your wounds into wisdom.
  – Oprah Winfrey

o 배는 항구에 있을 때 안전하지만 그것이 배가 존재하는 이유는 아니다.
  A ship is safe in harbor, but that's not what ships are for.
  – John A. Shedd

o 과거는 현재를 지배할 힘이 없다.
  The past has no power over the present moment.
  – Eckhart Tolle

o 성공은 행복의 열쇠가 아니다. 행복이 성공의 열쇠다. 당신이 하고 있는 일을 사랑한다면 당신은 성공할 것이다.
  Success is not the key to happiness. Happiness is the key to success. If you love what you are doing, you will be successful.
  – Albert Schweitzer

○ 친절은 귀머거리도 듣고 장님도 볼 수 있는 언어다.

Kindness is a language which the deaf can hear and the blind can see.

– Mark Twain

○ 멈추지 않는 한, 얼마나 천천히 가는지는 문제가 되지 않는다.

It does not matter how slowly you go as long as you do not stop.

– Confucius

○ 너무 무식해서 그로부터 배울 점이 하나도 없는 사람은 만나 본 적이 없다.

I have never met a man so ignorant that I couldn't learn something from him.

– Galileo Galilei

○ 화를 내는 1분마다 60초의 행복을 잃는다.

For every minute you are angry you lose sixty seconds of happiness.

– Ralph Waldo Emerson

○ 행복이 치료하지 못하는 것은 그 어떠한 약으로도 치료할 수 없다.

No medicine cures what happiness cannot.

– Gabriel García Márquez

○ 어제는 지나갔다. 내일은 아직 오지 않았다. 우리에게는 오로지 오늘만 있다. 자, 시작하자.

Yesterday is gone. Tomorrow has not yet come. We have only today. Let us begin.

– Mother Theresa

○ 행복은 미리 만들어진 것이 아니다. 행복은 당신의 행동으로부터 온다.

Happiness is not something ready made. It comes from your own actions.

– Dalai Lama XIV

○ 당신이 있는 곳에서, 당신이 가진 것으로, 당신이 할 수 있는 것을 하라.

Do what you can, with what you have, where you are.

– Theodore Roosevelt

○ 성공을 위한 중요한 열쇠는 자신감이고, 자신감을 얻는 데 중요한 열쇠는 준비성이다.

One important key to success is self-confidence. An important key to self-confidence is preparation.

– Arthur Ashe

o 자신을 존중하는 사람은 타인으로부터 안전하다. 그 누구도 뚫을 수 없는 갑옷을 입고 있기 때문이다.

He that respects himself is safe from others. He wears a coat of mail that none can pierce.

– Henry Wadsworth Longfellow

o 땅만 보고 있으면 결코 무지개를 볼 수 없다.

You'll never find a rainbow if you're looking down.

– Charlie Chaplin

o 무엇인가가 싫다면 바꿔라. 그것을 바꿀 수 없다면 당신의 태도를 바꿔라.

If you don't like something, change it. If you can't change it, change your attitude.

– Maya Angelou

영어 수수께끼
Riddles & Jokes

○ **What belongs to you but others use it more than you do?**
당신의 것이지만 다른 사람이 더 많이 사용하는 것은?

> Your name. 이름

○ **You can see me in water, but I never get wet. What am I?**
나를 물속에서 볼 수 있습니다. 그러나 나는 절대 젖지 않습니다. 나는 누구일까요?

> A reflection. 물에 반사된 상

○ **What two things can you never eat for your breakfast?**
아침으로 절대 먹을 수 없는 두 가지는?

> Lunch and dinner. 점심과 저녁 식사

○ **What invention lets you look right through a wall?**
벽을 꿰뚫어 볼 수 있게 해 주는 발명품은?

> A window. 창문

○ **What invention lets you walk through a wall?**
벽을 관통해 걸어갈 수 있게 해 주는 발명품은?

> A door. 문

○ **Why is it so easy to weigh fish?**
물고기의 무게를 쉽게 잴 수 있는 이유는?

> Because they have scales. 물고기들에게 scales(저울, 비늘)가 있기 때문에.

○ **Mary's father has 4 children; three are named Nana, Nene, and Nini. So what is the 4th child's name?**
Mary의 아버지에게는 네 명의 아이가 있다. 세 명의 이름은 Nana, Nene 그리고 Nini다. 네 번째 아이의 이름은?

> Mary. 메리.

○ **What has a bottom at the top?**
위쪽에 아랫부분(엉덩이)이 달린 것은 무엇인가?

> Legs. 다리.

○ **A boy fell off a 100 foot ladder. But he did not get hurt. Why not?**
소년이 100 피트(약 30미터)짜리 사다리에서 떨어졌는데 다치지 않았다. 왜 그럴까?

> He was only on the first step. 사다리의 제일 첫 칸에 있었기 때문에.

○ **What flies without wings?**
날개 없이 나는 것은?

> Time. 시간(Time flies).

○ **What gets bigger every time you take from it?**
빼내 오면 빼내 올수록 더 커지는 것은?

> A hole. 구멍.

○ **What begins with T, ends with T and has T in it?**
T로 시작하고 T로 끝나면서 T가 들어 있는 것은?

> Teapot. 찻주전자.

○ **Which letter of the alphabet has the most water?**
알파벳 글자 중 물을 가장 많이 담고 있는 것은?

> The 'C'. (Sea의 발음과 동일).

○ **You buy it to eat, but you don't eat it. What is it?**
먹기 위해 사지만 먹을 수 없는 것은 무엇인가?

> A plate, fork, knife, spoon, etc. 접시, 포크, 칼, 숟가락 등.

○ **Take off my skin - I won't cry, but you will! What am I?**
나의 피부(껍질)를 벗겨요. 나는 안 울겠지만 당신을 울걸요! 나는 누구일까요?

> An onion. 양파.

○ **What was the highest mountain before Mount Everest was discovered?**
에베레스트 산이 발견되기 전에 가장 높았던 산은?

> Mount Everest. 에베레스트 산.

○ **What has a face and two hands but no arms or legs?**
얼굴은 하나고 손은 두 개지만 팔이나 다리가 없는 것은?

> A clock. 시계.

○ **What gets wetter as it dries?**
말릴수록 더 젖어가는 것은?

> A towel. 수건.

○ **What has to be broken before you can use it?**
사용하기 전에 망가져야만(깨져야만) 하는 것은?

> An egg. 달걀.

○ **Why would a man living in New York not be buried in Chicago?**
뉴욕에 살고 있는 사람이 시카고에 묻힐 수 없는 이유는?

> Because he is still living. 아직 살아 있기 때문에.

○ **How many letters are there in the alphabet?**
알파벳에는 몇 개의 글자가 있는가?

> There are 11(3 in 'the', and 8 in 'alphabet'). 열한 개('the'에 세 개, 'alphabet'에 여덟 개).

○ **Which month has 28 days?**
28일이 있는 달은?

> All of them. 모두 다.

○ **What is so delicate that saying its name breaks it?**
너무 섬세해서 그 이름을 말하는 것만으로도 깨지는 것은?

> Silence. 침묵.

○ **What goes up and doesn't come back down?**
올라가서는 내려오지 않는 것은?

> Your age. 나이.

○ **What has four legs, but can't walk?**
다리가 네 개 있는데 걸을 수 없는 것은?

> A table. 식탁

o **How do you make the number one disappear?**
숫자 1(one)을 사라지게 하는 방법은?

> Add the letter G and it's 'gone'. G를 더하면 사라진다.

o **Which word in the dictionary is spelled incorrectly?**
사전에 있는 단어 중 철자가 틀린 단어는?

> incorrectly.

o **What is something you will never see again?**
다시는 보지 못할 것은?

> Yesterday. 어제.

o **What kind of room has no doors or windows?**
문도 창문도 없는 방은?

> A mushroom. 버섯.

o **How many seconds are there in a year?**
1년에 second(초/2일)는 몇이나 있는가?

> 12(January 2nd, February 2nd, March 2nd, April 2nd...). 12(1월 2일, 2월 2일, 3월 2일, 4월 2일…).

o **What is the easiest way to double your money?**
돈을 두 배로 늘리는 가장 쉬운 방법은?

> Put it in front of the mirror. 거울 앞에 놓는다.

o **Everyone has it and no one can lose it, what is it?**
이것은 누구나 가지고 있고 그 누구도 이것을 잃을 수 없다. 무엇일까?

> A shadow. 그림자.

o **What has a neck but no head?**
목은 있으나 머리가 없는 것은?

> A bottle. 병.

o **What has a thumb and four fingers but is not alive?**
엄지와 네 손가락은 있으나 살아 있지 않은 것은?

> A glove. 장갑.

o **I'm tall when I'm young, I'm short when I'm old. What am I?**
어릴 때는 키가 크고 나이가 들면 키가 작아요. 나는 무엇일까요?

> pencil/candle 연필/초.

o **What has hands but can not clap?**
손은 있으나 박수를 칠 수 없는 것은?

> A clock 시계

o **If you take two apples from three apples how many apples do you have?**
사과가 세 개 있는데 당신이 두 개를 가져간다면 사과는 몇 개 있을까?

> Two-The two apples you took. 두 개-당신이 가져간 그 두 개.

o **What word is spelled wrong in all the dictionaries?**
모든 사전에 철자가 잘못 쓰여 있는 단어는?

> wrong.

o **What do you call bears with no ears?**
귀가 없는 곰은?

> B.

o **What do you call a fish with no eyes?**
눈이 없는 물고기는?

> Fsh.

o **What do you call a deer with no eyes.**
눈이 없는 사슴은?

> No idea. 모르겠네요(No eye deer).

o **What is the question you can never say yes to?**
"예"라고 절대 대답할 수 없는 질문은?

> Are you dead? / Are you asleep? 너 죽었니?/너 자니?

o **What weighs more? A pound of feathers or a pound of stones?**
어느 것이 더 무게가 많이 나갈까? 1파운드의 깃털 또는 1파운드의 돌?

> The same. They both weigh a pound. 같다. 둘 다 1파운드.

o **What animal has no wings, but yet will fly?**
날개는 없지만 날 수 있는 동물은?

> A caterpillar has no wings, but will fly when it becomes a butterfly.
애벌레는 날개가 없지만 나비가 되면 날 수 있다.

o **Why did the boy throw butter out the window?**
소년이 버터를 창밖으로 던진 이유는?

> He wanted to see the butterfly. 나비(버터가 나는 것)를 보고 싶어서.

o **Why did the boy throw his clock out the window?**
소년이 창밖으로 시계를 던진 이유는?

> He wanted to see time fly. 시간이 흐르는 것을 보고 싶어서.

o **Which is lighter, the sun or the earth?**
태양과 지구 중 어느 것이 더 가벼운가?

> The sun. It rises every morning. 태양. 매일 아침 떠오르니까.

o **When does Christmas come before Thanksgiving?**
크리스마스가 추수감사절보다 앞에 오는 경우는?

> In a dictionary. 사전에서.

o **Why was six afraid of seven?**
6이 7을 무서워한 이유는?

> Because seven ate nine. 7이 9를 먹어버려서(seven ate(eight) nine).

o **How do you spell candy in two letters?**
캔디를 두 글자로 쓰는 방법은?

> C and Y. C와(and) Y.

o **Who can jump higher than the Mount Everest?**
에베레스트 산보다 더 높이 뛸 수 있는 사람은?

> Everyone, a mountain cannot jump. 누구나. 산은 뛸 수 없다.

o **If a rooster laid a brown egg and a white egg what kind of chicks would hatch?**
수탉이 갈색 달걀 하나와 흰 달걀 하나를 낳았다. 어떤 종류의 병아리가 부화할까?

> None. Roosters don't lay eggs. 아무것도 부화하지 않는다. 수탉은 알을 낳지 않는다.

○ **What do you get from a cow after an earthquake?**
지진 후에 젖소로부터 무엇을 얻을 수 있을까?

> **Milkshakes.** 밀크세이크.

○ **How many times can you subtract the number 5 from 25?**
25에서 5를 몇 번 뺄 수 있는가?

> Only once. After that, you would be subtracting from 20.
단 한 번. 한 번 빼면 그다음엔 20에서 5를 빼는 것이므로.